직장인 소통의 마력

직장인 소통의 마력

초판 1쇄 발행 2026. 1. 16.

지은이 화담(和談) 김해원
펴낸이 김병호
펴낸곳 주식회사 바른북스

편 집 김수정
디자인 최다빈
마케팅 송송이, 박수진, 박하연

등록 2019년 4월 3일 제2019-000040호
주소 서울시 성동구 연무장5길 9-16, 606호 (성수동2가, 블루스톤타워)
대표전화 070-7857-9719 | **경영지원** 02-3409-9719 | **팩스** 070-7610-9820

•바른북스는 여러분의 다양한 아이디어와 원고 투고를 설레는 마음으로 기다리고 있습니다.

자비출판 투고 barunbooks21@naver.com
홈페이지 www.barunbooks.com | **유튜브** https://www.youtube.com/@Youtube_brTV
인스타그램 https://www.instagram.com/barunbooks7/ | **X(트위터)** https://x.com/barunbooks7
페이스북 facebook.com/barunbooks7 | **틱톡** https://www.tiktok.com/@barunbooks7

ISBN 979-11-7263-785-9 03190

소통 조직 만들기

직장인 소통의 마력

김해원

The Magic of Workplace Communication

소통이 잘되는 조직을 만드는 **3가지 힘**

사람의 **힘**

시스템의 **힘**

조직문화의 **힘**

바른북스

도입부

회사는 청군일까 아니면 백군일까?

어릴 적 청군과 백군으로 나눠서 운동회를 하던 생각이 난다. 응원단장의 구호에 맞춰 우리 편이 이기라고 목이 터지도록 응원했던 생각도 난다. 벌써 45년이 지났지만 어릴 적 운동회에 대한 기억은 매우 또렷하고 생생하다.

불현듯 '회사와 직원이 청백전을 한다면 회사는 백군일까 아니면 청군일까?'라는 생각이 떠오른다. 바둑을 둘 때 고수가 백(白)을 선택하는 원리를 생각하면 회사가 직원보다 강자라는 측면에서 회사는 백군이고 직원은 청군이라는 생각이 든다. 그런데 직장에서 청군과 백군이 싸우면 누가 이길까? 당연히 세력이 강하고 쓸 수 있는 패가 많은 백군이 이길 확률이 높다. 한편으로는 부모와 자식 간의 청백전을 생각하면 반드시 강한 쪽이 이기는 것은 아니라는 생각이 들기도 한다. 왜냐하면 자식 이기는 부모 없다는 말이 있듯이 때로는 강자가 약자를 생각해서 스스로 패배를 자처하는 경우도 있기 때문이다. 그런데 회사가 부모처럼 스스로 패배를 자처하는 경우가 있을 수 있을까?

이 책은 어릴 적 운동회를 생각하면서 쓰게 된 직장인 소통에 관한 책이다. 소통을 하다 보면 서로가 모두 만족하는 결과를 자아내는 경우는 극히 드물다. 어느 한쪽이 이익을 보면 다른 한쪽은 손해를 보고, 어느 한쪽이 이기면 다른 한쪽은 고배의 잔을 마셔야 하는 상황이 더 많다. 그럼에도 불구하고 손해를 보거나 패배를 당한 사람은 이익을 보거나 승리한 사람과 갈등이 생기지 않도록 해야 한다. 또, 이익을 보거나 승리한 사람은 상대방을 배려하고 포용하며 협업을 통해 함께 성장하는 소통을 지속적으로 해야 한다.

앞서 어릴 적 운동회가 즐거운 추억으로 오래도록 기억에 남아 있는 이유는 운동장에서 좋은 친구들과 마음껏 뛰놀면서 즐겁게 소통했기 때문이다. 직장 소통도 그런 소통이어야 한다. 그러기 위해서는 소통이 잘되는 조직을 만들기 위해 무슨 힘이 필요한가를 알아야 하고, 그 힘을 키우는 것이 필요하다.

일반적으로, 직장인 소통의 근간을 이루는 3요소는 사람, 시스템, 조직 문화이다. 이 3가지 요소가 조화와 균형을 이루어야 소통이 잘되는 조직을 만들 수 있다. 모쪼록 이 책에서 그에 따른 직장인 소통의 3가지 힘(力)을 키우는 단초를 구하기를 간절히 희망한다.

황금빛 쇳물이 용트림하는 광양만에서

저자 화담(和談) 김해원 올림

추천의 글

이 책을 읽어야 하는 이유

소통 분야의 책을 읽는 것은 어렵고도 쉽고 쉬우면서도 어렵다. 왜냐하면 소통학이라는 것이 그렇게 어려운 학문도 아니고 누구나 잘 아는 내용이기 때문이다. 그럼에도 불구하고 계속해서 그 분야의 책을 읽어야 하는 이유 중 하나는 배우면 배울수록 배울 것이 더 많고 평생 배우고 익혀야 하는 지혜 중 가장 높은 수준의 지혜이기 때문이다.

사실 소통학은 알아도 그만 몰라도 그만인 지혜 중 하나이다. 그래서 가장 읽기 쉬운 책 중 하나가 소통 분야의 책이고, 선뜻 읽으려고 하지 않는 책도 그 분야의 책이다. 하지만 의식이 높고 가치 있는 삶을 살기 위해서는 이제부터라도 소통 관련 책을 많이 읽어야 한다. 왜냐하면 소통의 수준이 삶의 수준이고, 소통 의식이 삶의 의식이며, 소통의 방식이 삶의 방식이기 때문이다. 아울러 소통 방식이나 스킬을 아는 것은 사람을 알아가는 과정이고, 더불어 함께 하는 사회에서 자기의 존재감을 키워가는 과정이다. 또 소통 과정에서 소통 방식이나 스킬을 보고 그 사람의 의식 수준과 생활 수준을 알 수 있고, 질문과 대답을 통해 그 사람의 성향과 속마음을 알 수 있다.

일반적으로 소통을 잘하기 위한 3가지 요건은 신뢰, 경청, 그리고 공감이다. 즉 소통을 잘하기 위해서는 상호 신뢰 관계가 형성되어야 하고, 상대방의 말을 맥락적으로 경청해야 하며, 이심전심으로 상대방의 말에 공감할 수 있어야 한다. 그런데 이상과 같은 3가지 요건이 충족되어도 소통이 잘 되지 않는 곳이 있다. 바로 직장이다. 왜 그럴까? 직장은 소통에 대한 해박한 지식을 가진 사람들이 모여 있는 곳인데, 소통이 잘 되어야 하지 않는가? 그런데 왜? 무엇 때문에 소통이 잘 되지 않을까? 이 책에서 그에 대한 해답을 구할 수 있을 것이다.

추천인

국민대학교 윤 옥 한 교육학 교수

목차

2부

시스템의 힘

3부

조직 문화의 힘

The Magic of Workplace Communication

1부

사람의 힘

1장.

깨어 있는 사람이 조직의 소통을 이끈다

정년을 앞둔 직원들을 위한 특별한 소통 활동이 필요한 시점이다

직장생활을 오래 하다 보면 학습된 무기력에 의해 무의식적이고 습관적으로 행동하는 경향이 많다. 또 좋은 것이 좋은 것이니 회사에서 하라는 대로 하는 것이 직장생활을 잘하는 것이라고 생각한다. 그로 인해 모든 것을 무의식적이고 습관적으로 행하고, 이유 여하를 막론하고 무작정 흐름에 편승하는 경향이 있다. 또, 자기가 어떻게 처신해야 조직에서 살아남는지 혹은 동료들과 어떻게 소통해야 스트레스를 덜 받는지를 알고 그 상황에 맞춰 시의적절한 행동을 취한다. 한마디로 치열한 생존 경쟁에서 오래 살아남는 자기만의 삶의 지혜를 터득한 것이다.

소위 『논어』에서 공자는 "나이 70에 이르니, 하고 싶은 대로 하여도 법도를 어기지 않는다"고 했는데, 직장생활을 오래 한 사람들은 경험적으로 얻어진 지혜로 인해 몸에 익어진 대로 행동해도 조직에 그다지 피해를 주지 않는다. 그런 사람들은 공통적으로 톡톡 튀지 않고 중간만 가자는 생각으로 매사 낙천적으로 행동한다. 그렇다고 해서 이런 유형의 사람들이 소통을 잘하는 사람이라고 단정할 수 없는 이유는 현실에 안주하며 수동적으로 행동하기 때문이다. 사실, 산전수전 다 겪은 직장인들은 조직의 성장과 발전보다는 개인의 안위를 공고히 하는 데 주력한다. 왜냐하면 오래도록 직장생활을 하면서 터득한 자기만의 직장철학이 "정년 이후에 결국 남는 것은 개인의 건강과 가정의 행복이다"라는 것이기 때문이다.

바야흐로 고령화 시대에 즈음하여, 회사 직원들의 평균 연령이 높아지고 있다. 이에 더하여 빛의 속도로 변하는 글로벌 생존 경쟁시대에 살아남기 위해서는 역동적이고 열정적인 직원들이 많아야 한다. 그런데 학습된 무기력에 빠져 아무런 생각도 하지 않고 무의식적이고 습관적으로 일하는 사람이 많다면 조직의 성장은 기대할 수 없다. 그런 유형의 사람들이 가일층 창의적이고 능동적으로 행동할 수 있도록 새로운 꿈과 희망을 주는 특별한 소통 활동이 그 어느 때보다 필요한 시기이다.

직원들은 이익이 있으면 본능적 · 습관적으로 소통한다

"이익에 장사는 없다"는 말이 있듯이 이익이 소통에 미치는 영향은 크다. 일례로 직장에서는 상사가 굳이 소통을 하려고 하지 않아도 직원들이 알아서 상사에게 잘 보이기 위해 소통을 한다. 특히 아부나 아첨을 좋아하는 직원은 상사의 기분을 좋게 하기 위한 소통을 자주 한다. 이익을 보는 감각이 타의 추종을 불허할 정도로 잘 발달되어 있는 그런 류의 사람들은 직장생활의 모든 이익이 상사로부터 비롯된다고 생각한다. 그래서 상사가 말을 하지 않아도 상사의 취향에 맞춰 상사가 원하는 방향으로 업무적인 소통을 한다. 그런 유형의 사람들은 자기 나름으로 자기 행실을 검열해서 상사에게 유리한 것이 무엇이고, 자기에게 무슨 이익이 있는지를 알고 그에 따라 행동하는 경향이 있다. 보기에 따라 달면 삼키고 쓰면 뱉는 기회주의자처럼 보여서 밉상이지만, 실상은 이런 유형의 사람들이 직장에서 소통을 제일 잘하는 사람이다. 왜냐하면 자기의 안위도 좋지만 상사의 안위를 먼저 살피고 상사의 입맛에 맞는 스타일로 업무를 처리하는 것 자체가 직장생활의 전부이기 때문이다.

앞서 소통을 운운하지 않아도 상사와 소통을 하려고 하는 마음은 개인의 생존과 진화를 위한 것에서 비롯된다. 상사와 소통을 하는 것이 개인의 성장과 진화에 직결되기 때문에 자기도 모르게 무의식적이고 습관적으로 그러한 행동을 하는 것이다. 이에 습관적이고 무의식적으로 행동하는 사람들에게 후학양성을 위한 특별한 자리를 마련해 주는 등 그들이 보유한 경험적 지식이 빛을 발휘하여 이익을 얻고 일에 대한 보람을 느낄 수 있도록 자리를 마련해주는 것이 무엇보다 필요하다. 왜냐하면 사람들은 이익이나 명예가 있으면 긍정적이고 능동적으로 소통을 하기 때문이다.

회사에 대해 감사하는 마음이 소통에 활력을 준다

현재 다니고 있는 회사를 나가면 무슨 일을 해야 할 것인가를 생각해 본 적이 있습니까? 36년 동안 다닌 회사를 당장 그만두고, 나가서 하고 싶은 일을 할 것이라는 생각으로 다른 직장을 찾아본다면 현재 회사에 다니는 것이 얼마나 고마운 일인지를 알게 된다. 모아둔 돈이 많아서 경제적으로 전혀 흔들리지 않을 자신이 있고 다른 사람에 비해 능력이 출중하여 어디를 가든 충분히 경쟁력이 있기에 회사를 그만둘 것이라고 말하는 사람도 막상 퇴사를 권유하면 나갈 생각이 전혀 없다고 말한다. 왜냐하면, 막상 회사를 그만두고 나가면 현재보다 더 나아질 것이라고 생각되지 않기 때문이다. 이런 류의 사람은 회사에 대해 감사하는 마음이 크다. 그래서 매사 긍정적이고 적극적으로 행하고, 현재 회사에 적을 두고 있는 것 자체에 감사하며, 회사의 모든 정책에 순응하고 자기에게 주어진 역할과 책임에 총력을 다한다. 또 그 어떤 상황에 처해도 회사 편에서 회사를 위한 방향으로 소통하려는 태도를 보인다. 이런 태도는 정년퇴직하는 날까지 조직에서 살아남아야 한다는 절박함에서 비롯되는 태도라는 점에서 단순히 습관적이고 낙관적으로 행동하는 사람과 크게 다르다.

공자의 제자인 증자의 병이 위중하자 노나라의 권력자인 맹경자가 병문안을 왔다. 증자가 그에게 말하기를 "새가 장차 죽으려고 할 때는 그 울음소리가 애처롭고 사람이 장차 죽으려고 할 때는 그 말이 착하다"고 말했다. 이 말은 『논어』에 나오는 말이다.

마지막이라는 생각, 더 이상은 기회가 없다는 생각, 막바지에 이르렀다는 생각, 모든 것이 끝났다는 생각 등 사람은 종료 지점에 이르면 못다 한 아쉬움과 남아 있는 시간의 귀중함을 새삼스럽게 느끼게 된다. 이에 더하여, 오랜 기간 무탈하고 건강하게 회사 생활을 한 것에 대해 고맙다는 생각을 하게 된다.

회사 입장에서 볼 때 최상의 소통 활동 목표는 직원들이 회사에 대해 감사하는 마음을 갖도록 하는 것이다. 그런데 직장생활 경험이 더해지면 자기를 받아준 회사를 향한 감사하는 마음이 퇴색되고, 오랜 기간 청춘을 바쳐 회사에 헌신했다는 것에 대한 보상 심리가 발동하는 시점에는 오히려 회사에 대한 부정적인 생각을 갖게 된다. 그렇다. 대부분의 직장인들이 오히려 자기는 열과 성을 다해 회사에 헌신을 다했는데 회사로부터 자기가 원하는 만큼의 보상을 받지 못했다고 생각한다. 그래서 기회만 있다면 새로운 곳으로 이직하고 싶어 하는 경우가 많다. 그런 직원들이 애사심을 가지고 일에 전념하게 하는 방법 중 하나는 직원들로 하여금 감사의 마음을 갖게 하는 것이다. 그러기 위해서는 직원들의 욕구를 어느 정도 채워주어야 하고, 직원들이 주인의식을 가지고 업무에 매진할 수 있도록 다방면의 복리후생에 투자를 하는 것도 필요하다.

춘추전국시대에 제나라의 명재상 관중이 "백성들은 먹을 것이 풍부하고 창고에 곡식이 넉넉해야 염치를 알게 된다"고 했던 말은 지금도 유효하다. 특히 자본주의 사회에서는 경제적인 안정에 대한 욕구는 시간이 아무리 흘러도 유통기간이 없다는 점을 생각해서, 소통 활동 이전에 직원들에게 유무형의 이익을 제공하여 감사하는 마음을 갖게 하는 것이 바람직하다.

타인과의 소통은 자기를 아는 것에서 시작된다

습관적이고 무의식적으로 아무런 생각을 하지 않고 행동하는 사람들은 자기가 남을 평가하듯이 남도 자기를 평가하고 있다는 생각을 하지 않는다. 또 자기는 자기이고 남은 남이기에 남의 눈치를 보면서 행동을 할 필요가 없다고 생각한다. 그런데 다른 사람과 함께하는 직장에서는 공동의 발전과 자기가 속한 조직의 성장을 위해 늘 남의 눈을 의식하면서 처신하는 것도 필요하다. 아울러 자기 인생은 자기 것이기에 직장생활 역시 자기 마음대로 하겠다는 생각을 버리고, 회사의 기준과 원칙을 준수하며 자기가 속한 조직에 피해가 가지 않도록 처신해야 한다.

일반적으로 사람은 자기가 자기를 평가하는 것처럼 남도 자기를 그렇게 평가해 주기를 바라는 경향이 있다. 하지만 직장에서의 모든 평가 기준은 자기 평가가 아니라 타인의 평가라는 점을 염두에 두어야 한다. 왜냐하면, 직장인의 역량은 자기의 힘으로 쌓은 이력보다 타인이 쌓아주는 평판이 더욱 큰 비중을 차지하기 때문이다. 그러므로 매일 자기 언행에 대해 스스로 평가하며, 다른 사람에게 좋은 이미지를 심어주는 노력을 게을리하지 않아야 한다. 또 "진정한 밝음은 자기를 아는 데서 온다"는 노자의 말을 곱씹으며, 양심에 따라 올곧게 처신한다면 다른 사람들과 원만한 병존(竝存)의 소통 관계를 유지할 수 있을 것이다.

2장.

생각의 깊이가 조직의 소통을 키운다

심사숙고해서 들어주면 소통된다

연일 자기들 조직은 불통이 만연하고 소통이 안 되는 조직이라고 불평을 하던 직원들이 요즘에는 소통이 좀 되는 것 같다고 말한다. 그래서 무엇 때문에 그런 생각이 드느냐고 물었다. 그랬더니 전에 있던 임원은 현장의 고질적인 문제를 개선해 달라고 말해도 콧방귀도 뀌지 않았는데 이번에 새로 부임한 임원은 자기들이 하는 말을 잘 들어준다는 것이다. 그래서 그 신임 임원이 와서 현장의 고질적인 문제가 해결되었느냐고 물었다. 그런데 직원들은 그 문제는 아주 오래된 문제이고 단기간에 쉽게 해결되는 것이 아니라서 신임 임원도 쉽게 해결을 하지 못할 것이라고 한다. 이처럼 직원들은 경영층이 자기들의 말을 잘 들어주면 소통이 잘 된다고 생각한다. 그들에게 있어서 현장의 고질적인 문제가 개선되는 것은 2차적인 문제이다. 1차적으로 자기들의 목소리를 경영층이 경청하면 소통이 잘 된다고 생각한다. 이렇듯 소통을 한다는 것은 많은 지식과 정보를 서로 주고받는 것을 의미하는 것은 아니다. 특히 직장에서는 직원들의 이야기를 경영층이 심사숙고하는 태도로 잘 들어주고, 그들의 마음에 공감을 표하면 된다. 이에 더하여, 직원들이 어렵고 힘든 상황에서도 헌신적으로 열정을 다하고 있다는 것을 알아주는 것만으로도 직원들에게는 큰 위로가 되고 격려가 된다. 그렇다. 소통의 물꼬를 트는 마스터키는 상대방의 말을 심사숙고해서 경청해 주고 그들의 마음에 공감을 표하며, 위로하고 격려해 주는 것이다.

불통이 소통을 부르고 소통이 불통을 부른다

전국노래자랑의 국민 MC 송해 선생님은 '딩동댕'과 '땡' 중에서 어느 것이 더 중요하냐고 묻는 기자의 질문에 "땡이 없으면 딩동댕의 소중함을 모른다며 둘 다 중요하다"고 말했다. 이와 마찬가지로 불통이 없으면 소통의 소중함을 알 수 없다. 노자의 『도덕경』에 추함이 있으니 아름다움이 있다는 말이 있듯이 불통이 있기에 소통이 있고 불통으로 인한 불편함과 손해를 봤기에 소통으로 인한 편안함과 이익의 소중함을 알게 된다.

밤이 있으면 낮이 있고, 긴 것이 있기에 짧은 것이 있다. 마찬가지로 불통이 있기에 소통이 있고 소통이 있기에 불통이 있다. 또 단순히 소통만 한다면 그 소통의 소중함을 느끼지 못할 것이다. 일례로 물과 공기가 없으면 그것의 소중함을 알게 된다. 또 돈이 쪼들려야 돈의 소중함을 알게 되고, 질병에 걸려야 건강의 소중함을 알게 된다. 그렇다면 소통이나 불통이 전무(全無)한 세상을 무슨 세상이라고 불러야 할까? 그냥 밋밋한 세상일까 아니면 고요한 세상일까? 소통이나 불통이 없는 세상은 죽은 세상이다. 사실 혼자 있어도 성찰과 회개, 그리고 반성을 하든 간에 우리는 끊임없이 자기와 소통한다. 하물며 잠을 잘 때도 무의식적으로 꿈을 매개로 자기 자신과 소통한다. 회사 역시 쉬지 않고 소통을 한다.

회사는 시간과 여건과 환경 등에 의해서 수시로 변화의 소통을 거듭하는 생물체이다. 주변 여건이 변하고 상황이 달라지고 환경이 바뀌는데 무감각하게 현실만을 고집하는 회사는 이미 죽은 회사이다. 그래서 모든 경영자들이 시시각각 변하는 세상에서 도태되지 않기 위해 창조적인 노력으로 끊임없이 변화와 혁신의 소통을 꾀하고 있다. 그렇지 않으면 경쟁 업체에 밀려서 아예 설 자리를 잃게 되기 때문이다. 그러한 여정에 필연적으로 하는 모든 활동의 근간은 바로 불통이 담긴 소통이고, 소통이 담긴 불통이다. 즉 불통이든 소통이든 직원들을 움직이게 하고 생각하게 하는 것이 매우 중요하다. 왜냐하면, 일단 직원들이 움직여야 회사가 원하는 방향으로 직원들을 비교적 쉽게 움직이게 할 수 있기 때문이다.

오래 소통하면 오랜 생각 속에서 소통의 내공이 쌓인다

많은 사람들이 골프를 치는 사람이 대부분 소통을 잘하고 비즈니스를 잘하기 위해서는 반드시 골프를 쳐야 한다고 말한다. 간혹 골프를 치지 못하면 소통도 못하는 사람이라고 생각하는 사람들도 있다. 그러나 골프를 치지 않아도 얼마든지 관계의 폭을 넓힐 수 있는 소통을 할 수 있다. 사실 필자가 소통을 잘해서 대기업에서 소통 업무를 맡게 된 것이 아니다. 그 업무를 오래 하다 보니 소통을 잘하게 된 것이고 인맥도 넓어진 것이다.

『논어』 제9편에 "싹을 틔웠으나 꽃을 피우지 못하는 경우가 있고, 꽃을 피웠지만 열매를 맺지 못하는 경우가 있다"는 말이 있다. 직장생활을 하다 보면 열심히 소통했는데 성과를 내지 못하는 경우도 있고, 타의 추종을 불허할 정도의 성과를 냈지만 승진에서 뒤로 밀리는 경우도 있다. 그러므로 그런 상황에 처해 있다면 근본 원인이 무엇인가를 먼저 생각해 봐야 한다. 이때 그 원인을 자기 안에서 찾는 것이 바람직하다. 그러한 생각과 생각을 거듭하는 과정에서 생각이 숙성되고 그 숙성된 생각 속에서 정제된 생각을 하게 됨으로써 본질에 역점을 둔 소통을 하게 된다.

필자는 오래도록 소통 업무를 하는 과정에서 소통에 관심을 갖게 됐고 이로 인해 소통에 대해 고민하는 과정에서 소통 관련 책을 여러 권 집필하게 됐다. 그래서 필자는 오래도록 했다는 것은 오래도록 생각했다는 것을 뜻한다고 본다. 그렇게 오래도록 생각하면 그 농익은 생각 속에서 핵심을 발견하는 눈이 길러지고 익숙한 것을 낯설게 보는 혜안이 길러진다. 그렇다. 무엇이든 오래도록 경험해야 그 경험에 기인하여 보다 깊이 있는 생각을 하게 되고, 그 생각에 기인하여 근본적이고 본질적인 것에 중점을 둔 소통을 하게 된다. 그리하여 그야말로 깊이 있는 내공을 지닌 소통 전문가가 되는 것이다.

회사는 수직조직인데 수평조직이라고 말한다

일반적으로 소통이 잘되는 회사는 조직체계가 수평적이고 소통에 임하는 사람들의 사고가 매우 긍정적이다. 익히 아는 바와 같이, 회사는 본래 상하 간에 위계질서를 중시하는 전형적인 수직조직이다. 그런데 엄연히 수직적인 조직임에도 불구하고 소통이 잘되는 회사는 수평적인 조직 문화를 추구한다. 어떻게 생각하면 상하 간 위계질서를 중시하고 상명하복의 체계 속에서 수평적인 조직 문화를 추구한다는 것 자체가 모순이 아닐 수 없다. 그럼에도 불구하고 지속적으로 반복해서 수평적인 조직 문화 창달에 집착하는 이유는 수평적인 조직 문화가 소통이 잘 되기 때문이다. 그래서 회사는 실질적으로는 수직적인 조직인데 마치 수평적인 조직이라는 착각이 들도록 끊임없이 수평조직을 운운한다. 그리하여 마치 회사의 조직체계가 수직적인 조직이 아닌 것처럼 직원들을 착각하게 만든다. 하지만 엄연히 회사는 임원-부장-차장-과장-계장-사원 등의 직급에 의해 서열이 정해지는 수직적인 인력구조를 지녔다. 어떻게 생각하면 조선시대의 신분제도가 그대로 직장에서 부활한 것이라고 할 수 있다. 하지만 수직적인 문화를 수평적인 문화로 탈바꿈하기 위한 소통의 여정은 계속되고 있다. 그래서 직책의 상위에 있는 사람들은 권위를 내려놓고 허심탄회하게 열린 소통을 하고 직원들 역시 자기가 속한 조직은 수평조직이라는 착각 속에서 열린 소통을 한다. 하지만 회사는 수직적인 조직 속에서의 수평적인 문화를 추구하는 것이지, 수직적인 조직을 없애고 수평적인 조직으로 탈바꿈한 그러한 수평조직이 아니다. 또 사발통문과 같이 모두가 리더이고 모두가 팀원인 그런 조직체계를 유지하는 회사는 거의 없다. 그렇다고 해서 회사가 수직적인 조직체계를 바꾸지 않고 계속해서 수평조직을 운운하는 속내가 무엇이고, 수직적인 위계질서를 중시하면서 수평적인 조직을 만들자고 하는 회사의 속내에 의문을 품을 필요는 없다. 왜냐하면, 그나마 수평적인 조직 문화를 강조하는 회사 덕분에 어느 정도 조직에 활력이 생기는 것은 확실하기 때문이다.

3장.

사람들의 꿈이 조직의 미래가 된다

꿈과 희망은 직장 소통의 보석이다

회사에 출근하고 싶은 직장인, 회사에서 소통을 잘하는 직장인, 회사 업무를 즐기는 직장인의 공통점은 꿈과 목표가 있다는 점이다. 이렇듯 회사에서 이루고자 하는 목표가 있는 사람은 직장에서 그것을 이루기 위해 혹은 그것을 달성하기 위한 기반을 마련하기 위해 열정적으로 일하며, 주변 사람들과 끊임없이 소통한다. 특히 자기가 이루고자 하는 꿈과 회사의 비전이 일치하는 경우에는 더욱더 혼신의 힘을 다한다.

꿈과 목표를 가진 사람은 매우 긍정적이다. 그래서 자기가 어렵고 힘든 상황에 처해도 결코 포기하지 않고 긍정적인 사고로 도전과 응전을 거듭하며 그 상황을 극복하기 위해 더욱더 치열하게 소통한다. 특히 회사의 비전과 개인의 꿈이 일치하는 경우에는 회사에서 하는 업무가 자기가 추구하는 목표를 달성하기 위한 여정이라는 점에서 한 치 흐트러짐이 없이 온전히 회사 업무를 즐긴다. 여기서 회사 업무를 즐긴다는 의미에는 업무처리 과정에서 업무에 연계된 사람들과 즐겁게 소통하며 업무를 한다는 의미가 함축되어 있다. 또 회사에서 소통하는 것 자체가 자기의 꿈을 실현하는 과정이라는 점에서 진심으로 정성을 다한다. 그런 직장인에게 있어 회사는 자기의 꿈을 실현하는 무대이자 자기 성장의 요람이다. 그래서 자기에게 주어진 역할과 책임 이상의 성과를 내며, 조직의 성장에 이바지하는 바가 크다.

리더십 학자들은 리더가 직원들에게 해줘야 하는 유일한 것은 꿈과 희망을 주는 것이라고 말한다. 직장에 출근해서 아무런 꿈과 목표가 없이 허송세월을 보내듯 시간을 낭비하는 직원들도 적잖다. 단순히 월급을 받기 위해 일을 하는 사람들이 많다면, 그 회사의 미래는 어두울 수밖에 없다. 왜냐하면, 회사의 성장은 직원 개개인의 역량에 비례하기 때문이다. 그러므로 직원 개개인의 역량 증진을 위해 그들이 꿈과 목표를 가질 수 있도록 그들의 커리어 향상에 필요한 교육 프로그램을 개발하여 운영해야 한다. 이때 반드시 회사 업무와 직결된 분야와 자녀교육, 재테크, 건강관리, 독서강좌 등 업무 외적인 분야를 포함하여 운영하면 직원들의 참여율을 대폭 올릴 수 있을 것이다.

꿈과 목표가 있는 사람은 모든 일을 전략적으로 행한다

꿈과 목표가 있는 사람은 무계획적으로 막연하게 소통하는 것이 아니라 정해진 계획에 따라 전략적으로 소통한다. 어떻게 생각하면 너무 계산적으로 소통을 하고 관계를 맺는다고 말할 수도 있지만 주어진 시간에 가능한 한 괄목할 만한 성과를 내기 위해서는 전략적으로 행하는 것이 바람직하다. 왜냐하면, 결국 모든 일은 주어진 시간을 어떻게 보낼 것인가에 따라 성패가 나뉘기 때문이다.

위에서 시간을 전략적으로 관리한다는 의미에는 일의 우선순위를 정해서 효과적이고 효율적으로 처리를 한다는 의미가 내포되어 있다. 일의 중요도와 긴급성을 고려하여 우선순위를 정하는 것 자체가 시간을 전략적으로 사용하기 위한 첫걸음이다. 특히 정해진 시간에 처리해야 하는 업무가 과다하게 많을 때에는 선택과 집중의 원리에 입각하여 업무를 처리하는 것이 바람직하다. 사실, 회사에서 일평균 8시간씩 일을 하면서 그 시간을 전량 업무를 처리하는데 활용할 수는 없다. 경우에 따라 개인적인 학습도 하고, 휴식 시간도 가져야 한다. 또 컨디션이 좋지 않을 때에는 업무에서 벗어나 충분한 휴식을 취해야 하는 경우도 있다. 그러한 모든 여건을 감안하여 업무의 우선순위를 정하고 선택과 집중에 의해 업무를 처리한다면 업무시간에 자기개발을 위한 시간까지도 확보 가능할 것이다.

실제로 회사에서 업무 처리 속도가 빠르고 일을 잘하는 사람은 공통적으로 시간관리를 잘한다는 것을 알 수 있다. 놀 때 놀고 일을 할 때는 일을 하되 결코 잡담이나 무의미한 소통으로 시간을 소비하지 않는다. 또 자투리 시간이 생기면 여지없이 외국어 회화나 독서를 하면서 지식의 폭을 넓히기도 한다. 이외에도 시간관리에 능숙한 사람은 무슨 일을 하든 배우고 익히는 기회로 삼아 자기 발전을 꾀하고, 회사에서 보내는 시간을 사적으로 유용하는 것은 회사의 시간을 횡령하는 것이라는 생각으로 모든 시간을 회사 업무와 직간접적으로 연계된 것에 사용한다.

손자는 『손자병법』에서 "전략은 상대방이 모르는 곳을 상대방이 예측하지 못하는 시간에 상대방이 미처 손을 쓸 수 없는 속도로 실행해야 한다"고 말한다. 즉 전략은 시간과 속도 그리고 타이밍을 고려하여 수립하고 실행해야 한다. 또 이해 관계자나 경쟁 상대가 있다면 더욱더 상대방의 전략에 말려들지 않도록 자기의 전략 수립에 각별한 주의를 기울여야 한다. 특히 소통전략을 수립할 때에는 시간을 분초 단위로 나눠서 언제 누구와 얼마만큼의 시간 동안 무슨 주제로 어떻게 소통을 할 것인가에 대한 시나리오를 써 보는 것도 효과적이다. 그렇다. 소통전략을 세울 때도 소통을 통해 달성하고자 하는 목표를 정해서 그 목표를 달성하기 위해 자기는 얼마만큼의 시간을 쓰고 상대방에게 얼마만큼의 시간을 줄 것인지 등 소통 시간을 감안해서 수립해야 한다. 무한정 시간을 소비하는 소통전략은 시간의 낭비에서 빚어지는 비용이 많이 든다는 점에서 이미 실패 전략이다.

직장은 월급 이상의 보석이 즐비한 보물창고이다

일반적으로 직장을 갖는 이유 중 하나는 생활의 안정을 꾀하기 위해서이다. 또 기본적인 욕구를 채우기 위한 일환으로 직장생활을 한다. 일을 하지 않고 가만히 누워 있는데 하늘에서 돈다발이 떨어지는 기적은 없다. 또 세상에 공짜가 없다는 말이 있듯이 일하면서 땀을 흘린 만큼 보상을 받게 되어 있는 것이 세상 이치이다. 그래서 직장에서 일을 하고 그에 대한 보상으로 생활의 안정을 꾀한다. 물론 일에 대한 보람과 자기실현을 위한 측면도 있지만 자본주의 황금 만능주의 시대를 살고 있기에 기본적으로 경제적인 안정에 무게중심이 있다고 볼 수 있다.

직장은 의식주를 위한 충분한 보상과 고용 안정이라는 생리적인 욕구를 충족시켜 주고, 안정된 환경과 인프라 속에서 안전의 욕구를 충족할 수 있다. 또 조직에 소속되어 무리를 이뤄 생활을 함으로써 소속의 욕구를 충족시켜 준다. 또 회사의 브랜드에 걸맞은 사회적 지위와 회사원으로서 영향력을 발휘하게 함으로써 인정의 욕구를 충족시켜 준다. 마지막으로 자기가 맡은 업무를 통해 자기 성장을 도모할 수 있으며 연구 개발 및 학습과 일을 병행하며 자아실현의 욕구를 충족할 수 있다. 결과적으로 회사 생활을 하면서 매슬로우가 말한 5가지 욕구(생리적 욕구, 안전의 욕구, 사회적 욕구, 존경의 욕구, 자아실현의 욕구) 충족이 모두 가능하다. 사실 사람마다 직장에서 지향하는 바는 서로 다르다. 사람들과 관계를 맺는 것을 좋아하는 사람, 사람보다는 성과 창출에서 직장생활의 보람을 느끼는 사람, 상사에게 인정받는 것을 가장 중요하게 생각하는 사람, 일 자체가 주는 즐거움과 보람을 느끼는 사람, 일을 통해 자기 가치를 창출하는 사람 등 직장생활을 하면서 얻고자 하는 바는 모두 다르다. 현재 이 글을 읽고 있는 독자님은 직장생활에서 지향하는 바가 무엇인지요? 또 현재 독자님의 직장생활의 꿈과 목표는 무엇인지요?

단순히 월급을 받아 돈을 모으는 것이 직장생활의 꿈이라면 그런 사람은 일에 대한 애착이 별로 없는 사람이라고 확신한다. 왜냐하면, 그런 류(類)의 사고방식을 가진 사람들은 회사에서 자기가 최소한 잘리지 않을 정도로 기본적인 업무만을 할 확률이 높기 때문이다. 그렇지 않고 월급보다는 자기가 하는 일에 대해 재미와 흥미를 느끼면서 하는 사람은 자기 업무 외적인 것에도 관심을 갖고 회사에 꼭 필요한 인재로 거듭나기 위해 열정을 다한다. 그런 직장인이 최고의 직장인이다. 그런 류의 사람이 많다면 직장의 소통은 따놓은 당상이다.

4장.

리더의 태도는 조직의 표정이다

지시와 통제는 반쪽짜리 소통이다

대부분의 리더들이 조직원들보다 모든 면에서 자기가 우월하다고 생각한다. 그래서 자기보다 나이 많은 팀원이 있어도 그 사람보다 자기가 경험이 많고 아는 것이 많은 것처럼 행동한다. 누가 봐도 삼촌뻘 되는 조직원에게 지혜로운 삶의 인생 처방을 내리는 경우도 있다. 하지만 조직의 리더는 업무적인 리더이지 인생의 리더가 아니다. 또 경영자가 권한을 위임해 준 범위 안에서 조직원들을 업무적으로 리드하는 역할을 해야 한다. 그런데 어떤 리더는 조직원들의 사적인 것까지 통제하고 업무 외적인 것까지 간섭하는 경우도 있다. 또 조직원들은 자기 말에 무조건 복종해야 하고 자기가 하는 말은 곧 조직의 법이라고 생각하는 유아독존의 성향을 보이기도 한다.

위와 같이 지시와 통제를 좋아하는 리더가 있는 조직의 소통은 불을 보듯 뻔하다. 이런 조직에서는 불통과 소통이 중요한 것이 아니라 리더 한 사람의 안위를 더 중요하게 생각한다. 설마 모든 것이 SNS로 실시간 공개되는 그런 시대에 아직도 5공화국 시절의 리더와 같은 사람이 있느냐고 반문하는 사람도 있을 것이다. 위의 말은 픽션이 아니라 필자가 실제로 보고 들은 바에 따른 엄연한 사실이다. 그렇다. 아직도 현장에는 이런 리더들이 부지기수이다. 그런 리더가 있는 조직에서 소통을 운운하는 것은 조직원들을 두 번 죽이는 것이다. 그 이전에 그런 리더들을 발본색원하여 올바른 리더로 양성하는 것이 더욱 시급하다.

리더는 절대자가 아니다

앞서 말했듯이 조직의 리더는 회사 차원의 공적인 리더이지 직원들의 사적인 것까지 통제하는 절대자가 아니다. 또 조직원들에게 업무 방향을 제시하고 회사 방침이나 경영자의 철학을 전파하는 역할을 하는 사람이지, 자기가 원하는 대로 직원들을 이끄는 절대지존이 아니다. 그러함에도 불구하고 대부분 리더가 되면 자기 마음대로 조직원들을 이끌려고 한다. 특히 권위적이고 독재적인 리더는 조직원들의 영혼까지도 관리감독하려는 경향을 보인다. 그러다 보니 자기가 지시하는 대로 조직원들이 행동하지 않으면 감정을 주체하지 못하고 화를 내며 서슴없이 욕설을 내뱉기도 한다.

한비자는 "군주가 신하에게 예를 다하면 신하는 군주에게 충으로 보답한다"고 말을 했는데, 조직원들에게 예의를 지키지 않는 것을 지극히 당연한 것으로 생각하는 리더도 적잖다. 그런데 더욱 큰 문제는 회사에서 그런 리더들의 행위를 개인의 일탈로 치부할 뿐 그다지 크게 문제 삼지 않는다는 점이다. 왜냐하면 그러한 행위는 더 큰 리더로 성장하기 위한 과정이라고 생각하기 때문이다. 그러면서 그런 조직일수록 소통을 강화해야 한다고 야단법석을 떤다. 참으로 한심하기 짝이 없는 형국이다.

"법은 멀고 주먹은 가깝다"는 말이 있듯이 조직원들 입장에서는 경영층은 멀고 상사인 리더는 가깝다. 경영자가 선한 영향력을 발휘하는 리더가 되어야 한다고 제아무리 말을 해도 현장의 리더들은 그런 기본적인 사항은 경영자의 철학일 뿐 현실과는 동떨어진 말이라고 생각한다. 또 현장 직원들은 단순하고 무지하기에 스파르타식으로 다루어야 한다고 생각한다. 특히 자기보다 연륜과 경험이 많은 조직원이 있으면 자격지심에서 더 발작을 하기도 한다. 그런 리더는 자존감이 낮아 조직원이 자기보다 더 잘 나가는 꼴을 보지 못하는 성정을 지녔다.

바야흐로 그 어느 때보다 인권이 중시되는 시대이다. 위계질서를 지키는 것이 조직을 유지하는 근간이지만 비도덕적이고 조직원의 인권에는 안중에도 없이 안하무인의 태도를 보이는 리더는 소통의 천적이 아닐 수 없다. 소통이 잘되는 조직을 만들 요량이면 가장 먼저 리더들이 조직원들에게 선한 영향력을 발휘할 수 있도록 리더들의 리더십 역량을 증진시키는 데 힘써야 한다.

무조건 가르치며 다스리려고 한다

회사에서는 리더나 임원이 나서지 않고 직원들이 스스로 할 수 있도록 권한을 위임하는 것이 소통이 잘되는 조직을 만드는 데 도움이 된다. 즉 리더나 임원이 무엇인가를 하려고 나서기보다 그냥 직원들에게 모든 것을 맡겨 놓고 뒷바라지를 해주는 것이 그나마 최선의 길이다. 그런데 리더나 임원은 직원들에게 위기의식을 심어주기 위한 변화관리 교육 차원에서 직원들과 함께하는 자리를 가능한 한 많이 만들려고 한다. 하지만 노자의 『도덕경』에 "하지 않으면서 모든 것을 행한다"는 말이 있듯이 리더나 임원은 뒤에서 묵묵히 지켜보고 있는 것이 최상이다. 한마디로 말해서 노자의 무위자연 사상을 바탕에 깔고 직원들을 대해야 한다. 간혹 조직원들의 수준을 한 단계 올려주기 위한 요량으로 자기가 가진 지식과 경험을 직원들에게 심어주기 위해 직원들과 함께하는 자리를 자주 만드는데 그럴 필요 없다. 왜냐하면 직원들은 굳이 임원에게 배우고 익히지 않아도 현재 직장생활을 하는 데 전혀 부족함이 없다고 생각하기 때문이다.

일반적으로 직원들은 자신들의 자유의사에 따라 자율적으로 움직이는 조직을 소통이 잘되는 조직이라고 생각한다. 그런데 회사는 조직의 근무 기강 확립 차원에서 직원들의 자유 의지를 구속하고 통제하려고 한다. 아니 지시와 통제 그리고 관리 감독이 일상화된 곳이 바로 회사이다. 혹자는 절이 싫으면 중이 떠나야 한다는 말을 하면서 회사에서 하고자 하는 대로 하지 않을 바에는 차라리 퇴직해서 개인 사업을 해야 한다고 말한다. 하지만 조직원들은 고칠 것은 고쳐 가면서 공동체 생활을 이어가야 한다고 말한다. 왜냐하면, 회사의 주인은 상사나 임원이 아니라 계속 머물러서 일하는 현장 직원들이 주인이라는 생각을 갖고 있기 때문이다. 그러므로 회사에서는 현장 직원들의 속내에 그러한 점이 내재되어 있다는 점을 감안하여 조직원들에게 리더의 권한을 위임하는 소통전략을 구사해야 한다. 아울러 무조건 가르치려고 하는 것보다 배우고 익히는 것이 즐겁고 아는 만큼 보이고 보이는 만큼 느끼게 된다는 것을 알게 해주는 것이 선행되어야 한다. 즉 스스로 배우고 익히는 학습의 즐거움을 느낄 수 있도록 학습 참여 직원에게 인센티브를 부여하고 일정 수준에 이르면 승진 기회를 부여하는 등 직원들이 학습에 대한 도전의식을 가지고 향학열을 불태울 수 있도록 하는 것이 바람직하다.

소통이 잘되는 조직을 만드는 리더는 침묵한다

노자는 『도덕경』에서 "하늘과 땅은 모든 것을 짚으로 만든 개처럼 취급하고 하물며 성인도 개처럼 취급할 정도로 차별을 두지 않고 모든 것을 평등하게 대한다"고 말한다. 그래서 위정자를 내세워 백성들을 어질고 의롭게 만들려고 하는 것은 자연의 도와 하늘의 섭리에 어긋나는 행위라고 말한다. 또 위정자들이 백성들에게 올바른 이치를 알게 하려는 목적으로 훈육하며 말을 많이 하는데, 말이 많으면 궁지에 몰리게 되므로 침묵하는 것이 오히려 낫다고 말한다. 노자와 공자 시대의 위정자는 현행 회사 차원에서 볼 때 리더나 임원과 같다.

매일 회의를 하면서 직원들에게 성과를 빨리 올리라고 지시하고, 구구절절 매일 똑같은 말을 반복하며 잔소리를 하는 것은 소통 조직을 만드는 데 전혀 도움이 되지 않는다. 간혹 말에 감정을 실어서 여과 없이 직원들에게 말을 함부로 하는 리더도 있는데 그러한 리더의 말은 소통을 가로막는 대형 장애물이다. 또 리더의 말에 의해 상처를 받은 직원의 마음은 쉽게 아물지 않고 오래간다. 그러므로 앞서 노자의 말처럼 침묵하며 묵묵히 리더로서 지녀야 하는 품격을 직원들에게 내보이는 것이 최상이다. 그러면 직원들은 눈치껏 알아서 움직인다. 아울러, 리더의 자리는 직원들에게 활력을 주는 자리임을 명심하고 칭찬과 격려의 말로 직원들을 섬긴다면 소통이 잘되는 조직으로 거듭날 것이다. 무릇 소통이 잘되는 조직을 만드는 리더는 리더가 있다는 것을 직원들이 모를 정도로 나서지 않으며, 직원들이 일에 대해 흥미를 갖도록 뒤에서 묵묵히 지원한다.

5장.

판을 읽는 사람이 흐름을 만든다

변덕이 심한 것도 업무 습관 중 하나이다

실무자로서 업무를 수행하다 보면 참으로 황당한 일을 많이 경험한다. 업무의 속내를 가장 잘 아는 사람이 실무자인데, 그런 실무자의 의견이 전혀 반영되지 않은 상태에서 상사나 임원이 갑자기 방향을 바꿔는 경우가 번번이 발생한다. 일례로 정기적으로 해오던 회의 일정이나 장소가 갑자기 바뀌는 경우도 있고, 간담회 일정과 장소가 갑자기 바뀌기도 한다. 또 지시한 지 1시간도 지나지 않아서 그 지시를 없던 것으로 하기도 하고, 때로는 오랜 기간 해오던 업무를 없애거나 전혀 생각지도 않은 사람에게 업무를 인계하라는 지시를 받기도 한다. 실무자 입장에서 보면 모든 사람들에게 정보가 공유되어 있는 상태에서 갑자기 변경되어 황당하기 이를 데 없는 경우가 많다. 마지막 점만 찍으면 되는데 상사나 임원의 말 한마디에 의해서 전부 물거품이 되는 경우가 있다. 이로 인해 다시 처음부터 모든 것을 제자리로 돌려놓아야 하는 혼란스러운 상황이 발생하게 된다. 그래서 어떤 실무자의 경우에는 상사나 임원의 성향을 미리 파악하여 언제든 방향이 급선회할 가능성이 있다는 점을 염두에 두고 업무에 임하기도 한다.

실무자가 동에 번쩍 서에 번쩍 나타나는 홍길동도 아니고, 조삼모사(朝三暮四)로 길들여야 하는 원숭이도 아닌데, 상사나 임원은 왜 그렇게 변덕이 심할까? 습관적으로 변덕이 심한 리더나 임원이 있다면 그야말로 정신 똑바로 차려야 한다. 그런 류의 사람들은 변덕이 심한 4월의 날씨처럼 업무 습관이 그렇다는 점을 감안하여 늘 플랜 B를 염두에 두고 업무를 해야 한다. 또 번복된 지시로 인한 여파를 저울질해서 실이 많다면 그 실을 최소화하는 방안을 마련하여 업무를 처리해야 한다. 그렇지 않고 지시 사항에 불응할 시에는 지시 불이행이라는 오명을 뒤집어쓸 수 있다. 사실, 리더나 임원도 그 위의 상사로부터 업무 지시를 받아서 움직이는 직원일 뿐이다. 그러므로 갑자기 지시 사항이 변경되었다면 그것은 순수하게 리더나 임원의 개인 판단에 의한 것이 아니라 회사 경영 환경과 주변 여건의 급격한 변동에 의한 것이라고 생각해야 한다. 또 실무자 입장에서 보이지 않는 무엇인가가 있기에 그런 것이라는 생각으로 최선을 다해 변경된 지시 사항을 완수하는 것이 도리이다.

한편, 리더나 임원은 지시 사항이 변경되면 무슨 연유로 변경이 됐고, 변경으로 인해 발생되는 리스크는 무엇이며, 그 리스크를 최소화하기 위해서는 어떻게 하는 것이 바람직한 것인가에 대한 측면을 실무자와 협의하여 업무를 진행하는 것이 필요하다. 왜냐하면 자칫 잦은 변경과 변덕으로 인해 상호 신뢰성이 저하되어 관계가 악화될 우려가 있기 때문이다. 그러므로 지시 변경 사항이 생기면 그 연유와 대안까지도 상호 공유하고 업무를 처리해야 한다. 그렇게 한다면 오히려 그것이 전화위복이 되어 실무자와 전보다 더 끈끈한 신뢰 관계를 형성하게 될 것이다.

계속해서 얻으려고 하면 잃는 것이 많아진다

하나를 얻으면 다른 하나를 잃는 것이 세상 이치이다. 또 얻으려고 하면 잃게 되고 잃으려고 하면 또 다른 것을 얻게 된다. 앞서 변덕이 심한 상사가 회의 일자나 회식 장소를 자주 바꾸는 등 판을 수시로 바꾸는 리더십을 발휘하고 있다면, 가장 우선적으로 그로 인해 상사의 리더십이나 자신의 신뢰도가 저하되지 않도록 명분을 만들어서 변경하면 된다. 그렇지 않고 상사의 지시로 인해 어쩔 수 없이 변경해야 한다는 것은 명분이 아니라 상사에게 책임을 돌리는 것과 같다.

상사들이 착각하는 것 중 하나는 판을 수시로 바꾸는 것이 조직 관리에 유리하고 그로 인해 자신의 위치가 더욱 견고하게 된다는 것이다. 또 상사가 마음대로 판을 바꿀 수 있다는 것을 직원들에게 심어줘서 세세한 것까지도 자기의 허락을 득해야 함을 인지시키는 것이다. 하지만 수시로 판을 바꾸는 것은 불신을 초래하고 실무자의 일에 대한 의욕을 떨어뜨리는 단초가 된다. 그러므로 판을 바꿀 때에는 직원들이 그것을 알아차리지 못하도록 하는 것이 매우 중요하다. 그렇지 않고 판이 바뀌는 것을 직원들이 알게 된다면 판단력과 결단력이 부족한 상사로 인식되어 장기적으로 볼 때 지시한 사항에 대해 올곧게 따르지 않는 문제가 파생된다.

판을 바꾸면 거부하지 말고 그 속에서 내공을 기른다

앞서 말한 바와 같이 실무자 입장에서 애써 준비해서 일을 시작하려고 하는데 갑자기 다른 방향으로 업무를 해야 하는 상황에 처하면 업무에 대한 의욕과 충성심이 저하된다. 그러므로 상사는 특별한 여건이 변동되지 않는 한 기존의 지시 사항을 그대로 유지해야 하고 변경의 필요가 있다면 실무자와 협의하여 원만하게 방향을 바꾸는 것이 바람직하다. 아울러 실무자가 서운한 마음이 들지 않도록 배려하고 실무자가 난처한 상황에 처하지 않도록 사후관리 차원에서 실무자를 배려하는 것이 그나마 실무자에게 인정받는 상사가 되는 길이다.

한편 실무자 입장에서는 지시 사항과 업무의 방향을 자기 마음대로 자주 바꾸는 상사와 함께 업무를 할 때에는 여러 가지 경우의 수를 생각해서 업무를 준비하고, 사전에 상사의 취향을 고려하여 기획하는 것이 필요하다. 그러기 위해서는 업무를 기획할 때 늘 상사의 입장에서 생각하고 평소 상사에 버금가는 통찰력을 기르기 위해 끊임없이 자신을 단련해야 한다. 사실 지시 사항이 바뀐다고 해서 실무자 입장에서는 손해 볼 것은 없다. 바뀌면 바뀌는 대로 긍정적으로 수용하고, 더욱더 좋은 기획안으로 상사에게 만족감을 주면 된다.

상사의 입장에서는 능히 실무자가 쉽게 처리할 일이고 그다지 업무적인 스트레스를 주는 일이 아닐 것이라는 생각에서 그러한 것인지도 모른다. 또 경우에 따라서는 상사가 실무자의 업무처리 능력을 테스트하기 위해서 그렇게 하는지도 모른다. 그러므로 상사의 지침에 대해 늘 긍정적인 태도로 임하고, 어떠한 경우에도 스트레스를 받을 필요가 없다. 아울러 변덕이 심한 상사가 지시하는 업무를 처리하는 과정에서 순발력을 기르고, 비상 상황에도 당황하지 않고 여유 있게 업무를 처리하는 임기응변의 내공을 기르는 기회로 삼으면 된다.

6장.

마음으로 소통할 때 관계가 열린다

말을 잘하는 것이 소통을 잘하는 것이 아니다

말을 많이 하며 시끄럽고 와글와글하는 것이 소통을 잘하는 것이 아닌데 간혹 그러한 것이 소통을 잘하는 것이라고 착각하는 사람도 있다. 특히 조직에서 가장 오래된 사람이나 상사들은 자기가 말을 많이 하면 소통이 잘되는 조직이 될 것이라고 착각한다. 그런데 말을 많이 하는 사람의 말을 가만히 옆에서 들어보면, 기억에 담아둘 정도로 의미 있는 말은 거의 없다. 또 시종일관 열변을 토하며 뭐라고 말을 하는데 도대체 무슨 말을 하려는 것인지 알 수 없고, 그런 말을 왜 하는지 의도를 도저히 알 수 없는 경우도 많다.

말을 많이 하는 사람은 자기가 그렇게 하는 것이 자기의 장점이고 다른 사람들도 자기가 하는 말을 듣고 좋아할 것이라고 착각한다. 또 자기가 보유한 기득권으로 볼 때 자기는 당연히 말을 많이 할 수 있는 특권을 가진 사람이라고 생각한다.

영어로 말과 칼의 단어가 유사한 것은 우연이 아니다. 그래서 많은 사람들이 말은 양날의 검이라고 말한다. 말은 영어로 'Word'이고 칼은 영어로 'Sword'이다. 말을 많이 하는 것을 좋아하는 사람이라면 자기의 말 속에 상대방의 심장에 비수를 꽂는 말은 없는지 꼼꼼히 따져봐야 한다.

상대방이 자기의 말을 잘 듣고 있다고 착각한다

말을 많이 하는 사람은 자기가 다른 사람보다 아는 것이 많고 다른 사람들이 자기의 말을 관심 있게 듣고 있다고 착각한다. 또 자신이 말하는 정보는 일반 사람이면 쉽게 얻을 수 없는 정보이고 자기나 되니까 귀한 정보를 혼자 독점하지 않고 다른 사람들에게 공유하고 있다고 자기를 자랑스럽게 생각한다. 그런데 사실은 그 사람이 하는 말은 대부분 이미 공개된 정보이고 앞뒤가 전혀 맞지 않는 궤변인 경우가 많다. 더욱 심각한 문제는 그런 유형의 사람들은 자기가 현재 무슨 말을 하고 있고, 다른 사람들이 자신을 어떻게 생각하고 있는지를 전혀 생각하지 않는다는 점이다.

『논어』에서 공자는 "말을 잘한다는 것은 시기와 상황에 따라 해야 하는 말과 하지 말아야 하는 말이 무엇인지를 알고, 말을 하지 말아야 할 때와 말을 해야 할 때를 알고 말을 하는 것"이라고 말한다. 또 자기가 하고 싶은 말을 하는 것이 아니라 상대방이 듣고 싶어 하는 말을 하는 사람이 말을 잘하는 사람이라고 말한다.

말이 많은 사람은 자기가 생각 없이 마구 쏟아내는 말로 인해 다른 사람이 그 말을 듣느라 얼마나 많은 고통을 겪고 있는지를 모른다. 만약 독자님이 말이 많은 사람이라면, 말을 많이 하는 사람보다 그 말을 들어주는 사람이 3배 이상 힘이 든다는 사실을 알고, 앞으로는 하고 싶은 말이 많아도 3가지 정도 압축해서 말을 해야 한다. 아울러 그중에서 제일 중요한 1가지에 초점을 두고 심플하게 말하는 것이 바람직하다.

말로 하는 소통보다 가슴으로 하는 소통이 오래간다

조직에서 쓸데없는 말을 많이 하거나 상대방은 전혀 들을 생각이 없는데 그런 사람에게 자기가 하고 싶은 말을 따발총처럼 쏟아내는 사람은 소통을 가로막는 사람이다. 그런 사람으로 인하여 다른 사람이 말을 하지 않는 것이고, 그로 인해 상호 쌍방향 소통이 되지 않는 것이다. 일례로 자기가 자기 입으로 소통을 잘하는 사람이고 자기는 소통 전문가이며, 누구보다 상대방을 잘 이해하고 다른 사람을 배려하는 사람이라고 말하는 사람은 말이 많은 사람일 확률이 높다. 왜냐하면 말이 많은 사람은 남의 말을 경청하려고 하기보다는 자기 스스로 자기를 자랑하며 떠벌리는 것이 습관화된 사람이기 때문이다.

우리가 다른 사람의 말을 경청하지 못하는 것은 귀 때문이 아니라 머리 때문이다. 다른 사람이 말을 할 때 머리가 다른 생각을 하느라 가만히 있지 못하기 때문에 다른 사람의 이야기를 듣지 못하는 것이다. 우리 얼굴에 입이 얼굴의 가장 아래에 있는 이유는 말을 할 때 머리로 하지 말고 가슴으로 하라는 의미를 담고 있다. 즉 가슴에서 우러나는 말을 하라는 의미에서 입이 머리보다는 가슴에 가깝게 위치하고 있다.

상사나 임원이 말수를 줄이면 소통이 잘되는 조직이 된다

나름 소통 전문가이고 소통에 대해서 이론적으로 해박한 사람도 회사에 오면 소통의 고문관이 되고 회사의 정책에 대해 부정적인 말을 하는 사람으로 평가절하되는 곳이 회사이다. 열린 마음으로 상대방의 말을 경청하고 역지사지의 마음으로 상대방을 대해야 한다는 소통의 이론과 원칙은 철저히 무시되고 배제되는 회사에서 무슨 소통은 소통이냐고 말하는 사람도 있다. 또, 열린 마음으로 기분 좋게 출근해서 허심탄회하게 진심으로 소통을 하려고 해도 상사를 보면 주눅이 들고 상사의 부당한 지시 사항과 지침을 받으면 이내 마음의 문이 꽁꽁 닫혀 버린다고 말하는 사람도 있다.

툭하면 잘못을 지적하고, 과다한 업무 지시로 인해 심적인 스트레스를 주는 상사가 즐비한데 그런 곳에서 마음을 활짝 열고 즐겁게 소통을 한다는 것은 어려운 일이다. 또 자칫 말 한마디 잘못하면 공공의 적으로 몰려서 인사 평가는 고사하고 상사의 눈 밖에 나는 경우도 있다. 그러다 보니 일반 직원들은 상사나 임원이 주관하는 회의나 교육 등 공적인 소통의 자리에는 가능한 한 참석을 하지 않으려는 경향을 보인다. 왜냐하면, 괜히 참석해서 심적으로 스트레스를 받을 필요가 없다는 생각과 자칫 실언을 했다가는 온전히 낭패를 볼 수 있기 때문이다. 그래서 튀지 말고 뒤로 처지지도 않으면서 그냥 중간만 가자는 생각을 한다. 그런 사람이 많은 조직은 조직의 소통도 정체될 수밖에 없다.

7장.

마음을 나누는 조직이 소통된다

사조직이 많으면 직장 소통이라는 배가 산으로 간다

직장의 소통은 끼리끼리 하는 유유상종의 소통이다. 회사에서 모든직원들과 소통을 하기에는 시간과 공간에 제약이 따른다. 그래서 대부분 자기 업무와 연관된 사람들과 우선적으로 소통한다. 이에 더하여 2차적으로 자기 업무과 직간접적으로 관련이 없지만 수시로 만나는 사람이나 같은 공간에서 일하는 사람들과 소통한다. 또 소속이 다른 사람들과 공적인 관계도 사적인 관계도 아닌 중간수준의 관계선상에서 서로 눈빛 인사를 하는 정도로 소통한다. 이외에 축구, 볼링, 배구 등 자기와 같은 스포츠를 좋아하는 사람과 동호인을 결성하여 소통한다. 또 학연이나 지연 등의 인맥으로 구성된 사람들과 끈끈하게 소통을 한다. 이상과 같은 유형의 소통은 그래도 알짜배기 소통이다.

특별히, 회사 생활을 하면서 지극히 사적으로 친분을 유지하며 소통하는 사람들이 있다. 흔히 말하는 하나회와 같은 성격을 지닌 인맥이다. 그런 인맥은 회사에서 요직이 있으면 파벌을 형성하여 서로 밀어주고 끌어 주는 상보적인 관계를 형성한다. 흔히 카르텔이라고 말을 하는데 이런 인맥으로 형성된 소통 인맥은 계속해서 대물림되고 다른 사람들이 쉽게 다가갈 수 없는 철옹성과 같은 소통 관계를 형성한다. 이처럼 사람들은 무리를 지어 회사 생활을 한다. 무리를 짓는 본능은 진화를 위한 생존의 특성으로 오래전부터 포유동물의 뇌에 확실히 내장되어 있는 본능이다. 그런데 문제는 특별한 인맥으로 형성된 사람들과 선택적으로 사적인 무리를 짓는데 있다. 즉, 친한 사람끼리 혹은 동문끼리, 학연과 지연에 따라 인맥을 형성해서 회사 내에서 사조직을 결성한다.

공자는 『논어』에서 "군자는 사람들과 화합하지만 부화뇌동(附和雷同)하지 않고, 소인은 부화뇌동하지만 사람들과 화합하지는 못한다"고 말을 했는데, 그런 유형의 사람들은 대부분 사조직으로 결성된 사람들과는 화합하지만 다른 사람들이 자신들의 영역으로 들어오는 것을 용납하지 않는다.

『중용』에 이르기를 "군자는 중용을 세우고 한쪽으로 기울지 않으니 강하고 굳세다"고 하는데, 회사 내에서 사조직을 만들어 사익을 추구하는 사람들은 직장 소통의 소인배요, 암적존재이다. 회사에서는 그런 사조직이 고개를 내밀지 못하도록 근절시켜야 하고, 그런 사조직에 있는 사람들이 불공정한 이익을 얻지 못하도록 대책을 강구해야 한다. 아울러 회사에서 정책적으로 지원하는 소통 활동이 사조직을 더욱 견고하게 다지게 하는 부작용은 없는지를 감안하여, 소통 활동을 전개할 필요가 있다. 왜냐하면, 그 소통 프로그램에 합류하여 사조직으로 결성된 무리가 친목과 화합을 도모하는 기회로 삼을 수도 있기 때문이다.

직장은 착한 사람들이 모여 있는 집단이다

직장인의 대부분은 같은 조직으로 형성된 부, 공장, 팀 등 자기가 속한 조직원들과 소통을 한다. 같은 조직에는 입사 동기도 있고 학연으로 맺어진 인연도 있으며, 스포츠 동호인으로서 함께 활동하는 인맥도 있다. 이중 가장 많은 소통을 하는 사람은 뭐니 뭐니 해도 상사가 동일한 사람과의 소통이다. 왜냐하면, 직장 소통은 직속상사가 소통의 중심에 있기 때문이다. 즉 회의, 회식, 간담회 등 상사가 주체가 되어 진행하는 소통이기에 조직원들과 함께 소통을 할 수밖에 없다.

조직의 상사는 가정의 가장(家長)과 같다. 그래서 가장이 가족회의를 소집하여 소통을 하듯이 상사 역시 조직원들을 소집하여 자주자주 소통한다. 그래서 자주 만나 소통하다 보니 서로가 서로에 대해서 너무 잘 알게 된다. 특히 평소에 하는 행동을 매일 접하고 같은 공간에서 업무를 하면서 업무처리 스타일이나 전화 받는 태도, 그리고 대화 방식 등을 매일 접하기에 서로에 대해 누구보다 잘 아는 관계가 된다. 한편으로는 같은 조직에 몸담고 있는 사람들은 자기와 치열하게 경쟁하는 경쟁자이기도 하다. 그러다 보니 갈등이 생기게 마련이고 그러한 갈등을 해소하기 위해 조직활성화, 팀

파워, 간담회, 회식 등 소통 활동을 자주 한다.

우리네 삶은 자기 삶의 영역을 넓혀주는 사람을 얼마나 자주 만나는가에 따라 삶의 방향이 결정된다. 그래서 긍정적인 사람을 자주 만나면 만날수록 자기 삶이 긍정적으로 진화하고, 부정적인 사람을 자주 만나면 부정적으로 퇴화한다. 다행스럽게도 회사에서 함께 일하는 사람은 비교적 긍정적이고 착한 사람이다. 필자는 직장의 규율에 따라 생활하는 직장인들은 모두 착한 부류에 속하는 사람이라고 확신한다. 자기의 자유가 억압되고 절제된 상태에서 생활하는 직장인들은 기본적으로 착한 사람이다. 그러므로 회사에서 만나는 모든 사람에게 연민의 정을 가져야 한다. 아울러 자기를 힘들게 하는 사람이 있다면 그 사람의 내면에 남들에게 쉽게 말하지 못하는 갈등과 고민을 내색하지 않고 회사 일에 전념하는 것이라고 생각해야 한다. 그러면 저절로 연민의 정이 흐르게 된다. 조직에 그와 같은 마음의 기류가 형성되면 굳이 소통을 독려하지 않아도 이심전심으로 통하는 조직이 된다.

직접 대면해서 나누는 소통이 진짜 소통이다

통신 기술의 발달과 스마트폰의 대중화로 인해 이제는 사람을 직접 대면하지 않고 온라인상으로 얼마든지 많은 사람들과 다양한 소통할 수 있는 시대가 됐다. 그러다 보니 혼자서 밥을 먹고 혼자서 스마트폰으로 소통하는 등 혼자 있는 시간을 즐기는 사람들이 점점 증가하고 있다. 이제는 과거처럼 굳이 사람을 직접 만나지 않아도 스마트폰으로 불특정 다수의 사람들과 소통을 하는 시대가 됐다. 한편으로 생각하면 통신 기기의 발달로 인해 소통의 폭은 넓어졌지만 사람에 대한 이해의 깊이와 공감의 영역이 점점 줄고 있다는 생각이 든다.

소통을 잘하는 조직을 만들기 위해서는 무엇보다 조직원들이 직접적으로 대면하여 소통하는 것이 필요하다. 사람을 직접 대면하지 않고 통신 기기로 소통하는 것은 여행지를 방문하지 않고 영상으로 여행지를 보면서 여행하는 것과 같다. 또 사람을 직접 만나서 소통하는 것도 사람을 여행하는 것과 같다. 그러므로 너무 스마트폰에 의존하는 소통만을 고집하지 말아야 한다. 그런 소통은 사람의 감정을 함께 나눌 수 없고, 눈빛과 얼굴빛을 볼 수가 없어 주고받는 대화의 진정성 여부를 임의로 판단할 수밖에 없다. 그로 인하여 장기적으로 보면 불통의 원인을 초래하게 된다. 그럼에도 불구하고 시공간의 제약 없이 언제나 소통이 가능한 디지털 소통을 해야 한다면, 간헐적으로 직접 대면 가능한 소통의 자리를 마련하여 통신 기기 뒤에 숨어 있는 인정을 나누는 기회를 자주 가져야 한다. 왜냐하면, 글에 말을 다 담을 수 없고, 글로는 진솔한 마음을 다 표현할 수 없기 때문이다.

상대방을 배려하며 양보하는 소통이 진짜 소통이다

인류가 오래도록 살아남을 수 있었던 비결 중 하나는 집단을 이루어 조직화를 했고 서로가 협력했기 때문이다. 즉 어렵고 힘든 상황에서 서로 돕고 위로하면서 극복했고, 두려움에 대해 함께 화합하여 대응했기에 오래도록 살아남을 수 있었다. 이와 마찬가지로 회사 역시 오래도록 살아남기 위해서는 직원들이 서로 화합해야 한다. 특히 경영 여건이 힘들고 어려울수록 더욱더 화합해야 하고 그러기 위해서는 서로 진심을 다해 진정으로 소통해야 한다.

진정한 소통은 소통을 통해 무엇을 이루겠다는 생각을 갖지 않는 소통이다. 그래서 회사에서의 소통은 무엇인가를 원하고 달성하려고 하는 차원에서 하는 소통이라는 점에서 소통으로 위장된 불통이다. 사실 진정한 소통을 위해서는 서로 존중하고 각자의 감정이 상하게 하지 않는 선이 어디까지인지 조율하여 서로가 그 한계선을 넘지 않도록 조심하고 양보해야 한다. 물론 무조건 양보를 한다고 해서 상대방이 좋아하는 것은 아니다. 양보도 상대방이 자괴감을 갖지 않도록 하는 선에서 해야 한다. 또 상대방의 자존심이 무너지지 않는 선에서 해야 하고 상대방의 감정선을 건드리지 않는 선에서 해야 한다.

8장.

상사의 말이 조직의 기류를 바꾼다

상사는 지시하고 보고를 받으면서 소통하는 것을 즐긴다

회사는 업무를 하는 곳이고 직장에서의 소통은 업무적인 소통이라서 그런지 직장에서의 모든 관계는 업무의 연속선상에 있다. 그래서 상사는 일반 직원과 늘 업무로 소통을 하려고 하는 경향을 보인다. 또 상사는 사적으로 친분을 나누기보다 업무적으로 소통하면서 시나브로 신뢰를 쌓는다.

상사의 유형에 따라 다소 다를 수 있지만 대부분의 상사는 공통적으로 직원들에게 업무적으로 지시하고 보고 받은 것을 즐겨하는 경향이 있다. 아니 상사의 일 자체가 업무적으로 지시하고 보고를 받는 일이다. 또 보고 받은 내용을 토대로 상사의 상사에게 보고를 한다. 그런데 상사의 지시 보고 사항을 학창시절 선생님에게 받은 숙제라고 생각하면 정신적으로 심한 스트레스를 받게 된다. 그러므로 어차피 피할 수 없다면 즐긴다는 생각으로 상사의 지시 보고 사항은 숙제가 아니라 축제라고 생각하며 상사와 즐겁게 소통해야 한다. 사실 제아무리 간덩이가 큰 직원도 상사의 지시 사항에 대해 불평불만을 겉으로 표출을 할 수는 없다. 또 지시 사항을 못 들은 척을 하면서 묵살을 할 수도 없고, 부정적인 태도로 항의해서 없던 일로 할 수도 없다. 대부분의 상사는 자신의 입에서 떨어진 지시 사항은 부당한 지시라고 해도 직원들이 일정부분 실행해야 한다고 생각한다. 그러므로 상사의 지시 사항에 대해 완벽하게 실행할 수 없다면 그에 따른 대안이라도 마련해서 보고하는 것이 직장인의 올바른 자세이다.

상사가 업무적으로 수시로 지시를 하는 이유는 일을 완벽하게 처리하기 위한 것에 있지만 관계적인 측면에서 볼 때 그 직원과 업무적으로 소통하면서 인간적으로 친근한 관계를 형성하기 위해서이다. 또 지시 사항을 해결하는 과정에서 직원의 역량을 높여줄 요량으로 지시를 한다. 실제로 상사의 지시 사항에 대해 이를 해결하는 과정에서 그간에 몰랐던 것을 알게 되고, 보고서를 작성하는 과정에서 자기도 그간 몰랐던 또 다른 사실을 발견하는 경우도 있다. 그러므로 앞으로 상사에게 지시를 받으면 불평불만보다는 무슨 목적으로 그런 지시를 하고 그 지시를 하게 된 배경은 무엇이며, 결과물을 어디에 활용하는지에 대해 알아보고 실행에 착수하는 것이 바람직하다. 그래야 상사의 요구 조건에 맞는 보고서를 작성할 수 있다. 그것이 상사와 업무적인 소통을 하는 최고의 소통전략이다.

업무의 끈은 상사와 소통하는 통로이다

상사가 지시를 하는 이유 중 하나는 직원들이 회사 업무에 대한 생각의 끈을 놓지 않도록 하기 위함에도 그 목적이 있다. 상사는 직원들이 딴생각을 하지 않고 회사 업무에 온전히 몰입해 있는 모습을 선호한다. 하지만 직원들은 간헐적으로 회사 업무에서 벗어나 정신적 심리적으로 자유를 만끽하고 싶어 하는 경향이 있다. 회사에서 하루 8시간 일을 한다고 해서 주야장천 업무에 몰입할 수는 없다. 그래서 잠시 짬을 내서 쉬고 싶고 번 아웃에 걸리지 않기 위해 자기 스스로 업무처리 속도를 조절한다. 문제는 직원들이 그런 생각을 갖고 있다는 것을 상사가 알고 있다는 점이다. 상사 역시 그런 시절을 보냈기에 누구보다 직원의 심리 상태를 속속들이 꿰고 있다고 보면 된다.

한편으로는 망중한을 즐기고 싶은 마음이 들 때 귀신같이 지시를 하는 상사가 미덥지만, 업무적으로 소통하면서 상사와 친해지면 더할 나위 없이 좋은 일이 찾아올 것이라는 생각으로 열과 성을 다하는 것이 바람직하다. 언필칭 상사는 직원들이 긴장의 끈을 놓지 않고 꾸준히 창조적인 변화를 추구할 수 있도록 수시로 업무 지시를 많이 한다. 어쩌면 상사의 상사에게 지시를 받은 사항을 다시금 실무자에게 지시하는지도 모른다. 또 상사가 지시 보고를 받는 과정에서 그와 관련된 업무를 학습하기 위해 지시하는 것인지도 모른다. 그러므로 상사의 지시 사항이 가치 없는 것이라는 생각이 들어도 자기가 할 수 있는 최고의 실력을 발휘하여 최상의 결과물로 보고해야 한다. 그러한 업무 태도가 상사를 감동시키고, 그 감동에 기인하여 상사의 상사가 감동하며, 그 감동에 기인하여 화기애애한 업무 분위기가 조성되게 되어 소통이 잘되는 조직이 된다.

9장.

일을 대하는 태도가 사람을 대하는 태도이다

일이 잘되게 하는 것이 소통이 잘되게 하는 것이다

병원에 가면 아픈 사람들이 많고, 교도소에 가면 죄수들이 많으며, 도서관에 가면 책을 보는 사람들이 많다. 이처럼 시간과 장소에 따라 공통점이 있는 사람들이 끼리끼리 모인다.

익히 아는 바와 같이 회사는 일을 하는 곳이고 회사 경영의 이익을 창출하는 곳이다. 그러면 회사에는 일을 하는 사람이 많고 경영 이익을 창출하는 사람이 많아야 하는 것은 당연하다. 그런데 회사에는 일하는 사람과 노는 사람이 따로 있다. 또 경영 이익을 창출하는 사람이 따로 있고 경영 이익보다는 자기 개인의 이익을 창출하려고 하는 사람이 따로 있다.

소통을 하려면 공통의 관심사가 있어야 하는데 지향하는 바가 다르고 얻고자 하는 목적이 다른 사람과 원활하게 소통을 한다는 것은 어불성설이다. 특히 회사에서 건들지 않으면 만사형통이라고 생각하며 소통을 하는 것 자체를 꺼리는 사람도 있다. 속된 말로 세상이 요지경이라고 하는데 간혹 회사 역시 요지경이라는 생각이 든다.

회사는 조업 안정과 생산성 향상, 그리고 품질 향상을 꾀하여 경영 이익을 창출하는 곳이라서 그런 생각을 가진 사람들이 많을 것이라고 생각하면 큰 오산이다. 80:20의 파레토 법칙이 말하듯이 회사에서 애사심을 가지고 열정을 다해 일하는 사람은 20%에 불과하다. 나머지 80%는 월급을 받기 위해 의무적으로 수행해야 하는 일을 하고 있을 뿐이다. 특히 고열과 분진이 난무한 환경에서 일하는 생산직 사원들은 자신들이 하는 일을 하찮게 생각하는 경향이 있다. 그런데 직장에서 자기가 하는 일을 하찮게 생각하며 마지못해 의무적으로 일하는 사람은 자기 마음에 허영심이 가득한 상태라고 보면 된다. 주관적으로 자기는 귀한 사람이라 열악한 환경에서 일하는 것은 자기 수준에 맞지 않는다고 생각한다. 하지만 직업에 귀천이 없다는 말이 있듯이 일에 대해 귀하고 천함을 따지는 것은 무의미하다. 실제로 일은 소중하다. 그러므로 일을 한다는 것에 감사하는 마음을 갖는 것이 매우 중요하다.

어떻게 생각하면 회사에서의 소통 활동은 매우 단순하다. 회사 업무에 몰입해서 자기에게 주어진 역할과 책임을 다하는 것 자체가 소통을 하는 것이고 그러한 것이 회사 소통의 전부이다. 아울러 일을 소중하게 생각하는 것이 소통을 소중하게 생각하는 것이고 일이 잘되도록 하는 것이 소통이 잘되도록 하는 것이다.

일과 무관한 주제로 잡담을 나누는 것은 직장 소통이 아니다

회사에는 일을 하러 나온 사람도 있지만, 월급을 받기 위해 나오는 사람도 있다. 또 열심히 일을 통해 자기 역량을 올리기 위해서 일을 하는 사람도 있지만, 월급을 받으려면 어쩔 수 없이 일을 해야 한다고 생각하는 사람도 있다. 이렇듯 회사는 일에 대에 여러 가지 다른 생각을 가진 사람들이 무리를 이뤄서 생활하는 곳이다. 또 진심을 다해 일을 하는 사람도 있고, 남에게 보이기 위해 일을 하는 척을 하는 사람도 있다. 또 한편으로는 회사에서 일을 하면서 사적으로 자기 이익을 챙기는 사람도 있다.

유유상종이라는 말이 있듯이 열정적으로 일하는 사람의 주변에는 그런 유형의 사람이 많고, 빈둥빈둥 놀면서 시간을 때우는 사람의 주변에는 그런 유형의 사람들이 즐비하다. 혹시라도 자기가 열심히 일을 하는 사람이라면 특정한 날을 정해 빈둥빈둥 논다고 생각하면서 시간을 보내보면 안다. 빈둥빈둥 놀면서 월급을 축내는 사람들이 예상외로 많다는 사실을 알게 될 것이다. 그런 사람들은 하나같이 자기같이 열심히 일을 하는 사람이 승진해야 하는데 그렇지 않아 불공정하다고 불평불만을 토로한다. 또 매일 빈둥빈둥 놀면서 연신 시간이 부족하고 바쁘다고 말한다. 가만히 그런 사람들의 말을 들어보면 회사의 모든 성과는 자기에 의해서 창출되는 것처럼 말한다. 또 열심히 일을 하는 데 비해 임금이 턱없이 적다고 말한다. 그런데 실제로 일을 열심히 하는 사람은 성과 창출에 애쓰는 터라 불평불만을 토로한 겨를이 없이 일을 한다. 또 자기 업무와 관련된 사람들과 소통을 하고, 자기 생각대로 업무가 진행되지 않으면 머리를 싸매고 궁리를 하며 시간을 보낸다. 이에 반해 매일 빈둥빈둥 노는 사람들은 조금이라도 시간이 나면 끼리끼리 모여 업무와 전혀 무관한 주제로 대화를 나누며 시간을 보낸다. 그러면서 잡담을 나누는 것이 소통을 잘하는 것이며, 일보다 사람이 우선이고, 성과보다는 대인관계가 우선이라고 말한다. 정말로 대단한 착각의 소통이고 위대한 망상의 소통이 아닐 수 없다. 단도직입적으로 말해서 그런 소통은 단절되어야 한다. 아울러 그런 잡담을 나눌 시간이 있다면, 일에 열정을 다하는 사람이 일을 더 잘할 수 있도록 격려의 말을 건네는 것이 그나마 현명한 처사이다.

다른 회사는 다 망해도 우리 회사는 망하지 않는다고 생각한다

대부분의 직장인들이 국제 경기가 악화되고 국가적으로 혼란의 상황에 처해도 자기가 다니는 회사는 망하지 않는다고 생각한다. 또 회사 경영이 악화되고 수익성이 떨어지고 있다고 말을 해도 자기가 다니는 회사는 건재할 것이라고 생각한다. 왜냐하면 그보다 더 어렵고 힘든 상황에서도 그것을 잘 극복해서 좋은 성과를 낸 경험이 있기 때문이다. 그래서 임원이 이번에는 과거에 비교할 수 없을 정도로 진짜 어렵고 힘들다고 말해도 그리 심각하게 받아들이지 않는다. 오히려 그럴수록 직원들의 사기진작을 위해 임금을 올려줘야 한다고 응석을 부리기도 한다.

이처럼 대부분의 직장인들이 다른 회사는 다 무너져도 자기가 다니는 회사는 기초가 튼튼해서 결코 무너지지 않는다고 생각한다.

또 제아무리 어렵고 힘든 상황이 와도 자기가 다니는 회사는 오히려 그런 악조건에서도 더 많은 성과를 낼 것이라고 생각한다. 또 설령 일부 직원들이 파업을 해서 회사에게 손실을 끼쳐도 자기가 다니는 회사는 건재할 것이라고 생각한다.

『한비자』의 고분 편에 "군주의 이익은 일을 잘하는 사람을 얻어 작위와 봉록을 주는 데 있고, 신하의 이익은 공이 없으면서도 부유해지고 귀하게 되는 데 있다. 이런 까닭에 나라는 영토가 깎여도 세도가의 집안은 부유해지고, 군주는 비천해져도 대신들은 권세가 막강해지는 것이다"는 말이 있다. 이와 마찬가지로 회사는 직원들이 굶어 죽지 않을 정도로 임금을 주고, 직원들은 자기가 죽지 않을 정도로 수위를 조절하면서 일을 한다. 또 회사는 경제성 원칙에 준하여 최소한의 임금으로 최대의 노동력을 공급받기를 원하고, 직원은 최소한의 노력으로 최대의 임금을 공급받기를 원한다.

필자가 『한비자』의 고분 편에 실려 있는 글을 들먹이며 회사와 직원의 생각과 바라는 점이 다르다는 것을 말하는 이유는 겉으로는 드러내지 않지만 회사와 직장인들의 속내에는 그런 생각을 갖고 있다는 점을 강조하기 위해서이다.

결과적으로 회사는 어렵고 힘든 상황에 처하면 장기적으로 볼 때 임금동결이나 구조조정이라는 카드를 꺼내 들 것이고, 직원들은 이에 반발하여 태업이나 파업으로 응수할 것이라는 것은 자명하다. 그러므로 오월동주(吳越同舟)라는 말이 있듯이 회사가 어려운 상황에 처하면 결국 자기 개인의 상황도 어렵고 힘들게 된다는 점을 생각해서 회사와 힘을 모아 위기극복을 위한 노력에 최선을 다해야 한다.

자기가 어려운 상황에 처했을 때 도움을 주는 친구가 진정한 친구이듯이 회사가 어려운 상황에 처했을 때 자기를 희생하는 직원이 참된 직원이며, 위기를 극복하기 위해 회사와 직원이 힘을 모아 노력하는 것이 바로 직장 소통의 극치이다.

10장.

말은 조직에 시나브로 스며든다

빈말로 하는 칭찬도 칭찬은 칭찬이다

"언제 한번 점심이나 함께합시다."

"언제 시간 나면 포장마차에서 소주나 한잔합시다."

"주변에서 많은 사람들이 열정적으로 업무를 한다고 칭찬이 자자합니다."

"참으로 대단합니다. 언제 포상기회가 되면 포상을 하겠습니다."

이 말은 임원이나 상사가 흔히 하는 말 중 하나이다. 이처럼 리더들은 조직원의 사기를 진작시키기 위한 일환으로 올해 승진을 시켜준다고 운운하는 등 영혼 없이 가식적으로 칭찬을 하는 경우가 적잖다. 가는 말에 채찍질을 한다는 말이 있는데 상사는 간혹 빈말이나 칭찬으로 조직원들의 사기를 올릴 요량으로 공수표를 날리기도 한다. 사실 리더로부터 그런 말을 들으면 기분이 좋아지는 것은 사실이다. 그것이 빈말이고 영혼이 없는 거짓말인 줄을 알면서도 말이다.

예로부터 간신들의 감언이설(甘言利說)에 놀아난 임금들도 처음부터 간신의 말에 놀아난 것은 아니다. 계속해서 간신들의 말을 듣다 보니 어느 순간 간신이 아닌 충신들의 말이 거슬리게 된 것이다. 임금도 리더도 모두가 사람이다. 사람은 자기를 칭찬해 주고 자기의 기분을 좋게 하는 사람에게 호감을 갖기 마련이다. 또 자기의 잘못을 꾸짖고 비난하는 사람을 싫어한다. 잘하든 못하든 간에 그것이 중요한 것이 아니라 상대방이 자기의 기분을 좋게 하는 사람인지가 더욱 중요하다.

한비는 『한비자』에서 "화가는 동물을 그리는 것보다는 귀신을 그리는 것이 더 쉽다"고 말한다. 왜냐하면 동물은 실제로 존재하기 때문에 실물대로 그리기 어렵지만, 귀신은 실체가 불분명하고 그 모습을 전혀 알 수 없으므로 아무렇게 그려도 될 정도로 쉽다는 이야기이다. 한비는 이에 대한 우화로 "군주는 실체가 없는 거짓말을 하는 것은 실체가 있는 진실을 말하는 것보다 더 쉽다고 말을 하면서 거짓말을 하지 않도록 절제해야 한다"고 말하고 있다.

이처럼 가끔씩 실현 가능성이 없는 공약을 남발하면서 거짓이 담긴 빈말을 하는 경우가 있는데 그러한 빈말은 특별히 삼가야 한다. 여하튼 직원들은 리더의 거짓 없는 빈말이 빈말인 줄을 알면서도 칭찬을 받았다는 그 자체에 만족하는 경향이 있다.

이처럼 직장 소통은 빈말이 통용되는 소통의 장이다. 직원들은 시간이 지나면 리더의 말이 명명백백하게 밝혀지는 거짓말이라는 것을 알면서 그 말을 듣는 순간에 이미 그에 대한 보상을 받았다고 생각한다. 그래서 리더들은 그러한 직원들의 심리를 알고 그런 말을 자주 한다. 한편으로 생각하면 리더들의 빈말이 피그말리온 효과를 파생시키는 경우도 있다. 주변에서 잘한다는 말을 자주 해주면 진짜 자기가 잘하는 사람이라는 생각에서 잘하는 사람처럼 행동한다. 그러기에 빈말이라도 칭찬을 자주 하자. 그러면 그것이 소통이 잘되는 조직을 만드는 단초가 될 것이다.

소통을 잘하는 사람은 상대방 머리 속에 그림을 그린다

일상생활은 언어를 매개로 하는 커뮤니케이션이 없으면 영위하기가 어렵다. 아울러 인간은 언어보다 이미지에 의해서 더 많은 영향을 받는다. 즉, 언어로 인해 지배되는 것이 아니라 언어를 인지하고 그것을 이미지화하여 행동에 임한다. 즉 어떠한 상황이 생기면 그 상황에 따라 자기 언어로 그 상황을 재해석하고 그 상황에 맞는 이미지를 형성하여 그 이미지에 따라 행동한다. 언어 소통을 잘하는 사람은 상대방이 이미지를 잘 형성할 수 있도록 언어를 잘 구사한다. 그렇다. 상대방의 머릿속에 그림을 그릴 줄 아는 사람이 언어 소통을 잘하는 사람이다. 그래서 스토리텔링을 잘하는 사람이 소통을 잘하는 사람으로 불리기도 한다.

이처럼 다른 사람과 소통을 할 때는 상대방의 머릿속에 그림을 그린다는 생각을 하면서 말을 하면 좋은 소통을 할 수 있다. 단순히 말을 전달하는 것이 아니라 말로 그림을 그려서 상대방이 그 그림을 보고 이해하도록 하는 것이다. 그러기 위해서는 자기의 머릿속에 이미 그림이 있어야 하고 상대방이 자기의 말을 통해 그에 대한 정보를 듣고 그 그림과 동일하거나 유사하게 그리게 하는 사람이 소통을 잘하는 사람이다.

11장.

절제가
조직의 품격을 만든다

직장 소통은 보안이 요구되는 소통이다

과유불급이라는 말이 있다. 이 말은 과한 것은 부족한 것과 같다는 말이다. 회사에서 소통을 하는 것도 과하지 않게 하는 것이 바람직하다. 일례로 소통이 원활하게 잘되게 하는 것이 소통을 잘하는 것은 아니다. 즉 직원들이 자유분방하게 사소한 것까지 투명하게 열린 소통을 하는 것이 그다지 좋은 소통은 아니다. 무엇이든 과한 것은 반드시 탈이 나게 마련이다. 마찬가지로 회사에서 소통이 너무 잘되어도 문제가 된다. 경영의 속성상 경영층이 알아야 하는 정보가 따로 있고 직원들이 몰라야 하는 정보가 따로 있다. 반대로 직원들만 알아야 하는 정보가 따로 있고 경영층이 몰라야 하는 정보가 따로 있다. 그런데 소통 창구가 활짝 열려서 모든 정보를 모두가 다 공유하고 있다면 그것도 문제가 발생될 소지가 많다. 극단적으로 일반 직원이 알아서는 안 되는 경영에 대한 극비 정보를 안다면 경쟁사에게 정보가 누설되어 자칫 경영에 피해를 입을 수 있다. 또 외부로 누출되면 안 되는 정보가 누출되어 역으로 그 정보로 인해 회사 경영에 나쁜 영향을 줄 수 있으므로 직장 소통은 어느 정도 보안을 유지해야 하는 소통이다.

한마디로 말해서 너무 과하지도 않고 덜하지도 않은 소통이어야 하고, 각자 맡은 바 역할과 책임에 준하는 정도의 수준에서 소통을 하는 것이 바람직하다. 그래서 어떤 경우에는 알아도 모르는 척을 해야 하고, 경우에 따라서는 소통을 하고 싶어도 하지 말아야 하는 상황에서는 소통을 하지 않는 것이 바람직하다.

회사는 윤리, 보안, 안전제도를 상황에 맞게 응용하며 소통한다

회사는 일반 직원들이 자유분방하게 자기가 하고 싶은 말을 언제든 할 수 있도록 언론의 창구를 열어 두기도 하지만, 일정한 수위를 넘어서는 의견에 대해서는 차단을 하기도 한다. 이때 강압적으로 소통 창구를 제한하는 방법보다는 은근슬쩍 직원들이 쉽게 인지하지 못하도록 하는 방법으로 소통 창구가 활성화되지 않도록 해야 한다. 일례로 회사에서 일어난 특별한 이슈가 회사 밖으로 유출되는 것을 방지하기 위해 보안이라는 명목으로 정보가 유출되는 것을 통제해야 한다. 또 회사 기밀이 밖으로 유출되지 않도록 보안 검색을 하는 등 직원들을 심리적으로 압박하여 소통을 억제하기도 한다. 또 필요한 경우에는 가짜 뉴스나 허위 사실을 유포한 사람을 감사실에서 감사하는 형태로 소통의 창구가 열리지 않도록 심리적으로 압박을 가하기도 한다.

윤리와 보안 그리고 안전제도를 상황에 맞게 잘 응용하여 직원들의 소통을 활성화하거나 억제하는 수단으로 활용하면 비교적 효과가 크다. 사실 윤리, 보안, 안전이라는 문제에는 그 어느 누구도 자유로울 수는 없다. 도덕적이든 비도덕적이든 사람에게는 양심이라는 것이 있어서 그러한 문제를 거론하면 자기 스스로 자기의 허물에 대해서 생각하며 긴장을 한다. 또 직원들이 올바른 일을 올바르게 하도록 가이드를 주기도 하지만 직원들의 심리를 회사가 원하는 틀 안에 가두는 역할을 하기도 한다. 그래서 직원들로 하여금 너무 방만하지 않고 자기 스스로 사색하며 긴장하는 마음을 가지고 생활을 하도록 유도하기도 한다.

욕심을 절제하면 그간 보이지 않았던 것이 보인다

직장 소통이 업무적인 소통이라는 말의 의미에는 회사에서 소통을 할 때에는 업무적인 것에 한하여 소통해야 한다는 의미와 회사 경영 이익에 기여하는 정도의 소통을 해야 한다는 의미가 내포되어 있다. 즉 업무 외적인 것에 대해서 너무 과다하게 소통하는 것은 직장 소통의 본질에서 벗어난 소통이다. 그래서 회사에서 소통을 할 때는 경영층의 메시지가 무엇이고 경영층이 진정으로 소통을 하고자 하는 본질은 어디에 있으며 경영층이 어떠한 결과를 얻기 위해서 소통을 하는지에 대한 측면을 고려해야 한다. 또 상사는 자기의 소통 행보에 대해서 어떤 생각을 가지고 있으며 상사가 진정으로 원하는 소통은 무슨 소통인가를 아는 것도 매우 중요하다. 왜냐하면 직장 소통이 업무적인 소통이라는 점과 그 업무를 평가하는 사람이 상사이고 상사를 평가하는 사람은 최종적으로 경영자이기 때문이다.

앞서 윤리, 안전, 보안제도를 상황에 맞게 적절하게 응용하여 실행하면 효과가 큰 이유 중 하나는 일반적으로 사람들은 인지 일관성이라는 속성을 지녔기 때문이다. 그래서 직장인들은 회사 정책이나 제도에서 정한 바에 따라 생각과 감정을 일치시키려고 하고 자기의 생각이나 믿음이 일치하지 않으면 불안정한 상태에 놓이게 된다. 또 그 불안정한 상태에 놓이지 않기 위해 계속해서 자기의 생각과 감정을 일치시키려는 시도를 끊임없이 하게 된다.

한편, 직원들 입장에서는 회사에서 윤리, 보안, 안전이라는 제도로 소통하려고 한다면, 그 제도를 운운하는 이유가 무엇이며, 그것을 통해 회사에서 얻고자 하는 바가 무엇인지에 대해 깊이 있게 생각해 봐야 한다. 아울러, 회사에서 요구하는 기준에 따라 업무를 수행하되 늘 그 뒤에 숨겨져 있는 본질이 무엇인지를 파악하여, 그에 대응하는 것이 현명한 처사이다. 왜냐하면 자칫 겉으로 드러난 이슈에 휩쓸리다 보면 마치 달을 보지 않고 달을 가리키는 손가락을 보는 것처럼 회사에서 진정 요구하는 바에서 벗어난 행동을 할 수 있기 때문이다.

12장.

분노는 소통을 막는 가장 빠른 방법이다

소통의 통로를 막는 상사는 직장 소통의 암적존재이다

진정한 리더십을 모르는 상사는 모든 것이 자기를 통해서 이뤄져야 하고 모든 업무가 자기 소관이기 때문에 조직 안에서 벌어지는 모든 일은 자기를 통해서 해야 한다고 생각한다. 또 조직 안에서 일어나는 모든 업무에 관한 정보가 조직 밖으로 나갈 때는 자기의 허락을 득한 후 나가야 한다는 생각을 갖고 있다. 그러다 보니 상사의 상사에게 보고해야 하는 정보들이 일차적으로 상사에게 필터링이 된다. 위계질서를 우선시하는 조직이라는 점을 생각하면 지극히 당연한 프로세스이다. 하지만 문제는 그 상사의 마음에 들지 않거나 자기에게 조금이라도 피해가 가는 사항에 대한 것들은 일체 전달되지 않도록 차단한다는 점이다. 아무리 위계질서도 좋지만 일반 직원이 상사의 상사와 소통할 수 있는 통로를 막는 것은 옳은 처사가 아니다.

『한비자』에 '구맹주산'이라는 말이 나온다. 이 말은 술집에서 "제아무리 좋은 술을 빚어도 술집 입구에 사나운 개가 있으면 손님들이 찾아오지 않아서 결국에는 술이 쉰다"는 말이다. 이 말처럼 조직 안에서 일어나는 모든 일을 자기를 통해야만 나갈 수 있다고 생각하는 상사나, 자기의 상사에게 가는 모든 정보를 필터링하는 사람 또한 구맹주산에 나오는 사나운 개와 같다.

조직의 크기는 리더의 크기를 결코 넘어설 수 없다. 즉 조직에 유능한 직원이 아무리 많아도 그들을 리드하는 상사의 마음 그릇이 작으면 그 그릇 이상으로 물을 담을 수 없는 이치와 같다. 그래서 그런 리더일수록 조직원들에게 권한을 위임하고 조직원들이 서로 힘을 합쳐 조직에서 이루고자 하는 목표를 달성할 수 있도록 사기를 진작시키기 위한 동기부여를 지속적으로 해야 한다. 그런 리더가 좋은 리더이고 조직의 크기를 크게 하는 리더이다.

무릇 직장 소통의 크기는 리더의 소통 크기와 비례한다. 소통이 잘되는 조직의 리더들은 공통적으로 마음 그릇이 크고, 지시와 통제보다는 권한위임과 자율적인 참여로 직원들을 이끈다.

목소리를 크게 하는 것이 크게 소통하는 것은 아니다

구맹주산에 버금가는 리더는 대체로 일반 리더들과 다른 점이 많다. 그 중 가장 두드러지게 나타나는 성향 중 하나는 목소리가 크다는 점이다. 마치 화통을 구워삶아 먹은 것처럼 큰소리로 대화를 하는 경우가 많다. 그래서 자칫 상대방 입장에서는 자기가 무슨 큰 잘못이라고 하는 것 같은 느낌을 받기도 한다. 다소 억지스러운 말로 소통을 하는 그런 리더의 말을 듣고 있으면 금방이라도 그 자리에서 벗어나고 싶은 생각이 든다. 또 대체 무슨 말을 하고 있는지, 말의 내용과 그런 말을 하는 의도가 무엇인지를 좀처럼 예측 불가능하다. 사이코패스의 성향을 가진 그런 상사의 곁에는 주변에 사람이 없다. 칭찬을 해도 상대방이 무안할 정도로 과하게 칭찬하고, 사소한 일도 마치 큰일이라도 난 것처럼 난리법석을 피우는 그런 리더와는 함께 있는 것 자체만으로 심리적으로 스트레스를 많이 받는다. 그런 리더들은 말을 크게 하면 자신감 넘치는 이미지가 표출되고, 상대방의 기선을 제압할 수 있다고 생각한다. 또 자기가 하는 거짓말이 목소리를 크게 하면 참말로 둔갑이 된다고 착각을 한다. 그래서 없는 사실을 이야기하거나 거짓말을 할 때는 더 크게 목청을 높여 말을 하기도 한다. 또 자기 말에 대해 다른 사람이 관심을 가져주기를 원하는 심리에서 그러한 경우도 있다.

겁이 많은 개가 크게 짓는다는 말이 있듯이 목소리를 크게 말하는 사람은 대부분 겁이 많은 경우가 많다. 겁이 많은 자기의 모습을 숨기고 싶어서 큰 목소리 안에 자기를 숨기는 것이다. 그러므로 그런 사람과 대화를 할 때에는 조용히 침묵을 유지하면서 그 사람이 하는 말에 모순이 있는지를 잘 살피는 것이 필요하다. 그래서 필요한 경우에는 그 사람에게 당신의 말이 논리와 이치에 전혀 맞지 않고 허구에 불과하다는 것을 조목조목 알려주는 것도 필요하다. 왜냐하면 계속해서 그냥 그 사람의 말을 수용하고 포용하는 태도를 보이면 그런 유형의 리더는 더 신바람이 나서 더욱 목청을 높이기 때문이다.

간혹 목소리를 크게 말하는 사람이 멋쩍게 큰소리로 웃는 경우가 있는데 그런 경우는 대부분 자기가 잘못한 것을 인지했을 때이다. 대화 중 자기가 하는 말이 잘못됐다는 것을 아는 순간 자기의 잘못을 시인하지 않고 크게 웃으면서 구렁이 담 넘어가듯이 은근슬쩍 넘어가기도 한다. 이런 성향을 가진 상사는 조직의 입구에 불통이라는 간판을 걸어 놓고 업무를 하는 형국과 같다.

한편으로 생각하면 아무 말도 하지 않고 침묵을 지키거나 말수가 없는 사람보다 큰 목소리로 말하는 사람이 소통을 잘하는 사람이라고 생각할 수 있다. 하지만 그런 사람은 공통적으로 양방향 소통보다 자기만의 한 방향 소통이라는 점에서 소통을 잘하는 조직을 만드는 데 크게 도움이 되지 않는 불청객과 같다.

무작정 막무가내로 말을 짧게 하는 것이 불통을 만든다

구맹주산에 버금가는 상사의 언행 중 다른 사람과 차별되는 특이한 점이 있다면 상대방과 대화를 할 때 상대방에게 경어를 사용하지 않는다는 점이다. 나이, 근속, 인격, 성격, 환경 등을 고려하지 않고 주변 사람들이 보는 시선도 아랑곳하지 않으며, 무조건 반말을 한다. 그런 유형의 사람들은 다른 사람에게 반말을 하면 자기가 상대방보다 모든 면에서 높은 위치에 있다고 생각한다. 또 언제 어디서든 자기가 주도권을 잡아야 한다고 생각하는 경향이 있다. 그래서 상대방에게 반말을 던져 상대방의 기선을 제압하고 상대방을 움츠러들게 한다.

그런 유형의 리더는 자기보다 한창 나이가 많고 객관적으로 볼 때 자기보다 훨씬 나은 사람이라고 생각되는 사람이라도 일단은 반말을 던진다. 더군다나 생전 처음 보는 사람인데 통성명도 하지 않은 상태에서 무조건 반말을 하는 그런 사람과 소통을 할 때면 무슨 대화를 어떻게 해야 할지 혼란스러운 경우가 많다. 물론 자기는 상대방과 빨리 친해지고 싶은 마음에서 친근하게 반말을 한다고 변명을 하기도 한다. 그런 말은 상대방의 입장을 전혀 헤아리지 않고 오로지 자기 입장만을 생각하는 변명이다. 더욱 큰 문제는 자기가 생각하는 것처럼 상대방도 자기와 동일한 생각을 할 것이라고 생각한다는 점이다.

사람은 은혜나 의리로 맺어진 유대 관계는 자기의 이해관계가 틀어지면 태연히 끊는다. 이에 반해 공포와 두려움에 의해서 연결되어 있으면 후환이 두려워서 함부로 그 관계를 끊지 못한다. 그러기에 "상대방에게 두려움을 주는 사람이 되는 것이 선한 사람으로 비치는 것보다 더 좋다"는 말이 있는데, 구맹주산형 리더가 그 점을 생각해서 마구 반말을 하며 악인을 자처하는 것은 아닐까?

일반적으로 반말을 하는 사람들은 자기가 반발을 하면 상대방이 얼마나 당황하게 될지를 전혀 생각하지 않거나 자신의 반말로 인해 상대방이 얼마나 큰 마음의 상처를 받는지를 감안하지 않는다. 또 자기가 하는 말은 반말이 아니라 상대방을 온전히 배려하는 차원에서 하는 것이라고 착각을 한다. 이런 상사와 함께하는 조직에서 무슨 진정한 소통이 있을 수 있단 말인가? 다짜고짜 반말을 하는 이런 상사로 인해 조직 분위기는 완전히 쑥대밭이 되는 경우가 허다하다. 더욱 가관인 것은 그런 분위기를 아는지 모르는지 온통 자기 이야기로 도배를 한다는 점이다. 그러면서 자기는 호탕한 사람이고 마음에 구김살이 없는 화끈한 사람이라서 뒤끝이 전혀 없다고 말한다. 그 말이 맞다. 그런 사람과 소통을 하려고 뒤에 줄을 설 사람이 전무하니 뒤끝이 없다는 말은 맞다.

결과적으로 소통이 잘되는 조직을 만들기 위해서는 리더를 포함하여 조직원 개개인의 뒤에 소통을 하고자 하는 사람이 많아야 한다. 왜냐하면 소통의 시작은 소통을 회피하는 사람이 없는 것에서 시작되기 때문이다. 직장인이라면 가끔씩 자기 뒤에 얼마나 많은 사람들이 자기와 소통을 하려고 줄을 서 있는지, 혹은 자기는 누구의 뒤에 서서 소통을 하려고 하는지를 따져봐야 한다.

변이 무서워서 피하는 것이 아니라 더러워서 피한다

앞서 구맹주산에 버금가는 사람의 잘 드러나지 않는 속성 중 하나는 자기보다 힘이 강하다고 생각하는 사람이나 자기에게 이익을 주는 사람은 깍듯이 대한다는 점이다. 그래서 직장생활에서 럭비공처럼 툭툭 튀는 별난 개성을 가진 사람들은 일반 직원들이 보기에는 형편없이 문제가 많은 사람이라고 보고 성격상 결함이 있는 사람이라고 하지만 그의 상사나 그와 친한 사람은 전혀 그런 사람이 아니라고 평가한다. 왜냐하면, 앞서 말한 바와 같이 그런 성향의 사람들은 강자에게는 더없이 충성스러운 모습을 보이고 자기에게 이익을 주는 사람은 과하다 싶을 정도로 챙겨주는 성향을 갖고 있기 때문이다.

"못된 송아지는 엉덩이에 뿔이 난다"고 하는데 그런 독특하고 괴짜 같은 상사의 엉덩이는 늘 무겁게 의자에서 떠나지 않는다. 업무 중 조금만 이상 징후가 발견되면 직원들을 자기 자리로 호출하여 코칭을 해준다는 명목으로 시시콜콜 업무에 간섭을 하고 지시를 한다. 또 옳고 그름을 따지지 않고 경영 이익이나 업무 성과를 따지지 않으며, 오직 자기의 지침과 지시대로 업무가 추진되어야 함을 강조한다. 또 모든 업무 성과는 자기의 것이며 일반 직원들은 자기의 성과를 내는데 당연히 그리해야 하는 것이라고 생각한다.

약자에게 강한 모습을 보이고 강자에게 한없이 약한 모습을 보이는 그런 사람의 성격을 이중적인 사람이라고 생각하면 큰 오산이다. 이중적인 성격이 아니라 본 바탕이 그런 것이다. 그러므로 그런 사람과 소통을 할 때에는 소통을 한다는 생각보다는 불통이 예견된 소통을 하는 것이라고 임하는 것이 그나마 마음의 상처를 받지 않는 비결이다. 또 그런 사람들은 자기가 하는 말에 항의를 하면 가차 없이 무차별 공격을 해온다는 사실을 인지하고 이치에 맞지 않는 말을 해도 무관심으로 일관하면 된다.

13장.

좋은 소통이 좋은 관계를 만든다

직장에서 소통을 잘하는 사람이 비교적 롱런한다

회사에서 소통을 잘하는 사람과 불통하는 사람 중 누가 오래도록 살아남을까? 딱히 소통을 잘한다고 해서 오래 살아남는 경우도 없고 불통을 한다고 해서 조기에 퇴사하는 경우도 없다. 즉 소통이나 불통이 오래 근무하는 것에 직간접적으로 그다지 큰 영향을 주지 않는다. 왜냐하면 소통을 잘해도 조기에 퇴사하는 사람도 있고, 불통을 해도 오래도록 회사에서 살아남는 사람도 있기 때문이다.

소통과 불통은 회사에서 오래 살아남는 데 있어서 필요한 요건이 아니라 충분한 요건이다. 즉 소통을 잘하는 사람이 소통을 못하는 사람보다 회사 생활을 오래 할 확률이 높다. 왜냐하면 대부분 조기 퇴사를 하는 사람들은 일이 힘들어서 나가는 경우보다 사람이 힘들어서 나가는 경우가 많기 때문이다. 그렇다. 소통을 잘한다는 것은 대인관계가 소통을 못하는 사람보다 더 좋다는 것을 의미한다. 그래서 불통하는 사람은 다른 사람들과 관계가 좋지 않을 확률이 높다. 결과적으로 소통을 잘하는 사람은 그렇지 않은 사람보다 직장생활을 즐겁게 할 확률이 높다. 왜냐하면, 일도 결국 사람이 하는 것이라 대인관계가 좋으면 일도 자연스럽게 순순히 풀릴 가능성이 높기 때문이다. 사람 관계도 좋고 일도 잘 풀리니 오래도록 회사 생활을 하는 것은 지극히 당연하다. 그러므로 오래도록 살아남아 많은 사람들과 좋은 관계를 유지하며 즐겁게 직장생활을 할 요량이면 소통을 잘하는 사람이 되어 소통을 잘하는 직장을 만들고, 그 안에서 즐겁게 직장생활을 하는 것이 최고의 선(善)이다.

직장 소통의 평가자는 인사권자인 상사이다

그렇다면 소통을 잘한다는 기준은 무엇이고, 불통을 한다고 말하는 기준은 무엇일까? 일반적으로 어떤 사람이 소통을 잘하고 못하는 것인지를 구분하는 기준은 명확하지 않다. 혹자는 청산유수처럼 말을 잘하거나 언변을 능수능란하게 잘 구사하는 사람이 소통을 잘하는 사람이라고 말한다. 또 어떤 사람은 말은 어눌하지만 진심을 다해 사람들을 배려하고 자기의 이익보다는 다른 사람의 이익을 먼저 챙기는 사람이 소통을 잘하는 사람이라고 말하기도 한다. 그렇다. 소통을 잘하는 사람은 상대방이 잘 이해할 수 있도록 언변을 능수능란하게 잘 구사하고 상대방의 말을 잘 경청한다. 하지만 그렇다고 해서 그런 사람이 소통을 정말로 잘하는 사람이라고 단정할 수는 없다. 왜냐하면, 진정으로 소통을 잘하는 사람은 상대방의 마음을 얻는 사람이기 때문이다. 결국 소통을 잘해도 상대방의 마음을 얻지 못하면 무용지물이다.

특정해서 소통을 잘한다 혹은 못한다는 판단 기준은 없다. 하지만 그것을 판단하는 사람은 정해져 있다. 바로 소통을 하는 당사자이다. 당사자가 아닌 제3자가 그 사람의 소통 능력을 평가할 수는 없다. 소통은 객관적인 평가보다 소통을 하는 사람들의 주관적인 평가가 더 중요하다.

다른 사람들이 소통을 잘하는 사람이라고 해서 그 사람이 자기와도 소통을 잘하는 사람이라면 다행이지만 다른 사람의 평가와 자기의 평가가 반드시 일치하는 경우는 없다. 왜냐하면 다른 사람과 소통을 잘하는데 자기와는 전혀 소통이 안 되는 경우도 있기 때문이다. 일례로 밖에서는 다른 사람들에게는 인정받고 소통을 잘하는 사람으로 정평이 나 있는데 정작 자기 가정에서는 가족들과 불통하는 사람도 있다.

소통과 불통의 판단 기준 역시 사람마다 그 판단 기준과 평가가 다를 수 있다. 특히 직장의 특수성을 감안하면 직장 소통의 잘잘못을 평가하는 기준은 상사인 인사 평가자의 판단이 매우 중요하다. 제아무리 동료 간에 소통을 잘하고 업무적으로 다른 사람들과 소통을 잘해도 인사 평가자인 상사의 입장에서 소통을 제대로 하는 사람이 아니라고 평가하면 그 사람은 소통을 못하는 사람으로 낙인이 된다. 이는 앞서 말했듯이 소통의 잘잘못을 평가하는 판단 기준이 사람마다 다르기 때문이다. 물론 동료나 다른 조직의 사람들도 신뢰할 만한 평가를 할 수 있지만 그것은 단순 참고 자료일 뿐 결정적인 평가는 상사의 평가이다. 그래서 속된 말로 직장에서 상사의 말이 곧 법이고 진리라고 말하기도 한다. 실제로 직장에서 소통을 잘한다고 언급되는 사람들의 공통점 중 하나는 상사에게 인정받고 상사가 신뢰하는 사람이라는 점이다. 그렇다고 상사에게 인정받는 사람이 소통을 잘하는 사람이라는 말이 아니다. 기본적으로 직장에서 소통을 잘하는 사람으로 인정받기 위해서는 최소한 상사에게 인정을 받을 필요가 있다는 말이다.

소통이 없는 경영은 사상누각과 같은 경영이다

어떻게 생각하면 직장생활에서 정작 중요한 키워드는 상사이다. 소통이 정작 중요한 키워드가 아니라는 말은 아니지만, 상사라는 키워드가 모든 키워드에 우선하고 중요시되는 것은 지극히 당연하다. 왜냐하면, 우선순위와 핵심 키워드 등 이슈를 만드는 사람이 상사이기 때문이다. 비근한 예로 소통을 잘하는 사람이 부각되도록 하는 것도 상사이고, 소통보다 안전이나 설비 관리를 잘하는 사람이 부각되도록 하는 것도 상사이다. 사실 회사에서는 소통 말고도 중요시해야 하는 항목이나 분야가 셀 수 없이 많다. 그중에서 무엇을 이슈로 가져가야 할 것인지를 판단하고 평가하는 사람이 상사이다. 물론 사회적인 대내외 이슈로 인해 상사가 결정하지 않아도 자연스럽게 시대적인 상황에 따라 이슈가 결정되기도 하지만 대부분의 이슈는 상사나 경영자가 결정한다. 따지고 보면 회사 경영에 손익에 직접적인 영향을 주는 경영 이슈가 중요하지 소통이 무슨 중요한 이슈가 될 수 있을까?

소통이 중요시되는 시기는 소통의 부재로 인해 경영이 악화되거나 경영 이익 증대를 위해 소통을 활성화시켜야 할 필요가 있을 때이다. 공기의 중요성을 인지하지 못하다가 질식 상태에 이르면 공기의 중요성을 알게 되듯이 경영이 악화되면 그제야 소통의 중요성을 인지하는 경우가 태반이다. 당연히 그럴 수밖에 없다. 마찬가지로 회사에서도 평상시에는 안정조업, 생산성 향상, 품질 향상, 그리고 안전 향상과 설비효율화에 관심이 많다. 그러다가 예상하지 못한 특별한 이슈가 발생되고 그것이 경영에 나쁜 영향을 준다고 생각하면 그제야 소통을 운운하며 협업과 친밀한 교류에 대해 관심을 갖는다. 이는 소 잃고 외양간을 고치는 격과 진배없다. 그러므로 회사 경영 이익을 먼저 생각한다면 경영 앞에 소통을 먼저 세워야 한다. 왜냐하면 소통이 없는 경영은 결국 사상누각에 불과하기 때문이다.

14장.

소통이 경쟁을 성과로 바꾼다

직장의 평화는 소통에서 시작된다

회사에 출근하는 것을 출근 전쟁이라고 표현한다. 또 퇴근을 할 때도 퇴근 전쟁이라고 말한다. 직장은 그야말로 출근에서 퇴근에 이르는 동안 전쟁을 하는 곳이다. 경우에 따라서는 전쟁이 아니라 평화를 가장한 전쟁이고, 지극히 한가롭고 평온한 전쟁터가 바로 직장이다. 차라리 밖으로 드러내고 전쟁 선포를 한 연후에 서로가 정정당당하게 승부를 겨루는 전쟁이면 얼마나 좋을까? 그런데 직장에서의 전쟁은 송양지인의 고사성어에서 말하는 정정당당하게 승부를 보는 전쟁이 아니라 출근해서 퇴근에 이르는 시간 동안 서로가 포커페이스를 하면서 전쟁을 하지 않는 것처럼 전쟁을 하는 그러한 전쟁이다.

세상에서 제일 강하고 무서운 적은 보이지 않는 적인데 직장에서의 전쟁은 보이는 적과 전쟁을 하면서도 마치 전쟁을 하지 않는 것과 같은 전쟁을 한다는 점에서 보이지 않는 적과 싸우는 것보다 더 어려운 전쟁이다. 특히 시기와 질투로 인한 전쟁은 치졸하기 그지없는 전쟁이다.

익히 아는 바와 같이, 시기와 질투는 칼의 양날과 같아서 잘만 활용하면 성장과 성공을 향한 촉매제가 되지만 자칫하면 그로 인해 파멸에 이르는 경우도 있다. 사실 시기하고 질투를 한다는 것은 상대방에 대해 부러운 마음을 갖고 있다는 것을 의미한다. 그래서 비교 열위에 있기에 절치부심 열정을 다하는 데 자극을 주는 역할을 한다. 하지만 그렇지 않은 경우에는 오히려 자신감이 저하되고 자괴감을 갖게 하며 자존감이 낮은 경우에는 패배의식을 갖게 하는 단초가 된다.

직장에서의 전쟁은 자기의 의사와는 전혀 무관하게 이뤄지는 전쟁이 더 많다. 누군가의 타깃이 되어 전쟁의 굴레에 빠지는 경우도 있고 전혀 예상하지 못한 사람이 등에 비수를 꼽는 경우가 발생하기도 하는 전쟁이다. 그래서 직장에서의 전쟁은 숨겨진 전쟁이고 평화를 가장한 전쟁이며, 전쟁을 하지 않는 것과 같은 기묘한 전쟁이다. 그래도 다행인 것은 일반적인 전쟁과 달리 직장에서의 전쟁은 자기가 마음먹기에 따라 어느 정도 수비와 공격이 가능한 전쟁이라는 점이다. 그래서 시기와 질투하는 마음을 버리고 서로 상생하고 공존하는 곳이라는 생각으로 동료들과 소통하며 생활한다. 그런 관점에서 볼 때 숨겨진 전쟁이 발발하지 않도록 더욱 소통을 해야 하는 곳이기도 하다. 왜냐하면 소통이 직장에 평화를 가져오는 씨앗이 되기 때문이다.

직장인들은 선의의 경쟁 속에서 소통한다

회사의 임원이나 상사는 직원들끼리 허물없이 터놓고 매우 친밀하게 지내는 것을 좋아할까? 아니면 공적인 관계로 가깝지도 않고 멀지도 않은 불가근불가원(不可近不可遠)의 관계를 좋아할까? 물론, 경영 목표를 달성하기 위해 서로 협업하고 친근하고 친밀하게 지내는 것을 좋아한다. 하지만 회사 정책에 대한 부정적인 입장을 가진 사람들이 서로 단결하여 친분을 과시하고 회사 기준과 원칙에 반목하는 사람들이 서로 의기투합하여 끈끈한 동료애로 뭉치는 것은 별로 좋아하지 않는다. 결과적으로 회사에 도움이 되고 회사 경영에 이익이 되는 친밀한 관계를 형성하는 것은 장려하지만, 회사 정책에 반하는 사람들이 회사를 상대로 투쟁적으로 단합하는 것은 그리 탐탁하게 생각하지 않는다. 그래서 때로는 직원들이 선의의 경쟁이라는 미명 아래 서로가 경쟁의식을 가지고 지내는 것을 선호하는 경향이 있다. 또 상사나 임원의 입장에서는 직원들이 적당히 긴장하고, 서로 선의의 경쟁을 하면서 활력 있게 생활하는 것을 좋아한다. 그러므로 회사 정책에 반하지 않으며, 회사에서 정한 기준과 원칙에 준하여 생활하되, 공과 사를 구분하여 소통을 하는 것이 바람직하다.

직장인들은 스스로 갈등의 덫을 만들어서 주도적으로 소통한다

불교의 『법망경』에 "사자가 죽어 시체가 되면 그 몸속에 벌레가 생겨서 시체를 먹는 것이지 외부의 벌레가 시체를 먹는 것이 아니다"는 말이 있다. 이 말은 모든 재앙의 원인은 내부에 있는 것이지 결코 외부에 있는 것이 아니라는 말이다. 이처럼 회사에서 일어나는 갈등의 주요 원인은 대부분 내부에 있기 마련이다. 왜냐하면 회사에서 일어나는 갈등의 원인은 밖으로 쉽게 드러나지 않고 갈등을 일으키는 주범이 누구인지가 명확하게 드러나지 않기 때문이다. 또 서로 갈등을 하고 있지만 누가 자기의 진정한 적이고 누가 자기를 경쟁자로 삼고 있는지를 정확하게 예측하기 곤란하다. 왜냐하면, 갈등이 생겼다고 공개적으로 선포하는 사람도 없고, 갈등을 하면서도 오리발을 내미는 사람이 많기 때문이다.

누구나 자기가 속한 조직은 갈등이 없는 좋은 조직이고 소통이 잘되며 서로 간에 업무 협조가 잘되는 조직이라고 말한다. 자기가 속한 조직이 싸움을 하는 조직이고 서로 반목하며 불통하는 조직이라고 말하는 직원은 없다. 그렇다. 일반적으로 직장인들은 자기가 속한 조직이 좋은 조직으로 평가받기를 원한다. 그래서 조직 안에서 동료 간에 보이지 않는 갈등을 하면서도 외부사람들 눈에는 전혀 문제가 없는 것처럼 위장을 하기도 한다. 더욱 놀라운 사실은 회사에서는 문제가 발생이 되고 사건이 생겨도 임원이나 상사가 문제 삼지 않으면 문제가 되지 않는다는 점이다. 그러므로 전쟁의 주범을 잡기 위해서는 임원이나 상사의 성향을 알아야 하고, 그 사람의 수족과 같은 역할을 하는 사람이 누구이며, 정보를 제공해 주는 정보원이 누구이고, 물불을 가리지 않고 그 사람들의 말에 절대적으로 복종하는 사람이 누구인지를 아는 것이 매우 중요하다. 왜냐하면 그 사람이 갈등의 주범이거나 갈등 뒤에 숨어서 은밀하게 임원이나 상사가 원하는 방향으로 조직 분위기를 잡아가는 쇄빙선과 같은 역할을 하는 사람일 확률이 높기 때문이다. 사실 임원이나 상사는 깨어 있는 조직, 현실에 안주하지 않는 조직을 만들 요량으로 직원들을 일부러 갈등 상황에 놓이게 하는 경향이 있다. 그래서 조직원 중 믿을 만한 사람에게 밀지(密旨)를 내려 자기가 원하는 방향으로 조직 분위기의 변화를 꾀하기도 한다. 마치 싱싱한 청어를 운반하기 위해 수족관 속에 청어의 천적인 메기를 넣어 두는 것처럼, 조직원 중 물불을 가리지 않고 자기의 수족과 같은 사람을 정보원으로 둔다. 이 점을 알고, 갈등이 없는 조직원이 되기 위해서는 임의로 만들어진 갈등의 덫에 빠지지 않도록 자기 스스로 변화를 추구해야 하고, 늘 위기의식을 가지고 깨어 있는 소통을 하는 것이 상책이다. 또, 매도 먼저 맞는 것이 낫다는 말이 있듯이 임원이나 상사가 만드는 갈등의 덫에 빠지기 전에 자기가 먼저 조직 분위기를 변화시킬 수 있는 소통의 덫을 만들어서 주도적으로 소통을 하는 것도 좋은 방법이다.

15장.

지적질은 아프지만 성장을 만든다

상사의 지적질은 성장의 채찍이다

회사에서 업무 보고를 하다 보면 상사로부터 칭찬을 받는 것보다는 지적을 당하는 경우가 더 많다. 제아무리 치밀하게 보고서를 작성하고 상사의 구미에 맞는 보고서로 정성을 다해 보고를 해도 돌아오는 것은 밑도 끝도 없는 지적질이 많아 스트레스를 받는 경우가 더러 있다. 거기에다 한 수 더해 오더까지 받기에 이제는 보고라는 단어만 들어도 경기가 든다고 말하는 사람도 있다.

상사는 보고를 하면 무슨 연유로 그렇게 지적질을 하는 것일까? 개구리 올챙이 시절을 모른다고 상사도 분명히 보고자 입장에서 보고를 한 적이 있을 터인데 보고자의 수고로움을 전혀 몰라주는 상사가 야속하게 느껴진다는 사람도 있다. 그런데 상사는 지적질을 하고 싶어서 지적을 하는 것이 아니라, 보고자와 소통을 하고 싶어서 그러한 것이라고 보는 것이 맞다. 또 상사 입장에서는 보고자와 어떤 형태로든 소통을 하고 싶어 하고, 일회성 보고로 끝나기보다는 계속해서 소통을 하고 싶어하는 심리를 표출하는 것이라고 보는 것이 타당하다. 간혹 자기가 보고자보다 수가 더 높고 내공이 깊다고 생각해서 자기가 아는 것을 보고자에게 가르쳐 주고 싶은 심리에서 그러는 경우도 있다.

한편, 보고를 받는 사람이 정말로 중요한 핵심적인 보고 내용보다 지극히 사소하게 보이는 맞춤법이나 띄어쓰기를 운운하니 한심하다는 생각이 든다는 사람도 있다. 하지만 상사는 크게 문제가 되지 않는 가벼운 사항을 지적하여 보고자가 어떤 반응을 보이고, 어떤 태도로 자신의 지적사항을 받아들이는지를 시험하는 것이라고 보면 된다. 아울러 향후 보고서를 작성할 때에는 핵심 내용에 치중하되 가장 기본적으로 맞춤법이나 띄어쓰기 등 소소한 것에 정성을 다해야 한다는 것을 일깨워 주기 위하여 그러는 경우도 있다. 왜냐하면 가장 기본적이고 기초적인 것이 그릇되면 가장 큰 것에도 문제가 발생할 여지가 있기 때문이다.

간혹 가벼운 내용으로 보고를 하다가 오히려 무거운 오더를 받게 되는 경우가 종종 있다. 그런 경우, 혹을 떼려다 오히려 큰 혹을 붙여 왔다고 불평불만을 토로하는 경우가 있는데 그런 경우는 상사의 입장에서는 보고자에게 더 어려운 숙제를 내서 그것을 해결하는 역량을 길러주고 싶어 하는 마음이 담겨 있다고 보면 된다. 또 가벼운 보고를 통해 보고자의 숨겨진 역량을 발견하고 더 큰 과제를 수행할 수 있는 잠재능력을 보유하고 있다고 생각해서 그러한 오더를 내리는 경우도 있다.

상사는 보고를 통해 보고자의 역량개발과 잠재능력을 최대한 발휘하도록 함으로써 인재를 양성한다는 취지에서 지적질도 하고 더없이 과중한 오더를 내리기도 한다. 그러므로 보고를 통해 상사와 소통하고, 상사의 구미에 맞는 보고를 통해 점진적으로 자기가 성장하는 모습을 보이도록 소통을 하는 것이 상책이다.

아내의 잔소리와 상사의 지적질에는 숨겨진 비밀이 있다

우연히 상사를 만나 가볍게 인사를 했는데 반갑게 맞아 주면서 티타임을 하자고 해서 담소를 나누다 보면 갑자기 시간이 길어지는 경우가 있다. 그러다 보면 가벼운 차원을 넘어 업무적인 이야기를 하게 된다. 그런데 그 업무적인 이야기가 정보 공유 차원이 아니라 질책에 상응하는 잔소리로 변질되는 경우가 있다. 처음에는 신변잡기로 가볍게 시작된 대화가 말이 길어질수록 잔소리로 채워지고 급기에는 그 잔소리로 인해 심한 스트레스를 받은 경우가 있다. 하지만 상사는 잔소리를 하는 것이 아니라 잔소리를 통해 상대방과 친밀하게 소통을 하고자 하는 의도에서 그러한 것이다.

대부분의 많은 남편들이 아내의 잔소리를 바가지라고 생각한다. 왜냐하면 아내의 말이 남편을 칭찬하고 위로하는 말보다 지적질을 하고 기를 꺾는 내용이 주를 이루기 때문이다. 하지만 남편에게 잔소리를 하는 아내의 심리는 남편과 서로 공감하며 소통을 하고자 하는 무언의 바람이다. 또 남편과 공감할 수 있는 대화 주제가 바로 잔소리에 해당하는 내용이기 때문이다. 일례로 소변을 보고 변기통에 이물질을 남기지 말라고 하거나 치약을 썼으면 잘 놓아야 한다는 것, 양말을 세탁기에 넣을 때는 똑바로 넣어야 하고, 신발을 가지런하게 벗어 놔야 한다는 등 모든 잔소리에 해당하는 내용은 주로 지극히 사소한 것이다. 그런데 그것이 아내 입장에서는 남편과 나눌 수 있는 공통의 관심사이다. 하지만 남편 입장에서 볼 때 그런 사소한 것을 가지고 트집을 잡아 잔소리를 한다고 생각하기 마련이다. 그렇지만 아내는 그러한 잔소리를 통해 남편과 소통을 하고 싶어 하는 것이다. 이는 앞서 말한 바와 같이 상사가 부하에게 보고를 받을 때 사소한 맞춤법과 띄어쓰기 등으로 지적질을 하며 잔소리를 하는 경우와 같다. 그렇다. 상사 역시 사소한 것을 지적하면서 부하 직원과 소통을 하고 싶어 하는 것이다. 아울러 가벼운 보고를 했는데 무거운 오더를 내리는 이유 역시 일회성의 소통이 아니라 더 심도 있고 의미 있는 소통을 하고 싶어서 그러한 것이라고 보면 된다. 그런 관점에서 볼 때 소통의 시작은 사소한 것에서 시작된다고 볼 수 있다.

아킬레스건이나 역린을 건드리는 소통은 피한다

『성공하는 사람들의 7가지 습관』의 저자 스티븐 코비 박사는 다른 사람에게 충고나 탐색, 해석과 판단을 하지 말라고 말한다. 우리 속담에 바른말은 귀에 거슬린다는 말이 있는데, 위의 말과 일맥상통하는 말이다.

다른 사람에게 바른말을 하거나 충고를 하는 것은 자기가 더 뛰어나고 영특하며 한 수 위에 있다는 생각에서 비롯된다. 그래서 상대는 상대방이 자기를 깔보고 충고를 한다고 생각을 한다. 객관적인 관점에서 볼 때 매우 합리적인 조언이지만 이를 받아들이는 사람의 주관적인 입장에서 보면 자기를 우습게 보는 것이라고 생각한다. 사실 요즘 젊은 직장인들은 경우에 따라서는 일부러 알면서 어리석은 행동을 하는 경우도 있고, 다른 것에 몰두한 나머지 세세하게 다른 것에 신경을 쓰지 못하는 경우도 있다. 그런데 그러한 상황을 전혀 이해하지 못하고 자기 생각만으로 다른 사람을 평가해서 조언하거나 충고를 하는 것은 지나가는 사람의 멱살을 잡는 것과 다름없다. 그래서 한비는 『한비자』 세난 편에서 "신하가 군주에게 충언하는 것이 매우 어렵다"고 말한다. 신하의 입장에서는 군주를 위해서 하는 충언이지만 군주의 입장에서 생각하면 신하가 군주의 권위에 정면으로 도전을 한다고 생각할 수도 있고, 군주가 미덥지 못해서 혹은 군주다운 행동을 하지 않아서 자기를 무시한다고 오해를 할 수 있기 때문이다. 그러므로 동료 간에도 조언이나 충고를 하는 것은 신중해야 하며, 특히 자기의 상사에게 조언이나 충고를 하는 것은 금해야 한다. 만약의 경우 상사에게 반드시 조언을 해야 하는 경우에는 우회적으로 해야 하며 이 역시도 상사와 두터운 신뢰 관계가 형성된 이후에 해야 한다.

상사 역시 노자가 나라를 다스리는 것은 생선을 굽는 것과 같다고 했듯이 사사건건 직원들이 하는 업무에 간섭을 하지 말아야 한다. 리더는 모름지기 직원들이 스스로 자기 책임감을 가지고 자율적으로 행동을 할 수 있도록 하는 것이 필요하다.

상사가 직원들에게 소통이 안 된다고 소통을 잘하도록 강요하고,

지시를 내리며 사사건건 직원들 업무에 간섭하는 것은 생선을 이리저리 뒤척이는 것과 같다. 또 직원이 상사에게 불평불만을 토로하고 건의사항을 말하는 것 역시 신중을 기해야 한다. 자칫하면 강요나 간섭이 소통을 막는 장애가 될 수도 있고, 불평불만과 건의사항이 상사의 역린을 건드리는 치명적인 행위가 될 수도 있기 때문이다. 아울러, 사람에게는 누구에게나 건드리지 말아야 하는 아킬레스건이 있고, 건드리면 안 되는 역린이 있음을 알아야 한다.

16장.

소통이 막히면 조직이 병든다

직장에는 반쪽짜리 소통을 하는 사람들이 더러 있다

우리는 끔찍한 연쇄 살인에 대한 이야기를 종종 뉴스를 통해 접한다. 겉으로 보기에는 아주 멀쩡한 사람인데 범죄를 저지르고도 죄책감이나 다른 사람의 고통에 대해서는 전혀 생각하지 않는 그런 사람, 다른 사람의 감정에 전혀 공감하지 않는 그런 사람이 사이코다. 그런 유형의 사람이 직장에도 있다고 생각하면 어떤 생각이 드는가? 그것도 남의 조직이 아니라 자기가 일하는 조직의 상사로 있다고 생각하면 정말로 끔찍한 일이 아닐 수 없다.

일반적으로 자신을 화나게 하는 사람에게 직접적으로 화풀이를 하지 못할 경우 자신과 비슷하거나 자기보다 약해 보이는 사람에게 대신 분노를 표출하는 현상을 심리학자들은 '수평폭력'이라고 부른다. 수평폭력의 성향을 가진 상사는 조직원들은 모두 자신을 위해 존재하는 수단이며, 자기가 마음대로 해도 되는 사람이라고 생각한다. 또 규칙이나 도덕적인 기준과 원칙은 필요에 따라 지키면 그만이고 자기에게는 전혀 그런 기준과 원칙이 필요하지 않다고 생각한다. 또 리더는 높은 지위를 이용하여 불법적인 행동을 자행해도 전혀 문제가 되지 않는다고 생각한다. 또 기본적으로 동정심이나 죄의식이 없으며 오로지 자기 자신만을 생각한다. 시간이 지나면 금방 드러날 것이 자명한데 거짓말도 태연하게 한다. 한마디로 말해서 상황에 따라 말을 바꾸고 자기가 하는 말이 거짓이 아니라 진실이라고 말한다. 더 특이한 점은 거짓말로 다른 사람을 속이고 그 거짓말에 의해 다른 사람이 놀아나는 것을 은근히 즐긴다는 것이다. 또 자기 언행으로 인해 다른 사람이 고통을 받을 수 있다는 것을 전혀 생각하지 않으며, 다른 사람의 감정보다 자기감정을 최우선으로 생각한다. 또 자기가 가진 권위에 주변 사람들이 충분히 존경의 태도를 보이지 않으면 개인적으로 모욕을 당했다고 생각해서 분노를 표출하기도 한다. 그러면서도 그 분노로 인해 상대방이 인격모욕을 당한다는 것을 인지하지 못하고 자신의 행동이 지극히 정당하다고 생각한다.

상기와 같은 성향을 가진 사람이 상사라면, 그 조직의 소통능력은 최하위라고 생각하면 된다. 필자 역시 그런 유형을 가진 상사와 오랜 기간 생활을 한 적도 있다. 그런 상사는 반쪽짜리 소통의 대가이다. 즉 자기보다 높은 지위를 가진 상사에게는 아첨과 아부를 하면서 적극적 능동적으로 소통을 하지만, 자기보다 지위가 낮은 조직원들에게는 언어폭력을 마다하지 않는 소통을 한다. 참으로 애석하기 짝이 없다.

상사의 부당한 행위에 당당하게 맞서는 사람은 드물다

상사는 자기의 능력을 앞세우는 직원을 좋아하지 않는다. 또 자기 능력을 자랑하는 사람보다 일은 못해도 겸손한 직원을 좋아한다. 그렇다. 직장에서는 상사가 자기보다 역량 있는 직원을 시기하고 질투한다는 사실을 알아야 한다.

권력을 가진 사람은 공통적으로 자신의 욕구와 필요에 집중하고 다른 사람의 욕구와 필요에 대해서는 그다지 관심을 보이지 않는다. 또 그 어떠한 경우에도 일반 직원들은 모두 자기를 잘 따를 것이라고 생각하고 공식적 비공식적인 규칙들은 자기가 어겨도 된다고 생각한다. 또 조직에서 일어나는 일은 자기가 모두 알고 있다고 생각하고 모든 일은 자기가 중심이 되어야 한다고 생각한다. 또 조직의 일이 자기의 일이고 조직의 모든 이익이 자기의 이익이라고 생각한다. 그러므로 그런 상사가 부당한 언어나 차별적인 행위를 해도 침묵해야 한다. 모난 돌이 정을 맞는 격으로 괜히 나서서 흑기사를 자처했다가는 무지막지한 피해를 볼 수 있기 때문이다. 사실 직장생활을 하면서 상사의 부당한 처사에 대해 진실을 말하기는 어려운 일이다. 직장에서의 진실은 불편하고 불안하며 조직원들에게 상처를 줄 수도 있다. 그래서 진실을 폭로하는 사람을 좋게 보는 사람은 별로 없다. 부당하고 정의롭지 못한 상사의 행위에 대해 함부로 말하지 못하는 이유가 바로 거기에 있다. 자칫 바른말을 했다가 조직의 이단자 취급을 받을 수 있기 때문이다.

과거에는 혹독한 리더 밑에서 일을 하면 훌륭한 리더가 된다는 말이 통용됐다. 그 당시에는 상사에게 혹독하게 훈련을 받고 수련하면 고수가 된다고 말을 했는데, 이제는 시대가 변해서 그렇게 하지 않아도 얼마든지 훌륭한 고수가 되는 세상이다. 그런 관점에서 볼 때 이제는 조직을 사유하거나 조직원들을 함부로 대하는 상사는 발본색원(拔本塞源)하여 가차 없이 백의종군을 하도록 해야 한다. 왜냐하면 그런 성향을 가진 상사가 조직의 소통을 방해하고 조직원들의 마음을 열지 못하게 하는 단초가 되기 때문이다.

참고로, 가까운 관계일수록 상대를 객관적으로 보는 일이 어렵다. 그래서 상사들은 일정부문 직원들과 일정한 거리를 유지하면서 지낸다. 너무 가깝게 지내다 보면 주관적으로 보게 되고 이로 인해 권위가 저하되고 영향력이 약화되기 때문이다. 이러한 연유로 일부러 조직원들과 거리를 두는 상사도 있다.

때로는 상사로부터 자기를 지키는 소통도 필요하다

자연도 천지만물을 함부로 대하는 경우가 있다. 가뭄으로 만물을 메마르게 하고 태풍으로 모든 것을 날려버리며 폭우로 인해 모든 것을 물에 잠기게 하기도 한다. 그러므로 자연재해에 대비해야 하듯이 직원의 입장에서는 상사를 맹신하지 말고 자기 스스로 자기의 살길을 찾는 노력을 해야 한다. 직장 상사를 믿고 모든 것을 건다는 것은 어리석은 행동이다. 또 가정을 돌보지 않고 오로지 회사 업무에 올인하는 것은 더없이 어리석은 행위이다.

사냥꾼이 사냥을 마치면 사냥개를 잡아먹듯이 상사는 자기의 목표를 달성하고 난 이후에는 언제든 팽을 시킨다는 생각을 가지고 자기가 지녀야 하는 자기만의 실력과 노하우는 결코 밖으로 드러내지 말고 갈무리하는 것이 필요하다. “강자가 모든 것을 앗아 갈 수 있지만 필부의 뜻은 빼앗아 갈 수 없다”는 말이 있듯이 자기 마음 안에 내재된 소통 역량과 실력은 결코 다른 사람들이 빼앗아 갈 수 없다. 그렇다. 회사도 리더도 결코 앗아갈 수 없는 자기만의 소통역량을 개발하는 것이 자기를 지키는 유일한 길이다.

17장.

기생형 인재가 조직을 망친다

직장 소통의 좀벌레는 기득권에 붙어 기생하는 사람이다

어디를 가든 기득권을 가진 사람들이 소통의 흐름을 좌지우지한다. 그런 사람들이 조직의 토박이가 되어 새로운 사람들이 그 조직에 합류할 수 있도록 가이드를 제공하기도 하지만 그 속내에는 기득권을 더욱 공고히 하려는 데 있다. 때로는 그런 기득권을 가지고 있는 사람들이 소통을 방해하고 회사가 변화와 혁신을 꾀하려고 하면 가장 먼저 반기를 들고 소극적인 자세를 취한다. 조직의 수장인 상사 입장에서는 조직의 안정을 기하고 조직의 파워를 유지하기 위해 기득권 세력이 힘을 유지하도록 힘을 실어주기도 한다. 문제는 기득권 세력의 층이 형성되면 그 층을 깨고 새로운 직원들이 합류하기가 무척 어렵다는 것이다.

한비는 『한비자』에서 조직의 근간을 흔드는 그런 기득권을 가진 사람들을 좀벌레에 비교했는데, 기득권 세력에 빌붙어서 자기 개인의 안위를 돌보는 사람 역시 회사 소통 경영을 갉아먹는 좀벌레와 같은 사람이다. 그와 같은 사람들은 기득권 세력에 대항하거나 저항하지 않고 그들의 그늘 아래 숨어서 그들이 하고자 하는 바에 소극적으로 참여한다. 그냥 기득권 세력이 하는 것을 방관하면서 기생한다. 힘들 것도 없고 바쁠 것도 없다. 그냥 기득권 세력에 밉보이지 않도록 그들과 원만한 관계를 형성하면서 안전하게 지낸다. 이렇게 기생하는 사람은 기득권 세력과 소통하면서 마치 직장 소통이 잘 되는 것처럼 행동하지만, 결과적으로 회사 경영에 대해 크게 적극적인 행동을 하지 않는다는 측면에서 불통의 단초가 된다. 또 겉보기에는 좋은 소통이지만 미래를 위해서는 결코 바람직하지 않는 소통이다. 왜냐하면 변화와 혁신을 꾀하지 않고 오로지 현실에 안주하면서 기득권 세력이 흔들리지 않도록 방패 역할을 하는 소통만 하기 때문이다.

직장은 꼴 보기 싫은 사람과도 소통을 해야 하는 곳이다

직장에서는 꼴도 보기 싫은 사람과 같은 공간에서 업무를 함께하면서 협업을 해야 하는 상황이 발생되기 마련이다. 같은 공간에서 함께 호흡을 하고 있다는 것만으로도 기분이 나쁘고 감정이 상하기 마련인데 그런 사람과도 소통을 해야 한다. 단 한마디의 말도 섞고 싶지 않은 사람과도 소통해야 하고, 1분 1초도 보기 싫은 사람과도 눈을 보면서 소통을 해야 하는 곳이 바로 직장이다.

우리는 생소하고 낯선 도시에 가면 그것을 알기 위해 여러 가지 정보를 흡수하고 자료를 구해서 학습을 하기도 한다. 그런데 낯선 사람을 만나면 그 사람을 알기 위해 정보를 얻거나 자료를 구하는 등의 행동을 하지 않는다. 왜냐하면 다시는 계속해서 만나게 될 사람이 아니라고 생각하기 때문이다.

대부분의 사람들은 앞서 말했듯이 한 번 만나면 다시금 만날 가능성이 없는 사람이나 자기와 전혀 이해관계가 없는 사람에 대해서는 알려고 하지 않는다. 그런데 이러한 현상이 직장에서 일어나고 있다. 즉, 직장 동료에 대해 서로가 많은 것을 알려고 하지 않는다. 또 단순히 함께 업무적인 관계를 맺고 지낼 뿐 인간적으로 친밀한 관계를 유지하려고 하지는 않는다.

대부분의 직장인들이 소통을 한다고 겉으로만 마음을 주고받고 실질적으로 친분을 쌓으려고 적극적으로 나서지 않는다. 일에 대해서는 알려고 하면서 정작 함께 일하는 사람에 대해 알려고 하지 않는 이유는 서로가 알고 지내면 오히려 업무를 하는 데 지극히 껄끄럽다고 생각하기 때문이다. 그럼에도 불구하고 소통하는 척을 해야 하는 곳이 직장이다. 그러므로 직장에 그런 메커니즘이 있다는 점을 생각해서 직장에서는 자기 자신을 잃어버리지 않도록 해야 한다.

18장.

마음이 열려야 소통이 시작된다

불통의 문제는 소통이 아니라 사람의 문제이다

소통을 잘하는 사람이 소통을 잘하는 사람이고 소통을 못하는 사람은 소통을 못하는 사람이라는 말은 어느 정도 일리가 있는 말이다. 그런데 소통을 잘하는 사람이 많으면 소통이 잘되는 조직이 되고 소통을 못하는 사람이 많으면 소통을 못하는 조직이 되는 것은 아니다. 즉, 소통을 잘하는 사람이 많아도 소통을 못하는 사람이 있으면 그 사람으로 인해 소통이 안 되는 조직이 되고, 소통을 못하는 사람이 많아도 소통을 잘하는 사람이 있으면 소통이 잘되는 조직이 될 수도 있다. 왜냐하면, 불통의 문제는 소통의 문제가 아니라 사람의 문제이기 때문이다.

소통을 잘하든 못하든 간에 중요한 것은 그 사람의 내면의 색상이 무슨 색인지가 중요하다. 소통을 못해도 내면의 색상이 긍정의 색상이면 긍정적인 조직 문화가 형성되어 소통이 잘되는 조직이 될 확률이 높다. 하지만 소통을 잘해도 내면의 색상이 부정적인 색상이면 부정적인 조직 문화가 형성되어 소통의 통로가 막히게 된다. 이런 관점에서 보면 소통에 임하는 사람보다 조직 문화가 우선이라는 생각을 갖게 되는데 그 속내를 자세히 들여다보면 결국 조직 문화는 사람이 만든다는 점에서 소통에 임하는 사람의 마음 자세와 태도가 결국 소통이 잘되게도 하고 안 되게도 한다고 볼 수 있다. 특히 직장에서는 리더나 임원에게 소통의 의지가 없으면 일반 직원들이 제아무리 기를 쓰고 소통을 하려고 해도 되지 않는다. 그런 관점에서 볼 때 직장 소통의 주도권은 임원과 상사에게 있다고 볼 수 있다. 즉 리더나 임원이 소통을 잘하는 사람일 때 직장 소통이 원활하게 될 확률이 높다.

직장 소통의 씨앗은 직원들의 생각과 마음에 있다

조직 문화는 임원 문화이고 단위 조직의 문화는 리더의 문화라는 말은 어느 정도 일리가 있는 말이다. 하지만 조직의 소통 여부를 좌우하는 가장 근본적인 요소는 바로 직원들의 생각과 마음이다. 그래서 설령 리더나 임원이 불통의 원인을 제공한다고 해도, 직원들이 올곧게 긍정적인 생각과 진실한 마음으로 소통을 하면 그리 문제가 되지 않는다. 극단적으로 말해서 리더나 임원이 소통을 저해하는 행위를 해도 순순히 포용하고 수용한다면 그리 문제가 되지 않는다는 말이다. 그렇지 않고 리더나 임원의 부정적인 태도에 대해서 반항을 하거나 이에 대해 항의를 한다면 그로 인해 혼란이 가중되게 되고 조직 분위기가 꽁꽁 얼어버리게 된다.

누차 강조해서 말을 하듯이 직장에서의 소통은 경영 이익을 창출하고 조직의 단결된 힘으로 회사가 추구하고자 하는 공동의 목표를 달성하는 데 있다. 단순히 서로 좋은 신뢰 관계 속에서 우의를 돈독히 다지고 즐겁고 행복한 생활을 영위하기 위한 그러한 소통이 아니다. 아울러, 리더나 임원이 소통에 장애가 되는 언행을 구사하더라도 이에 굴하지 않고 조직원들이 주어진 역할과 책임을 다해 경영 이익을 달성하면 된다.

일반적으로 소통이 잘되는 조직은 직원과 리더 그리고 경영층이 삼위일체가 되어 소통을 한다. 직원들은 리더가 이루고자 하는 목표를 달성하기 위해 리더와 열린 소통을 하고 리더는 경영층과의 긴밀한 공조를 이뤄 회사가 가고자 하는 방향으로 조직을 이끈다. 또, 경영자는 그런 리더와 직원들의 사기를 진작시키기 위한 활동에 정성을 다하는 경영활동에 치중하고 있다. 이와 같이 소통이 잘되는 조직이 되기 위해서는 리더나 임원을 포함한 조직의 모든 구성원들이 회사의 비전과 경영 전략을 충분히 이해하고, 실행 전략에 따라 맡은 바 역할과 책임을 다하는 마음 자세로 업무에 임하는 것이 우선되어야 한다.

직장의 비전과 경영 전략 속에 소통의 열매가 담겨 있다

회사 생활을 하면서 회사의 비전과 경영 전략을 모르는 상태에서 업무를 하는 것은 반쪽짜리 직장생활일 뿐이다. 아울러 소통을 잘해도 회사 비전과 경영 목표를 달성하지 못한다면 그 소통 역시 반쪽짜리 소통이라고 할 수 있다. 그러므로 조직의 모든 구성원들의 마음을 한데로 모아서 회사가 가고자 하는 방향으로 움직이게 해야 한다. 그런 조직이 소통이 잘되는 조직이다. 제아무리 좋은 성품과 천성적으로 소통을 잘하는 사람이라고 해도 회사가 원하는 방향으로 가지 않거나 회사가 추구하는 목표를 달성하는 데 공여하지 않는다면 그것은 회사에 결코 도움이 되지 않는다. 또 동료들과 함께 협업하여 공동의 목표를 달성하기 위해 그 역할과 책임을 다하는 사람이 소통을 잘하는 사람이다. 얼핏 생각하면 그런 사람은 소통을 잘하는 것이 아니라 일을 잘하는 것이라고 할 수 있지만, 소통을 하는 궁극적인 목적이 일을 잘하기 위한 것이기에 일을 잘하는 것이 결국 소통을 잘하는 것이다. 이에 더하여 소통을 잘하는 사람은 조직 문화에 순응하고 회사에서 정한 목표 달성을 위해 꾸준히 노력하며, 조직이 운영되는 시스템을 충분히 이해하고 그 시스템에 따라 자기의 역할과 책임을 다한다. 즉 회사에서 정한 기준과 원칙을 잘 준수하는 사람이 소통을 잘하는 사람이다.

경영 이익에 기여하는 사람이 직장 소통을 잘하는 사람이다

표면적으로 소통학적인 관점에서 보면 친절하며 경청을 잘하고, 다른 사람을 배려하며 겸손하고 동료들과 원만하게 지내는 사람이 소통을 잘하는 사람이라고 평가를 한다. 하지만 사람이 좋은 것과 좋은 직장인의 개념은 차이가 크다. 법이 없어도 살 정도로 선하고, 다른 사람과 좋은 관계를 유지하고 있어도 회사 경영 이익에 도움이 되지 않는다면 결코 직장에서 소통을 잘하는 사람이라고 할 수 없다.

일반적으로 경청을 잘하는 사람, 겸손하고 타인을 배려하는 사람, 다른 사람에게 신뢰도가 높고 언행일치하는 사람, 양보와 미덕으로 다른 사람을 배려하고 진정으로 성심성의를 다해 남을 위해 헌신하는 사람 등을 우리는 소통을 잘하는 사람이라고 말한다. 하지만 회사에서 소통을 잘하는 사람은 그와 다르다. 즉 일반적으로 소통을 잘하는 사람이 공통적으로 갖고 있는 속성을 가지고 있다고 해서 그 사람을 소통을 잘하는 사람이라고 단정지어 말을 하지 않는다. 그런 요건을 충족하고 있어도 회사 경영에 도움이 되지 않거나 조직의 성과를 내는 데 그 역할을 다하지 못한다면 직장에서는 결코 소통을 잘하는 사람으로 평가하지 않는다. 누차 말을 하지만 회사는 소통을 잘하는 사람이 필요한 것이 아니라 회사의 경영 이익을 창출하는 사람을 필요로 한다는 점을 명심해야 한다.

The Magic of Workplace Communication

2부

시스템의 힘

1장.

규칙이 지나치면 침묵이 생긴다

직장인은 회사가 정한 기준과 원칙 안에서 소통해야 한다

사회에서 특출하게 잘 나가는 사람이나 경험이 많고 똑똑하기 그지없는 사람도 군에 입대하면 고문관이 되는 경우가 있다. 흔히 아는 것은 많은데 군대라는 낯선 환경에 쉽게 적응하지 못하고 헤매는 사람을 고문관이라고 부른다. 마찬가지로 직장생활을 해보지 않은 사람이 회사에 입사하면 모든 것을 내려놓고 백지상태에서 처음부터 다시 시작해야 한다. 신입사원이 기존사원처럼 정상적으로 직장생활을 하기 위해서도 최소 3개월이 소요된다. 또 경력직으로 입사한 사람도 최소 3개월은 새로 입사한 회사의 문화와 제도를 이해하고 기준과 원칙을 몸에 채화하기 위해 적잖은 노력을 해야 한다. 마치 수영을 해본 적이 없는 사람이 수영을 하기 위해 기본기를 익혀야 하듯이 직장생활도 그와 같다. 그렇게 회사에 입사하여 배우고 익히는 것들이 어찌 보면 원만하게 기존 직원들과 소통하기 위해 필요한 것이지만 어떻게 생각하면 그러한 것들이 일정부분 소통을 제한하는 요소가 되기도 한다.

일반적으로 입사해서 처음으로 회사와 계약을 하는 취업 규칙에는 회사의 제반 기준과 규칙을 준수하며, 회사원으로서 품위를 지키고 이를 저해할 때에는 어떠한 처벌도 감수하겠다고 약정을 한다. 또 근무 시간을 준수하고, 회사 규정을 준수하며, 서열에 따른 위계질서를 지키고, 근무하는 시간을 포함하여 회사의 자산을 자기 임의대로 사적으로 도용하지 말아야 함을 약정한다. 그러한 것들을 착실히 준수하고 회사에서 추구하는 경영 목표 달성을 위해 신의성실 원칙에 입각하여 주어진 역할과 책임을 다하는 사람이 직장생활을 잘하는 직장인이다.

회사 밖에서는 일반적 사회적인 통념에 따라 자기 마음대로 자유롭게 말하고 행동을 한다. 그런데 회사 안에는 회사에서 정한 기준과 규정에 따라 말과 행동을 해야 한다. 또 회사 밖에서는 자발적 자율적인 사고방식을 가지고 일정한 틀에 얽매이지 않고 다른 사람에게 구속되지 않는 상태에서 자유롭게 소통한다. 그렇지만 회사 안에서는 자기의 속마음을 여과 없이 드러내지 않아야 하고, 회사에서 정한 기준과 원칙에 따라 기본적으로 지켜야 하는 것을 지키면서 소통해야 한다. 그래서 마음에 담아 둔 말들을 온전히 다 드러내지 않고 마음 속 깊은 곳에 갈무리한 상태에서 소통한다. 누군가에게 구속되고 어떠한 틀 안에서 갇혀 생활을 한다는 것은 자기의 자유가 억압되는 상황에서 생활을 하는 것이다. 한마디로 개인의 소통권이 회사에 귀속된 것이라고 할 수 있다. 그럼에도 불구하고 직장 소통은 그 기준과 원칙의 틀 안에서 해야 한다. 그것이 소통을 구속하는 것이라고 해석하기보다는 그렇게 하는 것이 지극히 당연하다고 생각하면서 소통해야 되는 곳이 바로 직장이다.

규제와 법이 많으면 소통의 사각지대가 많아진다

일반적으로 법이라는 것은 강자로부터 약자를 보호하기 위해 만들어졌는데 이제는 강자가 약자를 통제하기 위한 일환으로 사용되고 있다. 나라를 다스릴 때 헌법에 의해서 다스리듯이 회사는 회사에서 정한 기준과 원칙 그리고 제도에 의해서 직원들을 다스린다.

헌법을 무시하면 사회가 혼란스러운 상황에 놓이듯이 회사에서 정한 기준과 원칙에서 벗어난 행동은 혼란을 야기시키는 단초가 된다. 그런 관점에서 볼 때 직장인들의 소통은 회사에서 정한 기준과 원칙이라는 영역 안에서 이뤄지는 것이 마땅하다. 하지만 조직의 위계질서 유지를 위해 기준과 원칙을 지키는 것은 지극히 당연하지만, 소통의 관점에서 볼 때 회사에서 정한 기준과 원칙은 직장인이 마음껏 소통을 하지 못하게 하는 실마리를 제공하기도 한다. 물론 일정한 기준과 원칙은 질서정연하고 정리된 듯한 소통을 하는데 준거의 틀을 마련해 준다는 점에서는 이점이 있다. 하지만, 안전 수칙, 사내 교통 규칙, 인사 제도, 승진 제도 등 모든 것은 일정한 가이드라인을 제공하여 회사가 가고자 하는 방향과 역방향으로 행동하면 징계의 처벌을 내리기도 한다.

직장인이기에 하지 말아야 하는 말과 행동, 회사를 다니기에 지켜야 하는 것, 회사원이기에 하지 않으면 안 되는 것 등이 장애물이고 족쇄이다. 물론 기준과 원칙이라는 것은 하늘의 북극성처럼 중심이 되고 기본적으로 회사를 지탱해 주는 준거 틀이 된다는 점에서 회사원이라면 가장 기본적으로 마땅히 지켜야 한다. 일례로, 출근하기 싫어도 근태 기준에 입각하여 출근해야 하고, 개인적으로 하고 싶은 일이 있어도 퇴근을 하지 말아야 하는 상황에서는 근태 기준에 입각하여 퇴근을 하지 말아야 하는 곳이 회사이다.

기준과 원칙이 있다는 자체만으로 회사는 불통 조직이다. 물처럼 높은 곳에서 낮은 곳으로 흐르고, 막히면 돌아가며 웅덩이가 있으면 메워주는 그러한 소통이 자연스러운 소통인데 기준과 원칙이라는 틀 안에서 소통을 해야 한다. 그러니 소통의 사각지대가 많을 수밖에 없다. 사실 규제와 법이 많으면 많을수록 불통의 벽은 더욱 두텁고 높아지기 마련이다. 자유가 억압되고 자율적인 행동보다 강제적으로 행동하는 단초가 되는 것이 바로 규제와 법이다. 법과 규제가 아닌 개인의 창의와 자발적인 마음에서 우러나는 언행이 진정으로 소통을 원활하게 하는 단초가 된다.

법과 규제가 소통의 흐름을 막는다

역사에 따르면 중국 한무제 때엔 법률 문서로 건물이 가득 찼고, 법을 집행하는 관리가 수를 헤아릴 수 없을 정도로 많았다고 한다. 진시황 때에도 법이 너무 많아서 백성들이 법을 지키기가 어려웠다고 한다. 유방이 정권을 잡고 제일 먼저 할 일 중의 하나는 진시황 때의 법을 약법삼장으로 단축시킨 것이다. "사람을 죽인 자를 사형에 처한다" 등 백성들이 이해하기 쉽게 했는데 그러한 것이 백성들에게 큰 호응을 얻었다.

실제로 법이 많다는 것은 관리자가 백성들의 말을 듣지 않고 말을 많이 하는 것이라고 할 수 있다. 또 법이 많다는 것은 사람들의 자유를 구속하거나 억압하고 있다는 것을 의미하며, 모든 것을 법에 준하여 행동해야 한다는 측면에서 소통을 잘하는 것이라고 할 수 없다.

토지 개발을 저해하는 근본적인 원인 중 하나는 토지 규제가 너무 많다는 점이다. 토지를 개발하지 못하도록 규제를 해 놓았기에 토지 개발이 되지 않는 것이다. 토지 개발을 위해서 토지 규제를 철폐하듯이 소통을 원활하게 하기 위해서는 소통을 저해하는 기준과 원칙 그리고 제도를 어느 정도 완화할 필요가 있다.

법이 많으면 많을수록 법을 피해가기 위한 방법이 법의 수에 버금가게 늘어난다는 말이 있듯이, 소통을 억압하는 기준과 원칙이 많으면 많을수록 부정적으로 소통을 하려는 꼼수가 점점 더 많아지게 된다. 때로는 보다 자유롭게 소통하는 조직 문화를 만들기 위해 틀에 박힌 규제보다 자유로운 준거의 틀을 마련해 주는 것이 필요하다. 물론 기준과 원칙을 세우고 표준을 정립해서 업무를 처리하는 것은 혼란을 줄이고 일률적이고 획일적인 업무를 할 수 있는 단초가 된다. 하지만 너무 많은 기준과 원칙 그리고 표준으로 인해 직원들의 창의력이 저해되는 문제가 파생되기도 한다. 또 하나의 표준이 생기면 그 표준으로 인해 또 다른 문제가 발생될 여지가 많고, 그와 연관된 다른 작업의 표준도 연달아 변경해야 하는 문제가 파생되기도 한다. 또 작업 환경이 변하고 경영 여건이 변하면 그에 따라 시시각각 표준을 변경해야 하는 상황이 발생되기도 한다.

가장 좋은 방법은 상황에 맞춰 행동을 달리할 수 있도록 가장 기본적인 기준과 원칙을 토대로 직원들에게 권한과 책임을 부여하는 것이다. 또 일정한 기본 요건이 충족되면 유연하고 탄력적으로 직원 개인의 역량을 발휘하여 행동하게 하는 것이 장기적으로 실익이 더 크다.

모든 업무가 정해진 프로세스와 시스템 안에서 행해진다면 개인의 역량을 발휘할 여지가 없어 직원 개개인이 보유한 역량을 충분히 발휘할 수 없다. 그런 업무적인 방식이 조직의 소통 방식이 되고 모든 것을 기준과 원칙에 입각하여 행해야 하는 업무 습관이 소통 습관이 되어 오히려 소통을 저해하는 요소가 되기도 한다. 그러므로 소통이 잘되는 조직을 만들 요량이면 가장 먼저 직원들로 하여금 소통을 저해하는 요소가 무엇이고 소통에 방해가 되는 기준과 원칙은 무엇이며, 그러한 것들을 어떻게 개선하는 것이 타당한가에 대한 의견을 들어봐야 한다. 그래서 그에 따른 실행방안을 찾아 소통 인프라를 구축하는 것이 선행되어야 한다.

2장.

과한 소통은 사람을 지치게 한다

현대는 시간과 장소에 구애 없이 소통하는 시대이다

통신 기술의 발달로 인해 이제는 시간과 장소에 구애를 받지 않고 언제 어디서든 소통이 가능한다. 그야말로 소통의 신천지가 열렸다. 회사에서 업무적인 소통을 하면서 통신 기기를 이용하여 이제는 실시간으로 회사 밖에 있는 사람과 사적으로 소통을 하기도 한다. 그래서 생각하기에 따라 소통이 범용화되어 활발하게 소통이 된다고 볼 수 있지만 한편으로 생각하면 수없이 많은 지식과 정보가 난무하여 꼭 해야 하는 사람과의 소통의 시간과 장소를 빼앗기고 있다는 생각도 든다. 왜냐하면, 정작 중요한 사람과 소통해야 하고, 정작 중요한 주제로 소통을 해야 하는데 전혀 그렇지 않기 때문이다. 또 생활에 전혀 도움이 되지 않고 업무적으로 전혀 도움이 되지 않는 지식과 정보로 쓸데없이 낭비하는 시간이 늘고 있다. 그럼에도 불구하고 회사에서의 소통도 이제는 시간과 장소에 상관없이 언제 어디서든 상호 소통의 인프라가 잘되도록 운영되어야 한다. 그래서 전혀 자기 업무에 도움이 되지 않는 다른 업무의 정보도 매우 쉽게 접하게 하는 것이 소통이 잘되는 조직을 만드는 길이다.

휴가나 여행 중에도 업무적 소통이 가능하다

퇴근해서 집에서 가족들과 즐거운 시간을 보내고 있는데 카톡이나 전화로 상사에게서 연락이 온다면 소통을 잘하는 상사일까? 아니면 가정의 행복을 파괴하는 상사일까? 회사 업무에 중독이 되어 있는 직원은 상사에게 연락이 왔다는 것에 대해 매우 기쁘게 생각하면서 그런 기회를 상사와 긴밀한 관계를 맺는 기회로 받아들인다. 또 자기는 회사에서 꼭 필요로 하는 사람이라는 생각을 갖기도 한다.

요즘은 입보다 손으로 더 많이 소통한다. 침묵하면서 조용히 있는 것 같지만 손은 쉼 없이 움직이면서 소통한다. 마치 호수 위에 떠 있는 오리가 겉으로 보기에는 아무 행동도 하지 않고 조용히 있는 것 같지만 쉼 없이 물갈퀴 짓을 하듯이 말이다. 그렇다. 통신 기술의 발달로 인해 이제는 사람들이 말로 직접적인 소통을 하기보다는 SNS나 문자나 카톡으로 소통을 한다. 이제는 말이 아니라 손으로 소통을 하는 시대이다. 그러다 보니 해외여행 중에도 SNS로 언제든 상사와 소통이 가능하도록 되어 있다.

소통이 잘되는 조직은 직원들의 휴가를 충분히 보장을 해준다.

『삼국지』에서 제갈공명이 전쟁 중에 군사들의 사기를 올려주기 위해 열세의 전쟁 상황에서도 휴가를 보내주었듯이 휴무일에는 직원들이 충분히 휴식을 취할 수 있도록 배려해야 한다. 소통도 좋고 경영 성과를 올리기 위한 업무적인 소통도 좋지만 그렇게 하는 궁극적인 목적은 직원들의 행복이라는 점을 생각해야 한다.

일과 외 시간에도 회사와 소통하는 직원이 늘고 있다

언제 어디서든 잘 터지는 모 회사의 스마트폰처럼 이제는 365일 언제 어디서나 회사에서의 업무적인 소통이 가능한 시대가 됐다. 회사에서는 직원들의 폰에 회사 앱을 깔아서 휴일이나 가정에서도 회사 관련 메일을 보거나 게시를 보는 등 회사 소식을 접하도록 하고 있다. 그러면서 매월 일정액의 전화 통화료를 지원해 주고 있다. 보기에 따라 회사 앱을 통해 휴일에도 회사 업무의 궁금한 사항을 접할 수 있다는 점에서 좋은 점도 있지만, 이제는 회사를 떠나 어딜 가든 회사 업무를 달고 생활해야 한다는 불편도 적잖다.

회사에 돌발 사태가 발생해도 모르면 회사 밖에서 다른 일에 집중할 수 있는데 일단 그런 소식을 접하게 되면 마음이 회사 업무에 쏠리게 마련이다. 이제는 싫든 좋든 간에 휴일이나 야간에 회사 업무에 관심을 가져야 하는 전천후 소통의 시대가 열렸다. 회사의 경영자 입장에서는 회사 밖에서도 직원들의 시간을 사용할 수 있다는 점에서 유리함이 많다고 볼 수 있다. 이에 반해 직원들 입장에서는 이제는 퇴근 후 가정에서 보내는 시간마저 회사 업무에 써야 한다는 점에서 불리함이 많다. 그렇게 보면 통신 기술의 발달로 인해 좋은 점도 있지만 그에 반해 나쁜 점도 있다는 생각이 든다.

어떤 리더는 일부러 야간이나 휴일에 회사적인 돌발 업무로 소통을 시도해서 직원이 어떻게 반응하는지 시험하는 경우도 있다. 또 상사의 연락에 즉시 소통을 하는 직원도 있고, 문자 연락을 해도 읽고 씹는 직원, 핑계를 대고 바쁘다고 하는 직원, 적극적으로 나서서 응대를 하는 직원 등 제각각 다른 반응을 보인다. 상사의 입장에서는 휴일에 업무적인 소통을 해도 개인적인 업무로 회사 업무에 신경 쓸 여력이 없는 여건인데도 기꺼이 긍정적으로 상사의 소통에 임하는 직원이 있다면 그 직원에게 무한 신뢰를 보낸다. 상사에게 점수를 딸 요량이면 평소 비상 상황에서 잘하는 것도 중요하다. 아울러 더욱더 중요한 것은 휴일이나 야간에 상사가 직원들을 배려하는 것이 바람직하다.

3장.

조직의 풍경은 일이 만든다

직장 소통은 업무가 잘 돌아가기 위한 소통이다

회사의 소통은 사람이 주체가 되어 소통을 하는 것 같지만, 그 속내를 보면 업무가 소통의 주를 이룬다. 얼핏 보기에는 사람들이 서로 교류하며 소통해서 일을 하는 것 같지만, 그 본질은 업무에 연결되어 사람이 소통하는 것이다. 즉 업무가 주체가 되고 사람은 객체가 된다. 회사의 업무는 어떤 형태로든 서로 조직적 체계적으로 연결되어 있다. 생산 라인의 경우 입구에서 출구에 이르기까지 오밀조밀 연결되어 있다. 단순히 개인 업무도 사적인 업무가 아니라 공적인 업무여서 신경의 회로망이나 거미줄처럼 끊김이 없이 모두 연결되어 있다. 그 연결된 업무가 잘 돌아가도록 사람들이 소통을 하면서 업무를 하고 있다.

혈액은 끊임없이 온몸을 돌아다니면서 인체의 물질대사에 필요한 산소와 영양소를 공급하는 일과 노폐물을 체외로 분비하는 역할을 한다. 즉 산소와 영양소는 대개 동맥을 거쳐 각 조직에 운반되어지고 노폐물은 정맥을 거쳐 제거되므로 혈액은 일종의 운반계라고 생각할 수 있다. 혈액의 순환은 동맥, 정맥, 모세혈관에서 이루어지며 이 혈액은 심장의 박동작용으로 전신의 혈관계를 통해 순환되면서 체내 모든 세포와 접촉한다.

회사 소통은 마치 이와 같이 혈관에 흐르는 영양분을 신체의 다른 기관으로 옮겨주는 역할을 하는 혈액처럼 사람은 업무의 프로세스나 시스템이 잘 돌아가도록 운반을 해주는 역할을 한다. 그래서 간혹 사람이 불통을 해도 업무 시스템은 계속 돌아가게 되어 있다. 그럼에도 불구하고 회사에서 직원들이 상호 소통을 잘해야 한다는 이유는 사람이 소통을 잘해야 업무적으로 잘 연결된 프로세스나 시스템이 원활하게 작동하여 회사 경영 이익이 창출되기 때문이다. 일례로 회사에서 공정 간 혹은 부서 간 교류회를 하거나 상호 벤치마킹을 하면서 소통을 하는 것은 프로세스나 시스템이 보다 효율적으로 돌아가게 하기 위한 것에 목적이 있다.

소통 역량은 직장인이 지녀야 하는 기본역량이다

극단적으로 말해서 직장 소통이 잘 되어도 업무적으로 프로세스나 시스템이 끊어지면 사람 간의 소통은 회사 경영에 아무런 보탬이 되지 않는다. 흔히 설비사고가 발생하거나 공정이상으로 생산라인이 중단되면 그 시스템이나 설비를 정상화하기 위해 사람들이 소통을 한다. 이는 회사에서의 소통은 단순히 사람 간의 소통 차원을 넘어 업무적인 소통이 잘되어야 함을 의미한다. 아울러, 모든 조직에는 무질서하고 혼란스럽게 보이는 조직 역시도 일정한 질서가 존재한다. 과학은 그 질서를 법칙이라고 말하고 종교는 섭리라고 부른다. 또 자연은 이치와 자연법칙이라고 명명한다. 또 사람들이 사는 세상에도 혼란스럽고 난잡한 상황에서 사람으로서 지켜야 하는 질서가 있는데 우리는 그것을 도리이고 이치이며 인간으로서 지켜야 하는 최소한의 상식이라고 말한다. 그런 관점에서 볼 때, 직장에서의 소통은 회사의 기본 질서유지를 위해 직장인이 지녀야 하는 도리이자 이치이며 최소한의 상식이다.

회사의 소통이 일반 회사 밖에서 하는 소통과 크게 다른 점이 있다면, 소통의 주체가 되는 업무에 장애가 없도록 사람들이 소통을 해야 한다는 점이다. 일반적으로 개인적인 소통은 개인이 추구하는 목적을 달성하기 위한 소통을 하기 때문에 직장 소통보다는 인적 측면이 더욱 강하다. 하지만 회사형 소통은 개인의 감정이 개입되지 않고 회사의 기준과 원칙에 준하여 소통을 해야 한다는 점에서 개인의 감정이 개입될수록 좋은 시너지를 낼 수가 없다. 물론 개인이 지닌 잠재능력을 발휘하여 창조적인 열정으로 업무 효율을 높이는 것은 두말할 나위 없이 좋은 현상이지만 그 역시도 개인적인 사견은 회사의 기준과 원칙에 준해야 하며, 그에 준하지 않아도 최소한 상사나 경영자가 원하는 방향으로 능력이 발휘되어야 한다.

일반적으로 인간 존중 사상에 입각하여 사람을 최우선에 두고 생활해야 하며, 인적 네트워크가 강한 사람이 크게 성공한다고 말을 한다. 하지만, 실제로 회사에서는 그런 것보다는 우선적으로 업무에 대한 네트워크나 전문성이 뛰어난 사람을 더욱 중시한다. 물론, 인적 네트워크가 강하면 금상첨화이다. 왜냐하면 그 인적 네트워크로 업무의 전문성을 더 높이고 업무 효율과 성과를 올릴 수 있기 때문이다.

한편, 업무적인 측면보다 인간적인 측면에 강점이 있는 사람들은 가끔씩 회사는 인재경영을 하고 사람이 최우선이라고 하면서 정작 사람을 중심에 두지 않는다고 말한다. 그냥 일을 우선시하고 일에 대한 이야기를 하고 경영에 대한 이야기를 할 뿐, 사람의 속내를 알려고 하지 않는다고 말한다. 또 사람이 우선이라고 반복해서 말하지만 결국에는 일이 우선이 된다고 말한다.

공자는 『논어』 제15편에서 "사람이 도를 넓게 펼치는 것이지 도가 사람을 넓히는 것이 아니다"라고 말한다. 마찬가지로 소통이 잘 안 되는 원인을 환경이니 제도와 시스템 그리고 조직 문화에 있다고 말을 하기보다는 사람 안에서 찾는 것이 선행되어야 한다. 아울러, 직장인 개개인도 조직이나 회사 제도에 문제가 있다고 말을 하기에 앞서 자기 안에서 그 해답을 찾으려는 노력이 선행되어야 한다. 왜냐하면, 직장 소통에 영향을 주는 업무 시스템이나 환경, 조직 문화 역시 사람이 만드는 것이기 때문이다.

4장.

이슈가 흐름을 만들고 흐름이 소통을 움직인다

직장 소통은 경영 이익을 위한 이슈 소통이다

회사에서의 소통은 주어진 현실과 동향에 따라 특정한 이슈가 발생하면 그 이슈를 다른 이슈로 덮어버리는 이슈 놀이 소통이다. 이슈를 이슈로 덮는 것이 정치적인 전략이라는 말이 있듯이 회사는 일반 직원들이 딴생각을 하지 못하도록 하거나 생산에 올인할 수 있는 근무 환경 조성을 위해 이슈를 만들어 소통한다. 또 경영층이 원하는 방향이나 회사가 원하는 방향과는 다른 방향으로 여론이 형성될 때 그 여론의 방향을 다른 곳으로 돌리기 위한 이슈를 만들어 소통을 하기도 한다.

일반적으로 안전사고가 발생하여 안전이 중요시되는 시기에는 안전을 가장 큰 이슈로 부각시켜 모든 이슈를 안전으로 덮는 소통을 한다. 또 설비사고가 발생하면 생산과 품질에 악영향을 준다는 점을 고려하여 설비 강건화나 설비성능 복원에 대한 이슈를 만들어 모든 이슈를 설비에 쏠리도록 한다. 이렇게 이슈를 이슈로 덮는 소통은 매우 고난도의 전략적인 소통이다. 더욱 고난도의 소통전략 중 하나는 바로 이슈를 이슈로 덮는다는 것을 직원들이 알 수 없도록 하는 전략이다.

일례로 A 기업에서는 통상임금 소송으로 인해 노조와 회사 간의 갈등과 대립이 난무한 시점에 노조에서는 통상임금을 이슈화하여 노조원을 끌어들이기 위한 전략을 구사했다. 이에 대해 회사에서는 통상임금 관련 소송을 하지 않아도 일률적으로 대법원 판례에 준하여 균등하게 전 직원에게 지급을 한다는 이슈로 이에 방어 전략을 구사했다. 그러자 노조는 전 직원에게 주는 것은 불법이라고 대응했고, 회사 측에서는 불법이 아니라 정당하다는 논리로 직원들 설득에 나섰다. 혹자는 이러한 기싸움으로 인해 어느 한쪽에서 그것을 담보로 다른 요구를 할 여지가 있다고 말했다,

시류와 시황이나 동향은 언제든 시류가 변하면 변하기 마련이다. 그 변화되는 환경과 상황에 따라 각각 주장하는 이슈, 여론, 정책이 자기 쪽에 유리한 경우도 있고 불리한 경우도 생기게 된다. 그런 점을 알기에 이슈 소통을 하면서도 서로가 갈등과 대립이 되는 문제에 대해서는 뒤로 미뤄두는 전략을 쓰기도 한다.

『논어』에서 공자는 "군자는 협상을 할 때 갈등이 생길 것 같은 사항에 대해서는 뒤로 미뤄두고 우선적으로 서로가 동의하는 이슈에 대해서 먼저 협상을 하라"고 말한다. 이처럼 협상이나 갈등은 언제든 오래도록 유지되고 계속 지속된다는 점에서 상시 여건 변동이 생길 수 있는 여지를 가지고 있다고 봐야 한다. 만약 상기와 같은

사례에 처해 있다면 경영자들은 협상을 할 때는 문제점을 해결하기 위한 창조적인 아이디어를 구하고 그 개선안을 마련하여 문제를 해결하는 데 초점을 둔다. 하지만 시간이 지나면 지날수록 경영이익과 수익을 창출하는 쪽으로 눈을 돌리게 된다는 점을 알아야 한다. 또 일단 문제가 어느 정도 해결이 되면 즉시 수익을 창출하기 위해서는 어떻게 해야 하고 경영 성과를 극대화하기 위해서는 어떻게 해야 하는지를 생각하게 하는 이슈를 만들어 일련의 이슈를 경영 이슈로 덮는 전략을 구사하기기도 한다. 그러므로 이슈 소통에 말려들지 않기 위해서는 다른 이슈가 끼어들 여지를 남기지 말아야 하며, 궁극적으로 근본적인 문제가 해결될 때까지 그 이슈에 올인하여 소통을 하는 것이 바람직하다.

회사는 이익과 손해에 민감한 반응을 보인다

이슈를 이슈로 덮어가는 소통전략을 구사할 때는 그 이슈로 인해 얻어지는 이익이 무엇인지를 먼저 따져보는 것이 현명하다. 본질적으로 회사는 경영 이익을 올리는 것에 중점을 두는 이슈 전략을 구사하고 노조는 노조의 세력을 확장하는 이슈 전략을 구사한다. 노조나 회사 모두 직원들의 복리증진과 이익을 위해 일하는 것은 동일하다. 물론 회사 입장에서는 경제성 원칙에 준하여 저임금으로 많은 생산을 하는 것이 유리하다. 그런 관점에서 볼 때 회사는 이익이 되지 않으면 하지 않는다는 것을 염두에 두어야 한다. 즉 회사가 직원들을 위해 경영상 손해를 감수하면서까지 정책을 펼칠 것이라는 점에 의문을 가져야 한다. 왜냐하면 회사는 직원들을 회사가 원하는 방향으로 이끌기 위해 회사에서 주장하는 이슈가 결국은 직원들에게 이익이라는 점을 계속해서 강조할 것이기 때문이다.

직장인 중에는 회사 정책에 맹목적으로 순응하는 사람도 있다

일반 직원들 입장에서 볼 때 객관적으로 노조가 하는 말이 옳아도 회사 편에 서는 경향이 있다. 왜냐하면, 장기적으로 볼 때 노조 편에 서는 것보다 회사 편에 서는 것이 자기에게 이익이 되기 때문이다.

대부분 여론의 동향이나 이슈의 옳고 그름을 판별하지 않고 어떤 내용이든 무조건 자기가 지지하는 편이 옳다고 생각하는 부류는 그 여론에 편승한다. 마치 사이비 종교에 중독된 사람들이 어떠한 명분과 이익을 드리워도 결코 자기의 신념 체계를 바꾸지 않는 것처럼 자기편에 무조건 찬성을 한다. 회사에서는 이런 점을 이용하여 우선적으로 직원을 위한다는 명분과 직원들에게 이익이 된다는 명분으로 흔들림 없이 정책을 추진한다. 그러면 처음에는 여론이 혼란 상태에 빠지지만 직원들은 결국 회사 편에 서게 될 것이라는 것을 알기에 과감하게 이슈를 이슈로 덮는 무리한 수를 강행하기도 한다.

시대가 변하고 있다

바야흐로 이제는 모든 정보가 공개되고 모든 것이 투명하게 열려 있는 시대이다. 불과 몇 년 전만 해도 노조와 회사가 임금 협상을 하면 직원들이 그다지 관심을 보이지 않았다. 왜냐하면 회사는 직원들을 위해 당연히 회사에서 할 수 있는 최대한의 성의 표시를 할 것이라고 생각했기 때문이다. 또 무엇보다 회사에 대한 애사심이 높고 일에 대한 보람과 평생직장으로서 자기의 일터는 자기가 지켜야 한다는 생각이 강했다. 그런데 이제는 시대적인 흐름이나 동향이 크게 변했다. 또 직원들이 회사에 대한 애사심이 결여되어 있고 회사를 믿기보다는 자기의 역량 증진에 더욱 지대한 관심을 표명하고 있다. 그래서 실체적으로 옳고 그름을 파악하는 것에 우선하여 무엇이 자기에게 유리하고 자기에게 손해를 가하지 않는 방법이 무엇인가를 생각해서 그것을 기준으로 어느 쪽에 편승해야 할 것인지를 판단하는 시대가 됐다.

직장인이라면 회사가 가고자 하는 정책에 긍정적인 태도를 보여야 하는 것은 지극히 당연하다. 베이비 부머로 불리는 현재 7080세대의 사람들이 대부분 그러한 생각으로 직장생활을 해왔다. 하지만 신세대는 그런 개념보다는 자기의 이익과 손해를 먼저 생각하고 회사는 크게 생각하지 않는다. 회사는 자기가 필요해서 선택한 곳일 뿐 언제든지 자기에게 더 나은 이익을 주는 회사가 있다면 자리를 옮길 수 있다는 생각이 바탕에 깔려 있는 세대이다. 그런 세대들의 점유율이 점점 늘어가고 있는 현실에서 90년대와 같이 일방적으로 회사 정책에 긍정적인 반응을 보여야 한다는 생각으로 무리한 정책을 강행하는 것은 오히려 직원들을 적으로 만드는 위험을 초래하게 된다. 이점을 감안하여 이제는 회사에서도 최소한 직원들이 회사에 대한 신뢰도가 떨어지지 않도록 해야 한다. 아울러 회사도 이제는 무리하게 이슈를 이슈로 덮으려는 전략을 쓰는 것은 오히려 득보다 실이 많은 시대라는 것을 감안하여 사실 그대로 소통하는 전략을 구사하는 것이 타당하다.

5장.

보이지 않는 손이 조직을 조용히 이끈다

직장 소통은 경영의 안정을 꾀하기 위한 소통이다

'회사형 소통이 업무적으로 하는 소통'이라는 말의 의미에는 회사는 업무적으로 필요에 의해 소통하는 조직이라는 의미가 내포되어 있다. 그래서 회사 입장에서는 업무적으로 필요가 없는 시점에는 평소와 다를 바 없는 일상적인 소통을 한다. 그러다가 노사관계, 건강, 안전, 설비 이상 등의 특별한 이슈가 발생되면 그 이슈를 부각시키는 소통을 한다. 일례로 품질 불량으로 인해 품질 이슈가 발생되면 품질 불량의 원인이 어디에 있는지를 분석하는 등의 품질에 대한 소통을 한다. 또 안전사고가 발생되어 재해가 발생했을 때에는 사고 발생 방지를 위한 대안을 마련하기 위한 소통을 한다. 이때 중요한 것은 그러한 이슈를 전사적인 이슈로 부각시켜서 소통을 한다는 점이다.

회사의 특성상 어느 특정한 부서에서 발생한 이슈는 다른 부서에서 유사하게 발생될 확률이 높다. 그래서 국부적으로 특별한 이슈가 발생되면 유사한 이슈가 재발되지 않도록 하기 위해 전사적인 차원에서 소통을 한다. 특히 노사관계나 경쟁사 이슈 등이 발생될 때에는 경영에 지장을 초래하는 극히 비상 상황이라는 점에 입각하여 회사가 가진 모든 재원을 쏟아부어서 소통을 한다. 왜냐하면 그런 이슈를 신속하게 처리하지 않으면 회사 현장 경영의 기초 기반이 깡그리 무너질 우려가 있기 때문이다. 그런 관점에서 볼 때 직장 소통은 경영의 안정을 기하기 위한 소통이고, 경영 성과를 창출하는 토대를 마련하기 위한 소통이다.

직장 소통은 경영층이 전략적으로 소통이슈를 정한다

회사형 소통이 일반적인 다른 소통과 크게 다른 점이 있다면 소통의 핵심 키워드나 이슈를 경영층이 정한다는 것이다. 즉 경영층이 회사가 처한 상황과 현장 직원들의 동향 등을 분석하여 회사가 가고자 하는 방향이나 회사가 달성하고자 하는 경영 목표를 달성하기 위한 일환으로 전사적으로 이슈화시킬 수 있는 주제를 정해서 소통을 한다. 경영자가 중요하게 생각하는 소통 이슈가 현장에 단시간에 확산되고 그러한 이슈가 현장에 이슈화가 되도록 전략적으로 소통을 한다. 그래서 회사형 소통은 경영층이 주연이 되고 직원들이 조연이 되는 소통이다. 또 경영층이 연출과 감독을 담당하고 현장 리더들이 가교 역할을 하며 직원들이 경영층이 연출한 시나리오에 따라 연기를 하는 소통이다. 일례로 임금 협상으로 인해 현장 분위기가 어수선하고 직원들이 경영층을 신뢰하지 않으며 직원들이 개개인의 안위를 돌보는 데 혈안이 되어 있는 상태에서는 직원들이 임금 협상에 관심을 덜 가지도록 다른 이슈를 부각시켜 관심의 눈을 다른 곳으로 돌리게 한다.

일반적으로 사람은 편향성으로 인해 한쪽에 관심을 갖게 되면 다른 곳에 관심을 두지 않는 성향을 보인다. 이와 마찬가지로 단체나 대중 역시 특정한 이슈에 편향되면 다른 이슈에 관심을 갖지 않는 경향이 있다. 그러한 편향성을 이용하여 경영층은 회사 직원들이 임금 협상에 대한 관심을 갖지 못하도록 한다. 또 관심을 가져도 회사에 대한 불평불만보다는 임금 협상을 그리 특별한 이슈가 아니라 일상적으로 하는 회사 업무 중의 하나로 인지하게 한다. 그렇게 함으로써 임금 협상으로 인한 노사 간에 갈등이 심화되지 않도록 소통 활동을 전개한다. 그런 메커니즘을 알고, 임금 협상에 너무 민감하게 반응하면 결국 조업 불안정을 초래하고 경영의 파이가 줄어, 장기적으로 볼 때 양쪽 다 피해를 보게 된다는 점을 인지하는 것이 필요하다.

이처럼 직장 소통은 동반성장에 초점을 둔 소통이라는 점에서 일반적으로 직장 밖에서 하는 소통과 크게 다르다는 점을 인지하고, 소통에 임하는 것이 필요하다. 그렇지 않고 일반적인 커뮤니케이션 스킬을 들먹이면서 직장 밖에서 하는 것처럼 그런 스킬에 입각하여 소통을 해야 한다고 주장한다면 낭패를 볼 확률이 높다. 왜냐하면 직장에서의 소통을 잘하는지 못하는지의 여부를 최종적으로 동반성장을 추구하는 경영자가 평가를 하기 때문이다.

직원들의 성향에 따라 직장 소통의 향방이 바뀐다

회사 생활을 오래 하다 보면 해마다 특별한 이슈가 발생되었을 때 회사 측에서 어떤 전략적인 소통을 하는지를 알게 된다. 그렇다. 직장 소통은 매월, 매 분기 유사한 패턴이 반복되는 소통이다. 그런데 아이러니한 것은 회사가 일정한 패턴에 따라 소통을 한다는 것을 알면서도 직원들은 그것을 크게 의식을 하지 않으며 소통을 한다는 것이다. 즉 회사의 패턴적으로 행하는 소통전략에 이의를 제기하거나 특별히 이견을 갖지 않고 맹목적으로 순응한다. 왜냐하면 오랜 기간 회사의 그러한 소통 패턴에 익숙해지도록 길들여졌기 때문이다. 그래서 관례대로 그런 패턴으로 소통을 한다는 것을 이미 자연스럽게 받아들이는 것이다.

회사가 왜 그러는지 그 속내를 빤히 알면서도 그다지 불평불만을 하거나 항의하지 않는 사람들은 오랜 기간 회사 생활에 중독되어 있다고 보면 된다. 그렇게 중독된 사람들은 그러한 소통 패턴이 회사의 문화이고 오래도록 관례대로 해온 전통이라고 생각한다. 또 특별히 항의를 해도 크게 변할 것도 없고 오히려 항의를 하면 회사 정책에 반하는 행위를 하는 부정적인 직원으로 낙인될 여지가 있기 때문이다. 또 다른 사람들도 불평불만을 토로하지 않기에 자기 역시도 자연스럽게 그러한 현상을 받아들이는 것이다.

일반적으로 침묵하는 사람으로 인해 정치가 퇴색하고 묵인하는 사람으로 인해 정치가 나쁘게 변질된다는 말이 있는데 회사형 소통에도 그 말은 여지없이 적용된다. 그렇게 회사 소통 정책에 대해서 불평불만이 있어도 침묵하고 회사의 부당한 처사를 묵인하는 사람들은 급격한 변화보다는 안정된 진화를 추구하는 보수 성향을 보인다.

한편 회사의 전략적인 패턴에 중독되지 않은 신세대들은 급진적인 진화를 꾀하려고 한다. 그들은 급격한 변화로 인해 회사의 전략적인 소통에 문제가 있고 이를 개선해야 한다고 항의성 의견을 제시한다. 그래서 그런 신세대 성향의 직원들은 보수가 아닌 진보로 분류가 된다. 이에 더하여 대부분 모든 상황에 대해 오롯이 침묵으로 일관하는 묵묵부답의 성향을 가진 직원들은 중도라고 보면 된다. 이처럼 회사에도 회사 밖에서와 같이 소통의 진보와 보수 그리고 중도로 분류가 된다는 점을 인지하고 소통을 해야 한다.

이슈 뒤에 숨어 있는 핵심 이슈를 찾는다

회사형 소통을 할 때는 회사에서 전략적으로 소통 이슈를 정해서 전략적으로 소통을 하는 이유가 무엇인지를 아는 것이 중요하다. 왜 이 시점과 이런 상황에서 그러한 소통 이슈로 소통을 하려고 하는 것일까? 회사가 그러한 소통 이슈를 전략적으로 이슈화해서 업무적으로 어떠한 변화를 기하려고 하는 것일까? 회사가 행하는 전략적 소통 이슈가 어느 부서에서 주관이 되어 기획되었고 또 그러한 소통 이슈를 특별 관리하는 부서는 어디인가를 아는 것이 매우 중요하다. 왜냐하면, 회사에서 전략적으로 행하는 소통 이슈가 어느 부서에서 기획하고 어느 부서에서 전담을 하는가를 보면 회사가 얻고자 하는 목적이 무엇인지를 어느 정도 알 수 있기 때문이다.

회사가 이슈화하는 소통으로 인해 얻고자 하는 것이 무엇인지를 알게 되면 회사가 향후 어떤 방향으로 나아갈 것인가를 예측할 수 있다. 또 경영층이 무슨 생각을 하고 회사에서 직원들을 위해 혹은 조직을 위해 무슨 전략을 구사할 것인지 등 회사가 후속적으로 추구하려는 소통전략을 어느 정도 파악할 수도 있다.

회사에서 전략적으로 이슈 소통을 할 때는 직원들에게 매우 민감한 주제나 전(全) 직원의 관심을 끌어모을 수 있는 테마를 소통 이슈로 정한다. 일례로 앞서 말했듯이 회사는 직원들이 임금 협상에 너무 민감한 반응을 보이지 않도록 하기 위해, 금연, 차량 2부제, 출퇴근시간 등 비교적 많은 직원들의 관심을 끌어모을 수 있는 소통 이슈를 정해서 소통한다. 그렇게 하면 임금 협상에 대한 관심에서 금연 등의 이슈로 관심이 옮겨가게 된다. 이로 인해 임금 협상에 대한 관심도가 떨어지게 된다. 그렇게 하면 회사가 직원들의 건강을 염려해 준다는 명분을 얻게 되고, 직원들이 현장 조업에 집중하게 되어 생산성 향상을 기할 수 있는 이익을 얻을 수 있다는 점에서 명분과 실리라는 두 마리 토끼를 다 잡게 된다. 대부분의 직원들은 그러함을 알기에 일순간 격한 반응을 보이지만 결국은 회사 정책에 따른다. 왜냐하면 장기적으로 볼 때 그러한 회사 정책이 그릇됨이 없고, 이치에 맞으며 순리에 맞기 때문이다.

6장.

성과가 흐름을 만든다

소통 성과와 경영 성과는 일맥상통한다

소통이 잘되는지 안되는지 그것을 평가하는 기준은 사람의 관점에 따라 달리 해석되기 마련이다. 그런데 직장 소통은 현장에서 소통이 잘된다고 하더라도 경영자 입장에서 소통이 전혀 안되고 있다고 생각할 수 있고, 현장에서 불통을 한다고 하더라도 경영자 입장에서 소통이 잘되고 있다고 생각하는 소통이다. 더 중요한 것은 현장이 소통이 잘되는지 혹은 불통을 하고 있는지를 경영자에게 보고하는 사람이 어떻게 보고를 하는지에 따라 경영자의 판단이 달라질 수 있다는 점이다. 사실 경영자는 현장이 소통이 잘되든 안되든 전혀 상관하지 않는다. 현장의 소통과 불통이 중요한 것이 아니라 대내외 경영 환경이 어떻게 변하고 있고 경영 실적은 어떠한지를 더 중시한다. 그래서 현장이 소통이 잘되어도 경영 실적이 저조하고 설비사고나 안전사고가 발생하면 좋은 평가를 받지 못한다. 또 이와 반대로 현장이 불통이 심하고 혼란스러워도 경영 실적이 좋고 조업이 원활하게 돌아가면 불통 상태를 크게 문제 삼지 않는다. 그러므로 직원들 입장에서 소통이 잘 되는 조직을 만들 요량이면 가장 우선적으로 경영 성과를 좋게 하는 데 역점을 두어야 한다. 아울러, 경영자 입장에서는 경영 이익을 창출하기 위해서는 무엇보다 소통 경영이 우선되어야 함을 인지하고, 소통이 잘되는 조직을 만드는 데 역점을 두어야 한다. 왜냐하면 소통이나 불통에 관심을 갖지 않는 것은 경영 성과에 관심을 갖지 않는 것과 같기 때문이다.

직원들은 경영자와 소통하면 소통이 잘된다고 생각한다

경영자들은 회사 경영방침이나 전략이 현장 직원들에게 잘 전달되고, 경영자가 말하는 사항이 현장에 잘 구현이 되고 있는지를 소통과 불통의 판단 기준으로 삼는다. 즉 현장 직원들이 소통을 아무리 잘해도 현장의 목소리가 경영자에게 전달되지 않거나 경영 성과를 달성하기 위한 실행 전략이 현장에 구현되지 않으면 소통이 잘되는 조직이 아니라고 생각한다. 이와는 달리 현장 직원들은 자기들의 애로사항과 현장의 고질적인 문제점이 경영자에게 사실대로 혹은 있는 그대로 잘 전달되면 경영자와 소통이 잘 된다고 생각한다.

간혹 직장에서 중요한 경영정보를 주고받기 위한 목적으로 소통을 했는데 본말이 전도되어 오해를 하거나 불통의 골이 깊어지는 경우도 있다. 즉, 중요한 것과 중요하지 않은 것이 뒤집혀 혼란스러운 상황이 생기게 된다. 모든 일에는 우선순위가 있기 마련인데, 이 순서가 잘못되어 중요한 일이 소홀히 여겨지고, 사소한 일에 지나치게 집중하는 현상이 생기게 된다. 그래서 경영자는 실시간으로 직원들과 소통을 하려는 경향을 보인다. 왜냐하면 현장 직원들에게 전달된 경영 전략이 본래의 목적에 맞게 잘 실행되는지를 파악하여 시의적절한 대안을 마련해야 하기 때문이다.

한편으로 생각하면 경영자는 직원들의 말 속에서 그들이 진정 원하는 것이 무엇인지를 올바르게 볼 수 있는 눈을 지녀야 한다. 말 속에도 뼈가 있다는 언중유골(言中有骨)이라는 말이 있듯이 직원들이 하는 말 속에 담긴 진의를 아는 것이 무엇보다 중요하다. 그러기 위해서 경영자들은 평소 직원들을 세심하게 관찰하고, 실시간으로 직원들의 동향을 알아야 한다. 물론 그렇게 하지 않는다고 해서 소통이 잘 안되는 조직이라고 단정할 수는 없다.

참고로, 우리가 말귀를 이해하지 못하고 무관심으로 일관하면서 서로 소통을 하지 않는 불통인 상태도 소통을 하고 있는 것이라고 할 수 있다. 왜냐하면, 우리는 소통이 되지 않는 상태를 불통이라고 하는데 불통의 상태 역시 어느 정도 소통을 하고 있는 상태에서 생기는 것이기 때문이다. 마치 시냇물이 흐르지 않는다고 해서 시냇물이 아닌 것이 아닌 것처럼 불통의 상태에 있다고 해서 소통이 죽어 있는 상태의 불통은 아니다. 같은 공간에서 숨을 쉬고 있는 것 자체만으로 이미 소통을 하고 있는 것이다.

7장.

직장 소통은 권력을 먹고 산다

각자에게 주어진 역할과 책임을 다하는 것이 직장 소통이다

『논어』에서 공자는 "임금은 임금다워야 하고 신하는 신하다워야 하며 아버지는 아버지답고 아들은 아들다워야 한다"고 말한다. 한마디로 말해서 이름값을 하라는 말이다. 임금이 임금답지 않고 주색잡기에 빠져 있으면 나라가 망하고 신하가 제 역할을 하지 않고 사리사욕을 챙기면 민생이 도탄에 빠지게 된다. 또 아버지가 아버지로서 역할을 다하지 못하면 한 가정이 무너지고 자식이 자식답지 못하면 불화가 생기게 된다. 마찬가지로 회사에서 소통이 잘되기 위해서는 상사는 상사다워야 하고, 부하는 부하다워야 하며, 임원은 임원다워야 하고, 리더는 리더다워야 하며, 일반 직원은 일반 직원다워야 한다. 이 말은 제각각 자기에게 주어진 역할과 책임을 다해야 한다는 말이다.

누구나 리더가 되고 임원이 되면 소통을 잘하는 조직 분위기 조성을 위해 직원들의 의견이나 건의사항을 경청해서 최대한 직원들의 편의를 높여 주겠다고 호언장담을 한다. 하지만 모든 리더들이 조금의 시간만 지나면 도루묵이 된다. 그래서 직원들과 소통을 잘하겠다고 말하는 상사나 경영자를 대하면 그냥 알면서도 속아주는 척을 한다. 상사나 임원은 자기 재임 기간에 자기 실적을 올리고 승진을 위해 직원들을 이용할 것이라는 것을 알고 있기 때문이다. 그래서 자기가 희생양이 되지 않기 위해서 자기 나름으로 자기만의 방어 전선을 구축한다. 또 상사나 임원에게 간과 쓸개까지 모두 내어줄 정도로 충성을 하지 않는다. 언제든 토사구팽을 당할 수 있기 때문이다.

공자의 정명론에 부합되게 회사의 모든 임직원들이 그 역할과 책임을 다한다면 소통이나 불통을 언급할 필요가 없어 회사 경영이 잘 돌아가게 될 것이다. 간혹, 리더나 임원 중에는 공적인 이익보다 사적인 이익을 취하고 조직의 안위보다 개인의 안위를 위해 출세와 승진에 목을 매는 사람도 있다. 또 일반 직원 중에는 회사에서 사적인 용무를 보거나 근태 기준과 회사의 제반 기준을 준수하지 않는 사람도 있다.

앞서 말했듯이 직장은 수직적인 조직이면서 마치 수평적인 조직인양 쇼를 하며 수평적인 소통을 강조하는 곳이다. 엄연히 공식적으로 상하 간 위계질서를 중시하는 수직적인 조직체계를 갖추고 있으면서 마치 겉으로는 수평적인 소통을 독려하는 것은 양두구육(羊頭狗肉)에 상응하는 말도 안 되는 모순이다.

여하튼 수직적인 소통이든 수평적인 소통이든 소통을 해야 하는

데 회사에서 상사와 일반 직원, 경영진과 리더가 소통이 되지 않는 가장 중요한 이유 중 하나는 서로가 서로를 인정하지 않는 것에 있다. 일반 직원은 리더를 리더로 인정하지 않고 리더는 일반 직원을 좋은 방향으로 이끌어야 하는 사람으로 인정하지 않는 것에 있다. 그에 대한 근본적인 원인 중 가장 큰 원인이 임원이 임원답지 못하고, 리더가 리더답지 못하며, 직원이 직원답지 못하기 때문이다.

직장에서는 서열을 중시하는 소통을 해야 한다

로마의 위대한 정치가 율리우스 카이사르는 "인간은 누구나 모든 것을 보지 못한다. 많은 사람들이 자기가 보고 싶어 하는 것만 본다"고 말했다. 이처럼 사람들은 자기가 보고 싶어 하는 것을 보고자 하는 본능이 있다. 특히 직장에서는 자기에게 주어진 역할과 책임에 따라 보고자 하는 바가 서로 다르고, 자기가 위치하고 있는 자리에 따라 보고자 하는 바가 모두 다르다. 더군다나 회사의 속성상 보고자 하는 바도 자기 마음에 따라 결정되는 것이 아니라 시기와 상황에 따라 그 보고자 하는 바가 달라진다는 것에 주목할 필요가 있다.

일례로 자기가 특정한 설비에 대한 메커니즘에 관심을 가지고 그 점에 대해서 상세한 내역을 알고 싶다고 해도, 임원이나 상사가 설비보다는 안전에 대한 이해가 우선이라고 말을 하면 그에 따라 안전을 먼저 이해하는 데 집중하게 된다. 왜냐하면 직장은 수직적인 서열주의이기 때문이다.

유교적인 문화에서는 위아래 서열이 매우 중요하다. 서열이 유지되지 않으면 유교적인 모든 질서가 흐트러지기 마련이다. 그래서 회사는 서열을 무시하거나 인정하지 않는 행위에 대해서는 엄벌에 처한다. 또 설령 상하 간에 소통이 되지 않아도 위계질서를 준수하며 서열에 따라 조직이 운영되면 그것으로 소통이 잘되는 조직이라고 자평한다.

서열을 중시하는 소통을 악용하는 리더도 있다

많은 리더들이 동양의 군주론으로 불리는 『한비자』를 읽는다. 이 책은 리더들의 필독서라고 해도 과언이 아니다. 리더들은 자기의 권력을 강화하여 리더십을 강하게 하기 위한 일환으로 이 책을 읽는다. 이 책에서는 군주(리더)는 전적으로 신하(팀원)를 믿지 말아야 하고 불신하되, 신하(팀원)들이 군주(리더)를 믿도록 해야 함을 강조하고 있다. 또 도덕적인 리더나 관대한 리더가 되기보다는 두려움을 느끼게 할 정도로 무서운 리더가 되어야 하며, 자기의 입지를 견고하게 하기 위해 세력을 강화해야 함을 말하고 있다. 또 리더십의 영향력을 온전히 발휘하기 위해서는 사람들과 적정 거리를 유지하면서 신비로운 인상을 풍겨야 한다고 말한다. 심지어는 팀원들이 쳐 놓은 덫에 걸리지 않기 위해 여우가 되어야 하고, 힘이 있는 늑대 같은 팀원이 힘으로 자기를 위협할 수 있으므로 용맹함을 갖춘 사자와 같은 리더십을 발휘해야 한다고 말한다.

『군주론』과 『한비자』에 준하여 리더십을 발휘하는 리더들이 있는 한 진정한 소통은 어렵다고 보는 것이 타당하다. 그런 리더들은 조직을 사유하고 팀원들까지도 사적인 일을 하도록 하게 하는 갑질의 성향을 보일 확률이 높다. 물론 리더들 중에는 팀원들보다 낮은 위치에서 겸손하고 겸허하게 진정으로 소통을 하면서 긍정의 좋은 조직 문화를 이끌어 가는 리더도 있다. 문제는 그런 리더보다 그렇지 않은 리더가 더 많다는 점이다. 특히 직장에서는 승진과 조직의 성과 창출을 위해 사적인 영역으로의 접근을 허락하지 않으며 순도 100% 공적인 업무상의 관계선상에서 소통을 하는 리더도 적잖다.

이상과 같이 교활한 전략으로 자기의 리더십을 강화하고 자기의 위치와 기반을 공고히 하려는 리더들이 있는데, 이런 유형의 리더가 있는 조직에서 진솔하게 소통을 한다는 것은 어불성설이다. 이런 리더는 자기의 입지를 공고히 하기 위한 수단으로 소통을 악용하는 것이라고 할 수 있다.

상사의 기분에 따라 소통의 흐름이 바뀐다

조직원이 상사를 신뢰하는 만큼 상사도 조직원을 신뢰할까? 분명히 그 신뢰도에 차이가 있을 수 있다. 중요한 것은 특별한 경우가 아닌 한, 조직원이 상사에게 하는 언행과 태도가 상사가 조직원에게 하는 언행과 태도이고 그것이 신뢰도에 영향을 준다는 점이다.

일반 직원들이 상사에게 받는 스트레스로 인해 힘들어하는 것과 마찬가지로 상사 또한 일반 직원들에게 받는 스트레스가 상당하다. 그러므로 상사는 스트레스를 받지 않을 것이라는 생각을 하지 말자. 상사도 사람이다. 상사는 위로부터 끊임없이 압박을 받고, 다면평가에 대한 직원들의 평가에도 신경을 써야 하기 때문에 그에 따른 스트레스가 무척 심하다.

직장 소통의 특징 중 하나는 경영자나 상사의 기분에 따라 소통의 환경이나 분위기가 크게 바뀐다는 점이다. 상사의 기분이 좋으면 소통의 분위기가 화기애애하고 그렇지 않으면 마치 살얼음 위를 걸어가는 것과 같이 초긴장 상태가 된다. 이는 소통을 위한 소통이 아니라 상사를 위한 소통, 통하는 소통이 아니라 불통의 벽을 두텁게 하는 소통을 빙자한 엄연한 불통이다. 소통을 하자고 호통을 친다고 하는데 이런 상사와의 소통이 바로 호통에 버금가는 소통이다.

조직원들이 상사의 눈치를 봐야 하고 상사의 일거수일투족에 온전히 신경을 쓰면서 소통을 한다는 것은 여간 불편하기 짝이 없는 소통이다. 그래서 악랄한 상사라는 말의 의미에는 항상 소통을 불통으로 만들고, 화끈하게 달궈진 조직 분위기를 일시에 식혀버리는 사람이라는 불통의 의미가 담겨 있다.

강자는 자기가 보유한 힘을 자랑하고 싶어 한다

일반적으로 권력자는 그 권력이 갖고 있는 힘이 얼마나 강한가를 실험하고 싶어 하는 욕구가 있다. 그래서 상사는 자기의 말 한마디가 미치는 영향력을 시험하고 싶어서 조직원들에게 지시하고 통제를 하기도 한다. 자기의 말 한마디에 의해서 모든 일이 척척 진행되고 실행되는 것을 보면서 무슨 일이든 남에게 시키는 것이 습관으로 자리하게 된다. 그래서 그러한 습성이 몸에 배어 있는 탓에 조직원과 소통을 할 때에도 그러한 기질과 습성을 여지없이 드러낸다. 그런데 조직원이 아닌 사람과 대화를 할 때와 조직원과 대화를 할 때의 억양, 말투, 그리고 태도를 현저하게 달리한다. 일례로 일반 사람들과 대화를 할 때는 겸손하고 다소곳하게 대화를 하다가도 조직원과 대화를 할 때는 어깨에 힘을 주고 카리스마 넘치는 모습을 보인다. 이처럼 상사나 경영자에게 있어서 다수가 모이는 소통의 자리는 자기의 권력을 시험 삼아 확인해 보는 자리이고 조직의 기강을 확립하는 자리다. 겉으로는 마음의 문을 활짝 열고 허심탄회하게 진심으로 소통을 하는 대화의 장이라고 하지만 상사의 속내는 조직원들이 자기의 말에 순종하고 복종하도록 하는 분위기를 자아내기 위한 소통의 자리이다. 아울러 자기의 마음을 굳게 닫아놓고 조직원들은 여과 없이 마음의 문을 활짝 열어야 한다고 말한다. 그런 사람을 뻔뻔하기 그지없는 철면피라고 나쁘게 말하는 사람은 직장의 생리와 속성을 잘 모르는 사람이다. 왜냐하면 앞서 말했듯이 인간은 힘을 가지고 있으면 그 힘이 어느 정도의 힘을 발휘하는지를 알고 싶어하는 본능을 가지고 있기 때문이다. 이 말은 다시 말해서 상사나 경영자도 사람이기 때문에 본능적이고 필연적으로 그렇게 한다는 것이다. 그것을 나쁘게만 생각하지 말고, 그렇게 하는 사람이 리더나 상사이고 그 자리에 오르면 그럴 수밖에 없다는 생각으로 리더나 상사를 바라본다면 소통이 잘되는 조직을 만드는 데 별다른 문제가 발생하지 않을 것이다.

8장.

보고는 직장 소통의 첫 관문이다

상사는 보고에 사활을 건다

보고는 회사 경영의 수단이자 방법이다. 보고로 시작해서 보고로 끝낸다는 말이 있듯이 회사는 보고를 통해 모든 것을 교류하고 소통한다. 어쩌면 보고라고 쓰고 소통이라고 읽어도 무방하고 보고라는 말을 경영이라는 말로 해석해도 크게 그릇됨이 없다. 그 정도로 회사는 보고를 먹고 산다. 또 보고는 회사 정보가 유통되는 통로이자 회사의 모든 정보를 담아내는 그릇이다.

상사의 지시 사항에 대한 보고, 자신의 업무에 대한 특별 이슈 보고, 설비사고나 안전사고 보고 등 보고의 종류는 그야말로 셀 수 없이 많다. 어떻게 보면 상사와 소통하는 모든 내용이 보고의 내용이고, 그 내용들이 회사를 움직이는 동력이 된다. 실제로 회사에서 업무를 하다 보면 보고를 하지 않는 날이 거의 없다. 출근해서 인사를 하는 것도 일련의 근태 보고이다. 또 퇴근할 때 퇴근을 한다고 말을 하는 것 역시 보고이다. 간혹 보고를 하지 말라는 상사의 지시에 의해 보고를 하지 않겠다고 말을 하는 것 역시도 보고이다. 또 엘리베이터에서 신변잡기에 대해서 말하는 것도 상사의 입장에서는 보고로 간주한다. 또 가정적으로 특별한 이슈가 있어서 상사에게 사적으로 말하는 것도 보고의 일종이다.

일반적으로 보고는 주로 아랫사람이 윗사람에게 한다. 윗사람이 아랫사람에게 지시하면 아랫사람이 그 사항에 대해 보고하고 그 보고를 들은 윗사람이 그 내용을 듣고 다시금 그 내용과 관련하여 코칭도 하고 추가적으로 덧붙여 지시를 하기도 한다. 지시하고 보고를 받고 보고 내용을 듣고 다시금 지시하고 그 사항을 다시금 보고하는 과정에서 추가적인 지시를 하는 등 보고는 한 번 물꼬가 터지면 여간해서 정지되지 않는 속성을 지녔다. 특히 보고 내용에 대해 문외한이거나 비전문성을 가지고 있는 상사라면 그 보고의 횟수가 늘어날 수밖에 없다. 왜냐하면 보고를 받는 상사가 보고 내용을 보면서 해당 내용에 대해 학습을 하기 때문이다. 아울러 보고 내용을 듣고 학습하는 과정에서 의문 사항이 발생하면 그 사항을 해소하기 위해 별도의 지시를 하기도 한다. 그런 점에 착안하여 상사에게 보고를 할 때는 상사의 입장에서 털끝만큼도 의문 사항이 들지 않도록 세밀하게 보고하는 것이 필요하다. 아울러 필요하다면 사전에 상사가 어떤 형태의 보고를 선호하는지를 알고 임하는 것이 좋다.

보고는 최고 고난도의 직장 소통이다

대부분 상사의 지시는 상사 개인이 필요해서 지시를 하고 보고를 받는 경우도 있지만 대부분 상사의 상사로부터 지시를 받아 그에 대해 지시를 하는 경우가 태반이다. 어쩌면 상사의 상사 또한 그 상사의 상사에게서 지시를 받고 지시를 하는 것일지도 모른다. 그래서 상사에게 보고한 내용은 상사가 상사의 상사에게 보고를 하는 기초자료가 된다고 생각해야 한다. 즉 상사는 일반 직원에게 지시한 사항에 대해 보고를 받고 그 보고 받은 것을 토대로 다시금 자기 상사에게 보고를 하기 위한 보고서를 작성한다. 아울러 상사가 상사의 상사에게 보고한 보고서는 다시금 상사의 상사인 임원에게 최종적으로 보고를 하기 위한 보고서 작성 자료의 토대가 된다.

『성공하는 사람들의 7가지 습관』의 저자인 스티븐 코비 박사는 "성공하는 사람들은 끝을 생각하면서 일을 한다"고 말한다. 즉 일의 시작 단계에서 일의 결과를 생각하면서 일을 한다. 그렇게 하면 일의 결과인 끝을 향해 일관되게 하기 때문에 비교적 시행착오를 적게 겪을 수 있다. 그렇지 않고 아무 생각 없이 업무를 하다 보면 일이 전혀 엉뚱한 방향으로 흐를 공산이 크다. 이와 마찬가지로 상사에게 보고를 할 때는 상사에게 지시한 상사의 상사에 대한 성향을 알고 보고서를 작성하는 것이 필요하다. 그래서 상사가 보고서를 작성하는데 상사의 상사 입맛에 맞는 보고서를 꾸밀 수 있게 해야 한다.

상사는 보고서에 사활을 거는 직장인이다. 왜냐하면, 보고를 잘하면 그것이 업무를 잘하는 것으로 평가받기 때문이다. 일을 열심히 해서 높은 성과를 내고도 보고를 못해서 그에 상응하는 평가나 보상을 받지 못하는 사람도 있다. 그런 사람이 평가를 제대로 받지 못하는 이유 중 하나는 상사가 알지 못한 상태에서 혼자서 자기 마음대로 업무를 했기 때문이다. 상사의 입장에서 볼 때 보고를 하지 않고 일을 하는 것은 사적일 일로 간주하기도 한다. 또 상사를 우습게 보고 혼자서 개인 사업을 하듯 업무를 한다고 생각하기도 한다. 또 속이 좁은 상사는 자기보다 성과를 많이 내는 직원을 오히려 시기하고 질투를 하기도 한다. 그러므로 회사에서 행하는 모든 일은 상사에게 보고를 하고 상사가 모르는 일은 아예 하지 않는 것이 오래도록 조직에서 살아남는 비결이다. 왜냐하면 상사는 일을 잘하는 직원보다 보고를 잘하는 직원을 더 좋게 생각하기 때문이다. 즉 제아무리 일을 잘해도 상사에게 보고를 하지 않으면 일을 하지 않고 가만히 침묵하는 직원보다 좋은 평가를 받지 못하는 것이 직장 생활의 속성임을 명심해야 한다.

보고하는 태도가 소통하는 태도이다

상사가 자초지종을 이야기하지 않고 뜬금없이 어떠한 지시를 해도 그 지시 사항에 대해 토를 달지 말고 '알겠습니다', '그렇게 하도록 하겠습니다', 혹은 '즉시 그 사항을 실행하겠다'고 말을 해야 상사로부터 좋은 평가를 받을 수 있다. 또 모호한 지시 사항에 대해 의문이 들거나 이해를 못 하는 부분이 있다면 다시금 보고 과정에서 추가적으로 지시를 받으면 된다. 그러는 과정에서 상사와 소통을 하는 것이고 그렇게 소통하는 것을 상사는 좋아한다. 어쩌면 애초에 자기가 이해할 수 없게 지시를 한 것은 상사가 상사의 상사로부터 이해할 수 없는 지시를 받아서 그럴지도 모른다. 또 상사가 모호하게 이해하고 있는 상황이지만 시일이 촉박해서 아니면 직원은 알고 있을 것이라는 생각에서 모호하게 지시를 한 것인지도 모른다.

상사가 업무 지시를 한 것은 나는 당신과 업무를 통해 소통을 하고 싶다는 묵시적인 구애의 표현이다. 그러므로 상사에게 지시를 받아도 언짢아하거나 불평하지 말고 순응해야 한다. 그렇지 않고 저 상사는 일단 보고를 하면 오히려 더 많은 지시 사항을 혹으로 붙여온다고 생각해서 일부러 보고를 자주 하지 않으려고 하는 것은 상사와 소통의 기회를 날리는 것과 같다.

회사 생활을 잘하는 사람은 상사와 자주 소통하는 사람이고, 상사에게 인정을 받는 사람들은 공통적으로 상사에게 업무적으로 보고를 자주하는 사람이다. 상사에게 수시로 보고하고 자신의 업무에 대해서 상사에게 수시로 알리는 사람이 상사에게 인정을 받는다. 그런 점에 착안하여 승진이나 인사 평가 고득점을 얻고 싶다면 우선적으로 상사가 지시하고 지침을 내리기 전에 사전에 무엇을 보고해서 상사와 소통을 할 것인가를 고민하는 것이 필요하다.

9장.

주변 환경이 거칠면 조직도 흔들린다

경영이 악화되면 가장 먼저 낭비를 줄인다

회사가 경영이 악화되고 어려운 상황에 처하면 제일 먼저 낭비를 줄이고 허리띠를 졸라매는 극한의 원가절감 활동을 한다. 일반적으로 낭비라고 생각되는 것을 줄이고 생산과 품질 향상에 도움이 되지 않는 간접 비용을 줄인다. 이때 가장 먼저 예산을 줄이는 항목으로 거론되는 것이 바로 소통 활동비다. 그래서 대부분의 회사들은 포상 예산, 교육 예산, 소통 예산, 출장비, 인건비, 노무비, 조직활성화비 등 최우선적으로 경영 이익에 직접적으로 영향을 주지 않는 비용을 줄인다.

무엇보다 인재 양성을 최우선으로 경영한다는 인재경영을 하는 회사나, 긍정의 소통 조직 문화를 형성하여 직원들이 행복한 직장 생활을 영위하게 한다는 행복경영을 추구하는 회사도 경영이 악화되면 가장 우선적으로 간접비용을 줄인다. 물론 위기 상황에 처하면 오히려 간접 비용을 늘려서 재도약의 발판을 마련하는 회사도 있지만, 장기적으로 불황이 예측되는 상황에서는 여지없이 간접비를 줄이는 것이 경영의 기본적인 방책이다.

일반적으로 회사의 소통 활동에는 돈이 투여되기 마련이다. 돈이 없으면 소통이 불가할 정도로 모든 것이 돈과 연관되어 있다. 엄밀하게 따져 말해서 소통에 들어가는 비용은 생산과 직결되지 않는 간접비용이다. 그러기에 원가절감 1순위로 거론되는 것이 소통 비용이다. 이에 더하여 인건비를 줄이고 조직의 효율성 증진을 위해 인원 합리화나 구조조정을 실시할 때 가장 먼저 해체되는 조직으로 거론되는 곳이 바로 소통 조직이다. 경영자 입장에서 볼 때 소통 조직은 있으나 없으나 크게 표가 나지 않는 조직이다.

가시적으로 회사가 소통이 잘되는 조직으로 내보일 수 있는 방법 중 하나는 회사 내에 별도의 소통 조직을 만드는 것이다. 그런데 경영이 악화되면 가장 먼저 없애는 것이 소통 조직이라는 점을 감안하면 회사 경영의 본질이 소통에 있는 것이 아니라 경영 이익에 있다는 것을 반증한다. 참으로 애석한 일이 아닐 수 없지만 어쩔 수 없다. 그래도 다행인 것은 노사 간에 임금 협상 과정에서 갈등이 발생되거나 경영자와 노조 간 갈등으로 인해 조직 분위기가 혼란스러운 경우에는 소통의 중요성이 강조된다. 그런 경우에는 소통 비용을 낭비로 산정하지 않는다. 하지만, 조직이 안정되고 경영이 안정되는 등 소통을 하지 않아도 크게 문제가 되지 않는 분위기 속에서는 소통 비용을 낭비로 본다. 굳이 소통에 따른 비용을 부담하지 않아도 조직 분위기가 안정되어 있는 상태에서 괜히 소통을 운운하며 야단법석을 떨 이유가 없기 때문이다.

바야흐로 노동자를 위한, 노동자에 의한, 노동자 중심의 경영이 나날이 중시되고 있다. 이제는 장기적으로 볼 때 소통 활동비를 경영 여건에 따라 책정하는 변동비를 볼 것인지, 아니면 위기 상황에 처하면 오히려 소통 활동비를 더 늘려야 할 것인지를 심사숙고해서 헤아려 봐야 한다.

회사는 노사 안정을 위한 소통을 원한다

때로는 회사는 직원들이 서로 반목하고 갈등 속에서 불통의 분위기를 유지하는 것을 좋아하는 경우도 있다. 내심 직원들이 경영 이익에 크게 도움이 되지 않는 소통 활동을 하고 생산과 직결되지 않는 업무 외적인 일로 소통행사를 하는 것을 그리 좋아하지 않는다. 경영자 입장에서 볼 때 소통행사를 할 시간에 생산을 하면 생산성이 늘어나는데 굳이 노무비가 들어가고 생산성이 오히려 감소하는 그런 행사를 하는 것을 좋아할 리는 없다. 또 소통 인재 양성을 위해 직원 교육을 시키고 비용을 들여 소통 관련 도서를 배포하는 등은 어쩌면 사치라고 생각할 수 있다. 그럼에도 불구하고 소통 활동을 전문적으로 하는 조직을 만들고 소통 전문가를 양성하기 위한 교육에 투자를 하는 근본적인 이유는 노사 안정을 꾀하기 위해서이다.

무지한 사람은 시키면 시키는 대로 행한다

직원의 역량 개발을 최우선으로 회사가 인재경영을 하는 목적은 직원을 우수한 인재로 양성하여 회사 경영 이익을 극대화하기 위함에 있다. 인재 한 사람이 수천 명의 직원을 먹여 살린다는 고(故) 이건희 회장의 천재 경영은 지극히 당연한 말이다. 왜냐하면 군계일학(群鷄一鶴)에 버금가는 정도로 뛰어난 인재를 보유한 조직이 그렇지 않은 조직에 비하여 많은 성과를 창출하기 때문이다. 그래서 회사는 장기적인 안목으로 회사 경영 이익 극대화를 위해 인재 양성에 많은 투자를 한다. 그런데 문제는 평소에 회사 정책에 순응하고 긍정적인 태도로 업무에 열정을 다하는 직원이 앎의 영역이 넓어지고 역량이 높아질수록 회사의 정책에 부정적인 태도를 보이는 경우가 있다는 점이다. 차라리 회사 경영 상황에 대해 전혀 무지한 상태에서 오로지 자기에게 주어진 역할과 책임을 다하면 되는데 아는 것이 많아져서 회사의 정책에 반하는 여론을 형성하여 경영에 부담을 주는 경우도 있다.

배우면 배운 만큼 모르는 것이 더 많아져서 더욱 겸손한 태도로 업무에 임하는 것이 배운 사람이 행해야 하는 도리인데 선무당이 생사람을 잡듯이 섣불리 알게 된 지식으로 오히려 회사 경영에 내정 간섭을 하는 경우가 생기게 된다. 그래서 회사는 마치 진시황이 진나라를 통일한 연후 분서갱유 등을 통해 정치를 했듯이 회사 정책에 대해 부정적인 태도를 보일 것이라는 점을 예측해서 인재 양성에 투자를 하지 않는 경우도 있다. 그렇게 하면 직원들이 무지해서 회사 경영에 간섭하지 않고 현장 조업에만 열중할 수 있기 때문이다. 참으로 아둔하고 아둔한 정책이 아닐 수 없다.

똑똑하고 게으른 영재보다 멍청하지만 부지런한 둔재가 더 낫다

일반적으로 경영자는 직원들이 회사 정책에 순응하고 경영층이 지시한 내용에 대해 순순히 행하는 것을 원한다. 그래서 인재 양성의 폭을 줄이고 회사 업무와 직접적으로 연관이 되지 않는 소통 역량이나 지적 능력을 향상시키는 것에는 소홀히 하는 경향이 있다. 앞서 말을 했듯이 직원들이 리더나 경영층보다 더 뛰어난 역량을 보유하게 된다면 리더십에 미치는 영향력이 크기 때문이다. 경영자는 경영자로서, 근로자는 근로자로서의 역할과 책임을 다하고 리더는 리더로서의 역할과 책임을 다하면 그것이 최고라고 생각한다. 이는 논어에서 공자의 정명론에 바탕을 둔 말로 각자 주어진 역할과 책임을 다하면 서로에게 이익이 되는 회사라고 볼 수 있다. 그런데 문제는 리더가 경영자 역할을 하려고 하고, 직원이 리더 역할을 하려고 한다는 점이다. 또 경영자가 제대로 경영자 역할을 하지 못하고 리더가 리더로서 존재 가치가 없는 경우에는 혼란이 빚어질 수밖에 없다. 회사 측 입장에서는 설령 그런 상황에서도 직원들이 회사 경영에 부정적인 입장을 토로하지 말아야 하고 그것을 감내하며 직원으로서 역할을 다하기를 원한다. 그래서 똑똑한 직원보다 무지한 직원이 오히려 더 낫다고 생각한다. 아울러 회사는 전문적인 실력을 보유하고 회사의 정책에 부정적인 태도를 보이는 직원보다 다소 실력은 없지만 애사심을 가지고 회사 정책에 긍정적인 태도를 보이는 직원을 더 선호한다는 점을 망각하지 말아야 한다.

10장.

돈을 벌어주는 시스템이 오래간다

직장인은 소통이 잘되는 조직을 만들 의무가 있다

우스갯소리로 놀아도 회사에서 놀아야 월급이 나온다는 말이 있다. 그 정도로 회사에서 보내는 시간은 모두 월급으로 환산이 된다. 일의 성과에 따라 월급이 산정되는 성과급제라고 해도 기본적으로 성과를 내지 못해도 생계유지에 필요한 월급을 받는다. 그렇게 볼 때 회사에서 보내는 모든 시간에는 월급이 포함되어 있다.

출근해서 퇴근을 하는 순간까지 1분 1초에도 임금이 부여되어 있다. 그래서 직장인이 회사에 출근해서 잠을 자든 화장실에서 볼일을 보든 간에 회사에서 하는 모든 행동은 돈을 받고 하는 행동이다. 심지어 멍하니 혼자 의자에 앉아 숨을 쉬어도 그 시간이 월급으로 정산된다. 한편으로 생각하면 자기가 하는 일과 일을 통해 창출하는 성과에 견주어 월급이 적다고 생각을 하지만, 결과적으로 회사에서 일을 하든 놀든 간에 그 시간은 월급으로 산정되는 시간이다. 그런 관점에서 볼 때 직장인은 회사에 오면 시간 시간마다 소통을 해야 하고, 불통의 환경이라면 소통이 잘되는 환경을 만들도록 노력해야 한다. 왜냐하면 회사에서 월급을 주는 경영자가 소통이 잘되는 조직을 원하기 때문이다.

엄밀하게 따져볼 때 회사에서 소통을 하지 않고 불통을 하는 행동은 회사의 경영 이익에 반하는 행동이다. 어쩌면 이에 대해 회사 측에 변상을 해야 하는 것인지도 모른다. 왜냐하면 소통을 해서 경영 성과를 창출하라고 월급을 주는데 그에 상응하는 정도의 소통 활동은 고사하고 오히려 경영 이익에 반하는 불통 행위를 했기 때문이다.

만약 상사로 인해 불통이 되고 있다면 그 상사가 경영 이익에 반하는 행동을 하는 주범이고 그에 편승하여 상사의 불통만을 탓하는 일반 직원 역시 경영 이익에 반하는 행위를 하는 공범이다. 그러므로 상사가 불통의 원인을 제공하고 있다면 상사의 불통이 해소되도록 참모로서 역할을 다해야 하고, 불통의 씨앗이 발아되지 못하도록 상사를 잘 보필해야 하는 것을 부하 직원의 몫으로 삼아야 한다.

직장인이 소통을 하지 않는 것은 직무유기이다

회사에서 급여를 받는 직장인이 필연적으로 더불어 함께 직장 동료들과 소통을 하는 것은 지극히 당연하다. 그렇지 않고 출근해서 혼자 주어진 일만 열심히 하거나 다른 사람과 소통을 하지 않는 것은 회사에서 회사 업무로 자기 개인 사업을 하는 것이라고 할 수 있다. 회사에서 행하는 모든 일은 자기 개인의 일이 아니다. 경영을 하는 사람이 시간이 없고 공간적·시간적으로 제약이 따르기에 직장인들에게 급여를 주고 잠시 일을 위탁해 놓은 상태이다. 그런데 회사에서 자기가 하는 일은 자기 책임이라는 생각으로 다른 사람들과 소통을 하지 않고 모든 일을 개인적으로 처리를 한다면 그것은 회사 업무로 자기 개인 사업을 하는 것과 같다.

회사는 직원들이 서로 의견을 나누며 집단 지성을 발휘해야 하는 곳이다. 단순히 개인적으로 사업을 하는 곳이 아니라 여럿이 함께 중지를 모으고 경영 목표를 달성하기 위해 한 방향으로 힘을 모아야 하는 곳이다. 제아무리 능력이 출중하고 역량이 높은 사람도 회사에서는 단순히 회사의 경영 시스템 중의 한 사람에 불과하다. 이는 마치 수많은 톱니바퀴가 서로 맞물려서 돌아가듯이 회사는 직원 수에 상응하는 정도의 톱니바퀴가 서로 맞물려서 돌아가는 곳이다. 그래서 어느 한 사람이 회사가 정해준 규칙과 기준에서 벗어나 개인행동을 하는 것은 회사 경영 프로세스에 장애를 주게 된다는 점에서 올바른 직장인의 태도가 아니다.

직장 소통은 회사의 직원 수에 해당하는 톱니바퀴가 삐걱거리지 않도록 잘 돌아가도록 하는 윤활제와 같다. 제아무리 상호 신뢰하며 조직원들이 소통을 잘해도 계속해서 그런 상태를 유지하기는 그리 쉬운 일이 아니다. 그럼에도 불구하고 경영 프로세스가 원활하게 돌아가도록 하기 위해서는 꾸준히 쉬지 않고 계속해서 소통을 하기 위한 노력을 해야 한다.

교육을 통한 소통은 퇴직 후에도 계속되어야 한다

일반적으로 직장인들은 일을 통해서 성장하는 비율이 70%, 관계를 통해 성장하는 비율은 20%, 나머지 교육을 통해 성장하는 비율이 10%이다. 즉 단순히 배우고 익히는 교육만으로 인재가 양성되는 것이 아니라 대부분 90%에 상응하는 사람들이 일과 관계를 통해 성장한다.

배우고 익히며 지식을 습득하는 과정은 일정한 지점에 이르러서는 종착지에 다다르게 된다. 하지만 지혜는 지식을 출발점으로 하여 경험을 하는 과정에서 쌓이는 것으로 그것에는 한계가 없고 종착지도 없다. 즉 지식은 어느 정도 배우고 익히면 그것으로 끝이 나지만 지혜는 그 지식을 토대로 경험하는 과정에서 만들어지기 때문에 그 길은 무한하다. 그런데 요즘 젊은 후배들은 선배들에게 기술을 배우고 익히려고 하지 않는다. 왜냐하면 자신들이 선배들보다는 더 많이 알고 있다고 생각하기 때문이다. 그런데 중요한 것은 생산 현장은 지혜가 담긴 기술을 알지 못하면 안 되는 곳이다.

책을 통해 배우고 익히는 지식은 언제든 혼자서 배우고 익힐 수 있지만 사람을 통해 배워야 하는 경험 지식이 담긴 기술적인 지혜는 선배로부터 직접 배우고 익히지 않으면 알 수 없다. 그러므로 선배가 억지로 가르치려고 한다고 투덜거리면서 한숨을 내쉬는 것보다는 모든 일에 교훈적인 포인트가 있다는 생각으로 배우고 익히는 것에 중점을 두어야 한다. 그러면 현장에서 하는 모든 일을 대하는데 생명력이 샘솟게 된다. 왜냐하면 배우고 익힌다는 생각만으로 호기심이 생기고 그로 인해 일에 대한 흥미와 활력이 생기기 때문이다.

모든 직장인들은 인생이라는 직장을 다니는 학생이며, 대부분 모든 것을 다 배우지 못한 상태에서 퇴직을 한다. 그럼에도 불구하고 퇴직할 때까지 배우는 학생의 신분으로 사는 것이 우리네 직장인 인생이다. 그래서 직장인의 인생은 배움의 연속선상에 있어야 한다. 즉 퇴직해도 배움이 끝나는 것이 아니라 자기가 배운 것을 후손들이 배울 수 있도록 그 배움의 증거물을 유산으로 남겨야 한다. 이것이 평생 가는 직장인의 소통 여정이다.

회사는 순수 봉사 단체가 아니다

회사는 경영 이익을 내는 조직이지 순수 나누고 봉사하는 그런 조직이 아니다. 평생을 어렵고 힘든 사람을 위해 자기의 일생을 바치는 독지가처럼 경영을 하는 경영자는 없다.

일반적으로 기업은 공동체의 일원으로서 지역사회와 공존하고, 기업 시민으로서 사회적인 역할을 다하기 위해 나눔과 봉사 활동을 한다. 하지만 그렇다고 해서 모든 희생을 감수하면서 경영 이익을 포기하고 순수하게 나눔과 봉사 활동에 올인하는 회사는 없다. 그런데 간혹 회사에서 주로 해야 하는 맡겨진 업무 수행보다는 외적으로 나눔과 봉사에만 주력하는 사람이 있는데 그것은 주객이 전도된 것이다. 마찬가지로 경영 이익을 내기 위한 업무 성과 증진에 주력하지 않고 소통 활동에 주력하는 것 역시도 온전히 나눔과 봉사 활동에 주력하는 사람과 다를 바 없다.

소통을 하는 본질은 경영 이익 극대화에 있다. 즉 소통 활동을 통해 더욱더 많은 경영 이익을 내고자 하는 것이 소통의 본질이다. 다시 말해서 기업은 이익을 창출하는 것에 최우선을 두는 조직이지 소통이 우선이 아니라는 말이다. 그런 관점에서 볼 때 소통은 잘하지만 경영 이익을 내지 못한다면 그 조직은 소통을 잘하는 조직이 아니다. 경영자는 불통이 되어도 경영 성과를 내는 조직을 선호한다. 이 말은 경영의 본질에 충실한 소통을 하는 것이 진짜 소통이지 경영을 무시한 소통은 진정한 직장 소통이 아니다.

11장.

법과 규칙에만 기대면 소통과 멀어진다

회사는 법을 준수하는 소통을 한다

그렇게 하지 않아도 되는데 굳이 그렇게 하는 것은 왜 그럴까? 조업과 생산 그리고 품질에 전혀 이득이 되지 않는데 손해를 보면서까지 그렇게 하는 것은 왜 그럴까? 그렇게 힘든 것도 아니고 돈이 들어가는 것도 아닌데 그렇게 하는 것은 왜 그럴까? 오히려 생산이 저하되고 품질이 나빠지는데 왜 그럴까? 그렇게 하면 직원들의 불평불만도 늘어나고 현장 조업 분위기가 불안정해지는데 왜 그럴까? 굳이 그렇게 하는 이유는 무엇일까? 등 회사가 추진하는 정책들 중에는 상식적으로 전혀 이해가 가지 않는 정책도 있다. 또 당연히 해야 하는 것을 하는 것은 지극히 바람직하지만 하지 않아도 되는데 굳이 추진하는 정책도 있다.

대부분의 회사들이 생산성 저하로 경영에 부담이 많은데 일일이 표준을 지키면서 하라고 말한다. 표준을 지키면 하지 않아도 되는 것도 해야 하고, 빨리해서 생산을 늘려야 하는데 표준으로 정한 규정속도에 준하여 생산해야 하기 때문에 여간 불편한 경우도 있다. 이처럼 현실적으로 맞지 않는 제도와 규정을 준수해야 하는 이유는 회사는 법규와 기준에 준하여 운영되기 때문이다. 그래서 지금 당장 손해 보더라도 향후 법규 위반으로 인해 더 큰 피해를 보지 않으려고 하는 이유에서 그렇게 한다. 또 기준과 표준에서 벗어나 작업 환경에 맞춰 탄력적으로 하다 보면 사람 수에 버금가는 정도로 여러 가지 수단과 방법이 동원되어 혼란을 초래하게 된다. 그래서 회사는 모든 일을 기준과 원칙에 준하여 모든 사람들이 각각의 개성을 발휘하지 않고 동일한 방법과 수단을 이용하여 조업을 하도록 통일성을 유지하고 있다.

회사가 법규에 준하여 운영을 하는 숨겨진 내막에는 그렇게 하지 않으면 노동법이나 근로 기준법을 위반하는 것이기 때문이다. 산업안전보건법이 강화됨에 따라 요즘에는 환경 규제와 안전에 대한 규제도 강화되고 있다. 만약의 경우 유연하고 탄력적으로 직원들이 표준대로 작업을 하지 않고 유연성을 발휘하여 작업을 하다가 사고가 발생한다면, 그 뒷감당을 오롯이 회사가 해야 한다. 일례로 폭염에 온열질환으로 인해 환자가 발생되지 않도록 하기 위해 2시간마다 20분의 휴식을 운영하는 이유 중 하나는 직원의 건강을 우선으로 하는 차원에서 그렇게 하기도 하지만 만약의 경우 그 기준을 지키지 않아서 사망 사고라도 발생하면 회사가 모든 책임을 져야 하기 때문이다. 사실 2시간마다 20분씩 휴식을 취하면 업무 집중도도 떨어지고 생산성이 저하되는 것은 당연하다. 그런데도 불구하고 그 기준을 지키는 것은 정부의 기준이고 법적인 기준이기 때문이다. 그래서 생산성 저하에도 불구하고 그 기준대로 조업을 하게 하는 것이다. 이처럼 회사는 모든 것을 법규에 준해 운영한다. 그러므로 선택의 기로에 있을 때는 가장 우선적으로 상사의 지침이나 유경험자의 조언에 따르지 말고 오로지 산업안전보건법이나 근로기준법 등 법규에 준해서 행하는 것이 바람직하다.

회사가 돈이 많아서 투자를 하지 않아도 되는 것에 투자를 하는 것이 아니다. 굳이 경영상에 적자를 내면서 환경에 대한 투자를 늘리는 이유는 환경적으로 기준과 원칙에 따라 조업을 해야 하기 때문이다. 사실 환경에 투자되는 모든 것은 회사에서는 직접적으로 생산성 향상 및 경영상 이익에 크게 도움이 되지 않는다. 특히 철강 등 제조업에서는 환경관리에 대한 투자로 인해 여러모로 경영상 적자를 보고 있다. 그 이유 중 하나는 과거에는 환경에 크게 신경을 쓰지 않고 생산을 했는데 이제는 배출 가스 및 유해 물질 처리 작업상에 환경 기준을 위반하면 과태료는 물론 조업라인이 중단되는 최악의 사태가 발생할 수 있기 때문이다. 물론 회사가 지구 환경을 생각해서 그렇게 하는 것은 당연하다. 그렇다고 해서 회사가 돈이 남아서 전혀 생산성 향상에 직접적인 영향을 주지 않는 환경에 투자하는 것이 아니라는 말이다. 그러므로 회사에서 업무를 할 때는 자기 업무와 연관된 법규를 미리 알고 작업에 임해야 하고, 필요하다면 연관분야 국가 자격을 취득하는 것도 바람직하다. 회사가 법규로 소통을 하는데 관례나 습관적으로 해오던 방식을 고집하는 것은 회사가 가고자 하는 방향과 역행하는 소통 방식이다.

법에 예외는 없어야 한다

중국 진시황은 법가 사상을 바탕으로 하여 천하를 다스렸다. 그래서 다수의 사람이 지켜야 하는 통일된 기준을 정해서 그 기준을 행하면 상을 주고 행하지 않으면 벌을 주는 상벌 제도를 병행해서 법을 운영했다.

우리나라는 법치주의이다. 법에 의해서 나라가 다스려진다. 또 입법권과 사법권, 그리고 행정권 등 삼권이 분립되어 있는 법에 의해 다스려지는 법치주의 국가이다. 법치주의에서는 법을 준수해야 한다. 특히 기업 경영에서는 산업안전관리보건에 관한 법률과 노동법과 근로기준법 등 지켜야 하는 법이 셀 수 없이 많다. 국가적 차원에서 대한민국 국민이면 반드시 지켜야 하는 법이 있듯이 기업 경영에도 기업으로서 반드시 지켜야 하는 법이 있다. 기업 회계에 관한 법과 환경 기준에 관한 법, 안전관리에 관한 법을 비롯하여 일정 인원을 초과한 기업에 속한 직원들이 필수적으로 수강해야 하는 교육에 관한 법 등 기업이 지켜야 하는 법은 무척 많다.

혼란과 혼돈의 시대일수록 법은 제대로 집행되어야 한다. 특히 특권층이고 기득권을 가졌다고 해서 예외를 두지 말아야 한다. 세상이 혼란스럽고 법을 집행하는데 일관성이 없이 특별한 사람에게 특별을 혜택을 주고 예외를 두는 것은 세상을 더욱 혼란스럽게 하는 빌미를 제공하게 된다. 그러므로 법을 준수하는 소통에는 어떠한 경우이든 간에 예외를 두지 않는 것이 필요하다.

12장.

경영자는 경영상태를 실시간으로 진단한다

상사는 운전자이고 부하는 내비게이션이다

상사는 업무에 대해서는 해박하고, 회사가 어떻게 돌아가고 있는 것인가에 대해서는 잘 안다. 회사 경영에 대한 정보를 수시로 접하고 보안이 요구되는 회사 생산 조업 사항에 대해 상사의 상사나 경영자로부터 그러한 정보를 많이 접하기 때문이다.

대부분의 상사는 상사의 상사에 대한 정보를 많이 알고 있지만 팀원들에 대한 정보는 잘 알지 못하는 경향이 있다. 상사의 입장에서는 상사의 상사에게 잘 보여야 하고 상사의 상사가 무슨 일을 하고 어떤 생각을 가지고 있으며 컨디션 상태는 어떤 상태인가를 알고 싶어 한다. 왜냐하면 그런 정보를 알아야 상사를 잘 보필할 수 있고 상사를 대할 때 자기가 어떻게 대해야 하는가를 알 수 있기 때문이다. 하지만 그에 반해 팀원에 대해서는 비교적 관심을 많이 쏟지 않는 경향이 있다. 그렇다. 상사 눈의 80%는 상사의 상사를 향해 있다고 보면 된다. 나머지 20%는 팀원들에게 쏟기는 하지만 개인적으로 처리해야 하는 업무를 수행해야 한다는 점에서 상사가 팀원들에게 보내는 관심은 10% 정도에 불과하다. 그러므로 회사에서 상사는 자동차를 운전하는 운전자이고 팀원은 내비게이션이라는 생각으로 소통에 임해야 한다. 즉 팀원은 상사가 가고자 하는 목적지로 안전하게 갈 수 있도록 수시로 상사에게 자신이 하고 있는 업무에 대한 진행 사항을 보고해야 한다. 물론 경험이 많고 비교적 오랜 기간 함께 같은 공간에서 업무를 한 경우에는 가만히 앉아서 팀원 개개인이 무슨 일을 하고 향후 무슨 일을 해야 하는 것인가를 다 알고 있을 수는 있다. 하지만 앞서 말했듯이 상사는 상사의 상사에 대해 관심이 많고 자기가 처리해야 하는 업무로 인해 팀원에게 많은 관심을 쏟지 못하는 상황에 있다. 그러므로 팀원은 상사에게 자신이 무슨 일을 하고 있으며 향후 무슨 일을 할 것이라는 것을 상사에게 수시로 보고하며 소통을 하는 것이 바람직하다.

상사 역시 상사의 상사에게 자신이 하는 업무에 대해 수시로 소통을 하고 있다. 상사의 상사가 상사의 상사에게 그렇게 수시로 소통을 하면서 내비게이션 소통을 하고 있으므로 팀원 역시 상사에게 그러한 형태로 소통을 하는 것이 바람직하다.

상사가 모든 것을 알고 있다고 생각하지 말라

상사의 자리에 있으면 높은 곳에서 낮은 곳을 바라볼 수 있기에 팀원들이 하는 업무나 주변 상황에 대해 많은 것을 알고 있을 것이라고 생각한다. 또 상사 역시 자기가 팀원들보다 많은 것을 알고 있다고 자만하거나 자랑을 하는 경우도 있다. 어떤 상사는 자기가 모르는데도 마치 모든 것을 알고 있는 것처럼 사사건건 나서서 허세를 부리는 경우도 있다.

상사는 상사의 상사가 관심 있어 하고 이슈로 생각하는 있는 사항에 대해서는 비교적 많은 것을 알고 있지만 팀원 개개인의 업무에 대해서는 그다지 크게 관심을 두지 않는다. 더군다나 회사 경영에 크게 중요하지 않는 일이고 상사의 상사가 신경을 쓰지 않는 것이라면 더욱더 알려고 하지 않는다. 간혹 상사가 할 일이 따로 있고 실무자로서 팀원이 해야 하는 일이 따로 있다고 생각하는 리더의 경우에는 실무자인 팀원이 하는 일을 완전히 위임을 하는 것이 리더가 할 일이라고 하지만 속내를 보면 실무자인 팀원이 하는 일에 대해서는 전혀 문외한인 경우도 있다.

중요한 것은 상사는 늘 실무자인 팀원들의 업무에 대한 이야기를 하고 싶어 하고 팀원들 개개인이 무슨 일을 하고 있는지를 알고 싶어 한다는 점이다. 특히 지적질을 하는 것이 습관화된 상사의 경우에는 팀원 개개인의 업무에 대해 수시로 보고하라는 형태로 조직 관리를 하는 경향이 있다. 그것은 바로 상사가 팀원의 실무에 대해서 모르고 있기 때문이다. 그러므로 팀원은 수시로 자기의 업무에 대해 상사에게 정보를 제공해야 하고 상사의 마음의 빈자리를 채워주어야 한다. 그런 소통이 직장인의 가장 기본적인 소통이고, 직장 소통은 그 이상도 그 이하도 아니다.

13장.

직장은 사랑이 없어도 돌아간다

사랑이 담겨 있는 소통이 진짜 소통이다

사람이 사람을 이해하고 공감하는 것은 그 사람을 사랑할 때 비로소 가능하다. 그래서 그런지 회사에서 업무적인 관계로 서로 소통하는 사람을 사랑하는 사람은 그렇게 많지 않다. 또 자기보다 잘나고 업무능력이 탁월하다고 해도 그 사람을 존경하고 그 사람을 부럽게 생각할 뿐이지 결코 그 사람을 사랑하는 마음은 품지 않는다. 오히려 시기하고 질투하며 뒤에서 험담하고 그 사람의 약점을 찾아 사내 정치를 하는 사람도 있다.

엄밀하게 말해서, 직장에서 그 누구도 사랑하지 않는데 그런 사랑이 없는 직장을 소통하는 곳이라고 말할 수는 없다. 그래서 직장에서 서로 공감하고 이해하고 역지사지의 배려를 한다고 해도 그것은 진짜 소통이 아니다. 진짜로 하는 소통은 진정한 사랑에서 비롯되는 것이기 때문이다. 그럼에도 불구하고 우리는 직장에서 소통의 중요성을 강조하고 있다. 그것도 동료사랑, 회사사랑이라는 명목으로 사랑의 소통을 가장한 소통을 하고 있다. 그렇게라도 소통하는 것이 소통을 안 하는 것보다 소통이 잘되는 조직 분위기를 자아낼 수 있기 때문이다.

14장.

정보는 조직의 호흡이다

회사 정보를 가능한 한 많이 공유하는 것이 실익이 크다

소통을 잘하는 조직은 지식과 정보를 차별 없이 모두 공유하면서 소통을 한다. 그런데 어떤 회사는 리더는 리더대로 임원은 임원대로 계층별로 고급 정보를 공유하면서 불통의 벽을 높이 쌓고 있다. 한 마디로 고급 정보를 특정한 사람끼리 나누고 가치 없는 정보는 모든 사람들에게 공유를 한다. 일반 직원은 고급 경영 정보를 몰라도 된다고 생각하는 리더나 경영자는 더욱더 그런 차별이 심하다. 그런 사람들은 메일을 보낼 때로 고급 정보를 보안상의 이유로 극비나 전달불가로 보낸다. 알고 보면 누구나 알아도 그다지 크게 문제가 되지 않는 정보인데 그런 메일을 계층별로 차별해서 보내는 연유는 무엇일까? 아무래도 계층별 차별의식을 심어주기 위한 것이 아닐까, 라는 생각이 든다.

직장 소통의 기본은 조직 간 계층 간 차별 없는 정보 공유이다. 즉 정보를 나누는 과정에서 각자의 생각과 의견을 나누면서 집단 지성의 시너지를 내는 것이 가장 이상적인 조직이다.

회사가 정보에 차별을 두는 이유 중 하나는 위계질서를 유지하기 위해서이다. 현대전을 정보의 싸움이라는 말이 있듯이 정보는 경쟁의 승패를 좌지우지하는 매우 중요한 인자이다. 그래서 전략적 경쟁을 해야 하는 상황에서는 기밀정보가 유출되지 않도록 정보를 신중히 다룬다. 자칫하면 전략이 상대방에게 누출되어 역공을 당할 수 있기 때문이다. 그런 정보가 아니고 모든 직원이 알아도 크게 문제가 되지 않는 정보는 공개하는 것이 타당하다. 왜냐하면 정보를 제공해도 관심이 없는 직원에게는 무용지물이기 때문이고, 정보를 제공받은 사람의 특성에 따라 그 정보를 토대로 또 다른 새로운 발상을 자아내 회사 경영에 기여하는 경우도 생길 수 있기 때문이다.

회사는 직위와 직급에 따라 정보를 달리한다

일반적으로 회사에 유통되는 정보는 회사 내 모든 직원이 알고 있어도 크게 문제가 되지 않는 정보이다. 통신 기술의 발달로 인하여 모든 것이 일순간에 초고속으로 공유되는 시대이다. 그래서 회사에서 정보를 공유하지 않아도 회사 생활을 10년 넘게 한 직원들은 대내외 정보망을 통해 회사 내부에 어떤 정보가 유통되고 있는지를 알게 된다.

정보를 공유하는 폭이 넓으면 넓을수록 경영자의 영향력이 미치는 권역이 넓어지고, 정보를 공유하는 사람이 많으면 많을수록 소통으로 인한 시너지가 더 커진다. 또 정보의 흐름이 소통의 흐름이고, 소통의 영역이 정보의 영역되는 세상이다. 그런데도 불구하고 회사는 아직도 기술유출 혹은 보안의식을 높이기 위한 명목으로 정보 차별화를 통해 더 두텁고 높은 불통의 벽을 만들고 있다.

리더가 알아야 하는 정보를 직원이 알면 안 되고, 경영자가 알아야 하는 정보를 리더가 알면 안 된다는 관례들이 회사를 불통의 조직으로 만들고 있다. 회사 정보를 모두 공개해도 회사에 애착이 없거나 그런 것에 관심이 없는 직원들은 전혀 관심을 갖지 않는다. 대부분의 직원들은 자기의 일에 필요하거나 자기에게 직간접적으로 관련이 없으면 전혀 관심을 두지 않는다.

어떤 직원들은 회사에서 회사 경영 관련 정보를 듣는 것보다 주식이나 비트 코인 소식, 정치 경제, 사회 문화 소식 등을 더 가치 있게 생각한다. 또 직원들은 경영에 대한 정보를 굳이 알 필요가 없다고 생각한다. 그런데 좀 아이러니한 것은 요즘 직장인들은 월급과 연봉에는 관심이 많지만 회사 경영자가 전하는 정보에는 무감각하다는 점이다. 그런 현상은 회사 경영에 대한 중요 정보를 아는 것과 모르는 것이 회사 생활을 하는데 그다지 영향을 주지 않는다고 생각하기 때문이다.

지식 자본주의에서는 지식과 자본이 힘이다. 그런 지식과 자본은 정보를 통해 나오는 것임을 알아야 한다. 지식과 자본에 직접적인 영향을 주는 정보를 아는 것은 지식과 자본을 축적하는 것과 진배없다. 그런 관점에서 볼 때 직원들이 회사 경영에 관심을 갖도록 유도하고 독려하기 위해서는 무엇보다 회사 경영에 대한 정보가 차별 없이 공유되어야 한다. 그것이 진정한 정보 소통 경영이다.

신분제도가 소통을 막는다

회사의 직급 체계는 조선시대 양반과 노비를 구분하던 신분사회에 버금가는 신시대 신분 체계이다. 즉 21세기형 신분계급 사회가 회사의 신분제도이다. 그런 세상에 살면서도 많은 직장인들이 신분 사회가 없다고 생각하고 민주주의 이념에 따라 평등하게 지낸다고 생각한다. 또 회사가 계급을 나눠서 서열을 정해 조직 관리를 하는 것이 지극히 당연하다고 생각한다. 모든 사람들이 그것을 지극히 당연하게 받아들이고 크게 문제 삼지 않는다. 그래서 일반 직원들이 경영자와 리더가 아는 고급 정보를 접하지 않는 것을 지극히 당연하게 생각하며, 고급 정보는 리더나 경영자들만 알고 있으면 된다고 생각한다. 그런 생각이 일반화되고 그런 현상이 지극히 당연시되기에 점점 더 불통이 가속화되고 있다.

일반 직원들이 회사의 정보 중 업무적인 정보에 대해 관심을 보이지 않는 이유 중 하나는 회사 정보를 알면 알수록 그에 상응하는 정도로 일을 해야 한다고 생각하기 때문이다. 굳이 골머리 썩을 필요 없이 업무적인 스트레스를 받지 않고 정년 퇴직을 하는 날까지 안전하고 건강하게 지내면 된다고 생각하는 직장인들이 점점 늘고 있다. 이러한 원인 중 가장 큰 원인은 바로 정보의 차별화에 있다.

아는 만큼 보이고 보이는 만큼 느끼며 느끼는 만큼 행동하기 마련이다. 그런 관점에서 볼 때 평소에 직원들에게 회사 경영에 대한 정보를 차별 없이 공유하여 모든 직원들이 주인의식을 가지고 생활할 수 있도록 해야 한다. 그 주인의식이 회사 경영에 대해 적극적이고 능동적인 참여를 이끄는 단초가 되기 때문이다.

보는 것이 없으면 소통이 보이지 않는다

1층에서 사는 사람은 10층에서 사는 사람이 무엇을 보는지를 알 수 없다. 또 돈이 많은 상위 1%에 속하는 사람들의 삶을 하루 벌어 하루 먹고사는 사람들은 이해할 수 없고, 초등학생은 대학생이 어떤 생각을 가지고 있는지를 상상할 수도 없다. 이처럼 보고 듣고 경험한 것이 없으면 보고 듣고 경험한 것이 많은 사람이 어떤 생각과 행동을 하는지를 이해할 수 없다. 이와 마찬가지로, 일반 직원은 임원이 무슨 생각을 하고 어떤 연유에서 그러한 말을 하고 행동을 하는지를 이해할 수 없다. 그러므로 회사에서 업무적으로 소통을 하기 위해서는 업무적으로 알아야 하는 지식과 정보를 다양하게 접해야 하고, 임원이나 리더가 아는 정보를 알 필요가 있다. 왜냐하면, 임원이나 리더가 알고 있는 정보가 업무와 연관이 되기 때문이다. 또 정보를 알면 앞으로 업무가 어떤 방향으로 흐르게 될 것이라는 것을 어느 정도 예측가능하기 때문이다.

회사가 가고자 하는 방향으로 업무를 하는 사람과 회사가 전혀 원하지 않는 방향으로 업무를 하는 사람의 업무실적은 크게 다를 수밖에 없다. 일례로 경영자는 생산보다 안전을 중시하는데 외골

수로 안전을 등한시하고 생산에 올인한다면 이는 회사가 원하는 방향으로 업무를 하는 것이 아니다. 또 회사는 원가절감을 강도 높게 추진을 하는데 고가의 원료를 무분별하게 사용하는 것 또한 회사가 가고자 하는 역방향으로 업무를 하는 것이라고 할 수 있다. 그러므로 신분으로 인해 혹은 계층으로 인해 정보가 차별적으로 접하게 되는 그 상태가 지극히 당연하다고 받아들이지 말아야 한다. 또 일반 직원이지만 자기 역시도 경영자가 아는 정도의 정보는 기초적으로 알고 있어야 한다는 생각으로 적극적으로 회사에 대한 모든 정보를 익히기 위한 노력을 게을리하지 말아야 한다. 그래서 자기가 하는 업무가 회사가 가고자 하는 방향과 일치하는지 스스로 검열을 해봐야 하고, 경영진이나 리더와 수시로 소통을 하면서 자기 업무로 인해 회사 경영에 피해가 가지 않도록 열정적인 노력을 게을리하지 말아야 한다. 그런 과정이 소통이 잘되는 조직을 만드는 과정이다.

15장.

누군가 빠지면 다른 누군가가 채운다

한 사람이 없으면 다른 사람이 소통한다

직장 소통의 특성상 업무형 소통이라는 점에서 일반적으로 회사 밖에서 하는 소통과 달리 특정인이 지정되지 않는 경우가 많다. 즉 개인적인 관계선상에서 하는 일반적인 소통과 달리 직장 소통은 인적인 측면보다 업무적인 성격이 강해서 사람 위주의 소통보다는 업무 위주의 소통을 한다. 그래서 특정한 사람이 없어도 어느 정도 업무적으로 소통이 가능한 사람이 대신 소통해도 크게 문제가 되지 않는 소통이다. 또 직장 소통은 장기 휴가를 가거나 해외 출장 등으로 인하여 자기가 없는 상태에서 소통을 해야 하는 상황이 발생해도 다른 사람이 대신 소통하기 때문에 크게 문제가 되지 않는다. 왜냐하면 회사는 특별한 경우가 아니라면 사람에 의해 1대1로 소통을 하는 것이 아니라 시스템에 의해 업무적으로 소통하기 때문이다. 그런 관점에서 볼 때 회사적인 소통은 일반적인 소통에 비해 적용되는 소통의 범위가 넓다고 볼 수 있다.

특별한 노하우와 깊이 있는 기술력 등 업무적으로 전문성이 요구되는 경우에는 자기가 부재중 이론적인 설명과 함께 회의자료를 작성하여 업무적인 소통을 하기 때문에 그다지 큰 공백이 생기지 않는다. 이때 자기가 부재중 업무적인 소통의 상황이 발생했을 때에는 사전에 상사나 동료와 업무적인 소통을 하는 것이 매우 중요하다. 또 회사형 소통의 업무적인 소통은 팀원이 부재중에는 대부분 상사가 그 업무적인 소통을 대신하기 때문에 평소에 상사는 팀원들의 업무적인 흐름과 동향을 상세하고 알고 있어야 한다. 그래서 회사형 소통을 조직원이 중심이 되는 소통이 아니라 상사나 경영자가 중심이 되는 업무적인 소통이라는 것이다.

내가 없으면 안 된다는 생각은 착각이다

직장 소통은 업무에 대해 경험이 많고 이해도가 높으며 업무 관련 인맥이 많은 사람이 소통에 유리하다. 제아무리 소통실력이 출중하고 사람을 읽는 눈이 밝아도 업무에 대한 지식이나 경험이 부족하면 원활하게 소통을 할 수가 없다. 그래서 대부분의 직장인들이 자기가 맡은 업무에 대해서는 타의 추종을 불허하는 정도의 업무 능력을 향상시키기 위해 열정을 다한다.

직장에서는 동일한 업무라고 해도 그 업무를 누가 하는가에 따라 크게 다른 양상을 보인다. 즉 회사의 모든 업무는 업무 표준과 기술

표준에 의해 수행하지만 그 역시도 업무 능력과 전문성 그리고 업무 스킬에 따라 보이지 않는 큰 차이를 보인다. 동일한 프로세스와 시스템에 의해서 업무를 수행하지만 누가 그 프로세스와 시스템에 준하여 어떻게 업무를 하는가에 따라 결과는 크게 다르게 나타난다. 그래서 나름으로 회사에서 살아남기 위해 자기가 하는 업무에서 자기만의 노하우를 축척한다. 그렇다고 해서 자기가 없으면 다른 사람이 그 업무를 할 수가 없다는 생각을 갖는 것은 큰 착각이다.

회사의 업무는 자기 개인의 업무가 아니라 회사의 공적인 업무이다. 회사에서 행하는 대부분의 업무는 특정한 사람만이 할 수 있는 그런 일이 아니다. 회사는 인력가동의 효율을 높이고 특정한 사람이 부재중이라고 해도 그 업무에 맞물려 제반 프로세스와 시스템이 돌아가도록 되어 있다. 그러므로 자기 업무에 대한 경험이 많고 다른 사람과 차별화된 실력을 지니고 있다고 해도 결코 자기가 없으면 그 업무 수행이 불가하다는 생각을 갖지 않는 것이 바람직하다. 왜냐하면 이가 없으면 잇몸으로 한다는 말이 있듯이 자기가 아니어도 다른 사람이 그 업무를 수행하면 처음에는 부족하지만 시간이 지나면 능숙하게 그 업무를 처리하는 또 다른 사람이 양성되기 때문이다.

회사 업무는 독과점 대상이 아니다

회사의 모든 업무는 특별한 개인이나 단체가 독점하는 그런 업무가 아니다. 회사의 모든 업무는 회사 직원이면 누구나 할 수 있도록 시스템이나 프로세스가 구축되어 있다. 그런 관점에서 볼 때 회사의 업무를 자기만의 특별한 창조적인 노력으로 기술을 개발했다고 해도 그것은 개인의 사적인 지적재산이 아니다. 회사에서 업무를 통해 취득한 모든 것은 회사의 소유이며, 개인이 노하우를 갖고 있다고 해도 그 역시도 회사 자산이다. 자기가 업무 능력이 탁월하고 해당 업무에 대한 노하우가 특별하다고 해서 그 업무가 자기 개인의 것이고 그 업무와 관련해서는 자기의 허락을 받아야 한다는 등 업무적인 기득권을 갖고 있다고 생각하는 것은 월권이고 권한 남용이며 큰 착각이다.

사람을 먼저 생각한다

회사는 사람에 의해서 경영하는 것이 아니라 시스템과 프로세스에 의해서 경영되는 것이 가장 이상적이다. 그런데 대부분의 많은 회사들이 시스템과 프로세스도 사람에 의해서 돌아간다는 점에 착안하여 리더로 하여금 시스템과 프로세스를 올바르게 돌릴 수 있도록 사람을 관리해야 한다는 관점에서 회사 경영을 추진하고 있다. 그러다 보니 리더의 권한과 권력으로 조직원들을 압박하고 지시와 통제를 수단으로 삼아 조직원들에게 정신적 심리적인 피해를 입히는 것을 마다하지 않는다. 아니 그렇게 하는 것이 지극히 당연하다고 생각하고 있다. 그런 과정에서 조직원들이 마음에 상처를 입고 그로 인해 불통의 상황이 발생하기도 한다.

직장에서 불통을 최소화하기 위해서는 시스템과 프로세스에 중

점을 둔 사람관리를 하는 것이 최상이다. 즉 시스템과 프로세스를 올바르게 돌리도록 사람들을 훈육하고 지시하거나 통제하지 않아도 사람들이 프로세스와 시스템에 의해서 업무를 할 수밖에 없는 시스템과 프로세스를 개발하는 데 초점을 둔 사람관리를 해야 한다. 즉 리더로 하여금 사람을 훈육하고 지시하거나 통제를 해서 시스템과 프로세스 안으로 사람을 몰아넣을 것이 아니라 사람들이 그 안으로 들어갈 수밖에 없는 시스템과 프로세스를 추가적으로 개발하여 보완해야 한다.

사람은 환경의 동물이다

맹모삼천지교(孟母三遷之敎)에서 말하듯이 사람은 환경에 의한 영향을 많이 받는다. 불통이 될 수밖에 없는 환경에 있다면 당연히 불통이 될 수밖에 없고, 소통이 잘 되는 환경에 처하면 소통을 잘할 수밖에 없다. 이 말은 리더가 조직이 불통이라고 탓하기 이전에 조직의 환경이 소통이 잘되도록 하는 환경으로 잘 조성되어 있는지를 우선 따져봐야 한다는 말이다.

일반적으로 사람들은 직장에서의 모습과 직장 밖에서의 모습이 서로 다르게 생활을 한다. 이중적인 성격을 가진 것이 아니라 모든 직장인들이 본연의 자기를 숨기고 공식적으로 드러나는 모습으로 자기방어 차원에서 최대한 자기에게 유리한 모습을 가지고 직장생활을 한다. 그런 사람들이 모여 있는 곳이 직장이다. 그런 직장에서 소통을 하고 진심을 다해서 마음을 열고 소통을 하자고 하는 것 자체가 모순이다. 왜냐하면 이미 마음의 문이 잠겨 있는 상태에서 출근을 했고 그 마음을 여는 열쇠는 밖에서만 열 수 있기 때문이다. 그런 것이 최소한 자기를 방어하는 것이라고 모두가 그렇게 생각하고 있다. 그래서 직장은 불통을 할 수밖에 없는 곳이다. 그래서 회사에서 소통을 운운해도 진심이 담긴 마음의 문을 쉽게 열지 않는다.

에너지 관점에서 자아 고갈 이론을 감안하면 우리가 어떤 행동을 하면 당연히 에너지가 소모되게 된다. 그런데 더욱 중요한 사실은 행동을 해야 하는데 그 행동을 하지 않으려고 하면 그에 따른 에너지가 소비가 된다는 것이다. 그러므로 해야 하는 일이나 꼭 해야 한다고 생각하는 일은 즉시 하는 것이 에너지 소비를 줄이는 길이다. 소통을 할 때도 마찬가지이다. 싫은 사람이지만 소통을 해야 할 필요가 있다면 즉시 마음의 문을 열고 소통을 하는 것이 자기의 에너지 소비를 줄이는 길이다.

16장.

권위를 내려놓아야 조직의 숨통이 트인다

갑을 관계에서 비롯되는 갈등은 갑이 풀어야 한다

회사에서의 모든 소통은 갑(甲)과 을(乙)이 어느 정도 명확하게 구분되어 있는 소통이다. 그래서 을이 제아무리 좋은 아이디어를 가지고 있고 객관적으로 볼 때 기발한 아이디어라고 해도 갑의 말 한마디에 의해 묵사발이 되는 경우가 많다. 또 계급이 깡패라는 이론이 여지없이 통하는 곳이 회사이다. 그래서 잘 나가다가 갑이 화를 내면 모두 것이 초토화가 되고 갑의 말 한마디에 의해서 조직 분위기가 달라진다.

직영과 협력, 상사와 일반 직원, 핵심부서와 스텝부서 등 사람과 사람 간의 갑을 관계는 물론 조직과 조직 간에도 갑과 을의 관계가 명확한 곳이 바로 회사이다. 대부분 그 갑과 을의 관계는 회사를 그만두는 순간까지 계속 유지되는 경우가 많다. 특별히 승진을 하고 신분 상승이 되지 않는 한 기능직은 기능직으로 입사해서 퇴사할 때까지 기능직으로 지내야 하고 엔지니어는 엔지니어로 입사하면 퇴직 때까지 엔지니어로 지내야 한다. 여기에 더하여 제아무리 경력이 많고 일에 대한 역량이 높아도 기능직은 조직의 리더나 임원이 되기가 구조적으로 어렵게 되어 있다. 그런 구조적인 문제는 실질적으로는 갑의 위치에 있는 사람이 갑 의식을 내려놓고, 을의 위치에서 을의 관점으로 말하고 행동하면 자연히 풀리게 되어 있다. 결과적으로 갑을 관계의 갈등을 해소하고 소통이 잘되는 조직을 만들기 위해서는 갑이 모든 기득권을 내려놓아야 하며, 그다지 선택의 폭이 좁은 을을 위한 배려와 존중의 마음을 가져야 한다.

위계 조직보다 역할 조직이 소통이 잘되는 조직이다

위계 조직은 가장 높은 사람에게 결정권이 집중되어 있는 조직을 말하고, 역할 조직은 각 역할을 맡은 한 사람 한 사람이 결정권을 갖고 있는 조직을 말한다.

소통이 잘되는 조직을 만들기 위한 측면에서 위계 조직이 좋은 것인지 혹은 역할 조직이 좋은 것인지는 각각 처한 상황에 따라 다를 수 있다. 모두가 일관성을 가지고 일사불란하게 움직여야 할 때에는 위계 조직이 좋지만, 각각의 역할에 따른 창조적인 대안을 마련하여 수시로 변화하는 환경 여건에 적정하게 대응을 하기 위해서는 역할 조직이 더 좋다. 또 위계 조직은 상사의 눈치를 보면서 일을 하는 경향이 있다. 상사가 보는 앞에서는 열심히 일을 하는 척을 하고 상사가 보이지 않으면 딴짓을 하는 경향이 있다. 이에 반해 역할 조직은 자기가 하는 일에 대해서는 자기가 책임을 진다는 생각으로 임한다.

서열을 중시하는 위계 조직에서도 갑의 위치에 있는 사람이 을의 입장에서 업무를 하면 좋은데 대부분의 많은 리더나 임원들이 을은 을이고 갑은 갑이라는 생각으로 업무를 하는 경향이 많다. 그래서 자기가 갑이기에 을이라는 사람은 자기가 시키는 것을 즉시 해야 한다는 생각을 갖고 있다. 또 자기가 지시한 업무를 이행하지 않으면 지시 불이행이나 업무 태만이라는 명목으로 징계를 내리기도 한다.

오래도록 갑의 위치에 있어 본 사람일수록 을은 자기의 노예이고 수족이라는 생각을 갖는 경향이 있다. 또 언제든 자기가 필요에 의해서 부려 먹을 수 있다고 생각하고 공적인 업무 이외에도 지극히 사적인 업무까지 시키기도 한다. 또 퇴근 후에도 언제든 자기가 연락을 하면 이유 여하를 막론하고 자기가 지시한 일을 처리해야 한다고 생각하는 등 직원들을 집사처럼 부리기도 한다.

반면에 을을 배려하는 사람은 위계 조직에서 자기가 서열이 높고 갑의 위치에 있다고 해서 결코 을을 무시하지 않는다. 또 자기가 하는 일과 을이 하는 일이 따로 정해져 있으며 자기에게 주어진 일은 자기가 하는 것이 옳다고 생각한다. 그러한 마음으로 갑과 을이 병존하고 공존을 하는 조직이 바로 역할 조직이다. 이러한 역할 조직의 강점은 개개인에게 책임과 권한이 있으므로 개개인의 능력을 최대한 발휘하게 하는 강점이 있다. 그러기에 자기 일이 아니라고 별로 관심을 보이지 않는 일이 많은 위계 조직에 비해 역할 조직이 소통이 잘 될 수밖에 없다.

측근관리를 잘하는 사람이 소통도 잘한다

측근 정치를 잘하는 사람은 측근의 마음을 기쁘게 하는 데 심혈을 기울인다. 왜냐하면 측근에 의해 어느 한순간에 자기가 나락으로 떨어질 수도 있다는 것을 알기 때문이다. 또 자기에 대해서 누구보다 많이 알고 있고 자기의 치부에 대해서 속속들이 알고 있는 사람이 측근이라는 점을 알기에 그러하다. 또 측근을 통해 자기 평판에 흠결이 생길 수도 있다는 것을 알기에 측근 관리에 심혈을 기울인다.

측근의 입장에서 볼 때 당연히 을의 입장에서 마땅히 해야 하는 일을 했는데도 불구하고 갑의 위치에 있는 상사가 감사하는 마음으로 보은의 마음을 전할 때 을은 더욱더 충성을 다해서 상사를 보필하게 된다. 측근 관리를 잘하는 사람들의 노리는 수가 바로 그것이다. 측근의 마음을 기쁘게 하면 자기를 잘 아는 측근이 자기에 대해서 다른 사람들에게 좋게 말하고 그로 인해 자기의 평판이 좋아지게 된다는 것을 누구보다 잘 알고 있기 때문이다. 아울러 측근의 마음을 불편하게 하고 측근을 마치 노예를 부리듯이 부리는 것은 오히려 득보다 실이 많다는 것을 누구보다 잘 알고 있기 때문에 측근들에게 잘하는 것이다.

직장생활은 엄연히 신분과 지위 그리고 위치에 따라 역할과 책임이 어느 정도 구분되어 있다. 을의 입장에서 볼 때 갑의 지시에 진정성을 다해 최상의 방법을 찾아 지시한 업무를 열정적으로 처리하는 사람이 있는 반면 지극히 기본적인 업무를 하면서 굳이 하지 않아도 되는 일이나 역할과 책임의 영역에 없는 일은 아예 하지 않는 사람도 있다. 애써 자기가 에너지를 소비하면서까지 보필할 필요가 없다고 느끼거나 애써 자기 개인적인 시간까지 할애하여 상사를 보필할 필요가 없다고 생각하는 것이다.

측근 관리를 잘하는 사람은 측근이 그런 마음이 들지 않도록 평소에 측근을 정성스럽게 섬기는 경우가 많다. 그래서 한비는 『한비자』에서 "군주가 신하에게 예(禮)를 다하면 신하는 군주에게 충(忠)으로 화답을 한다"고 말을 한다. 이처럼 상사가 자기 측근에게 감사와 보은의 마음으로 잘 섬긴다면 측근은 그에 감사하는 마음에 기꺼이 자기가 하지 않아도 되는 일까지 전심전력을 다해 보필을 하려는 마음을 갖는다는 것을 상사는 알아야 한다.

17장.

사람이 제자리를 찾을 때 조직이 산다

역할 조직의 점유율이 점점 증가하고 있다

일반적으로 사람들은 자기에게 책임과 권한이 부여되면 그 업무에 대해 주인의식을 가지고 무한책임을 지려고 하는 성향을 보인다. 반면에 상사의 지시와 통제를 받은 업무를 할 때는 기본적으로 자기가 해야 하는 일에만 집중하고 다른 일에는 관심을 갖지 않는 경향이 있다. 이렇게 수직적인 조직에서 업무를 하는 조직원들은 주로 자기가 하는 업무에서 문제가 발생되지 않으면 된다는 생각을 한다. 또 상사의 지시와 명령에 따라 맡은 바 역할을 다하면 자기에게 주어진 역할과 책임을 완수했다고 생각한다. 아울러 기본적으로 해야 하는 바를 수행할 뿐 보다 창의적이고 혁신적인 사고로 업무의 혁신을 꾀하려고 하지 않는다. 왜냐하면 위계 조직에서는 일에 대한 성과도 최상위권자에게 있고, 자기가 그다지 크게 각

광을 받지 못한다고 생각하기 때문이다.

이에 반해 역할 조직에서는 자기가 맡은 업무에 대해서는 자기가 모든 책임을 지며, 실무적으로 자기가 하고 싶은 방향으로 업무를 할 수 있다는 점에서 보다 자율적으로 업무를 처리한다. 이로 인해 자발적으로 자기 업무의 진화를 위해 창조적인 대안을 마련하여 업무 혁신을 꾀하려는 경향을 보인다. 즉 자기가 맡은 일을 처리하는 과정에서 스스로 성취감을 맛보고 일에 대한 보람을 느끼면서 업무를 하는 경향을 보인다. 그러기에 소통이 잘되는 조직을 만들 요량이면 수직적인 조직 체계로 일을 하는 것보다 개개인에게 주어진 일에 대한 역할과 책임을 다하도록 하는 것이 필요하다.

지시와 통제는 소통을 방해하는 최대 불청객이다

소통이 잘되는 회사의 공통적인 속성 중 하나는 조직의 성격이 수평적이라는 점이다. 여기서 조직이 수평적인지 아니면 수직적인지를 판단하는 기준은 업무를 수행하는 사람에게 어떠한 역할과 책임을 부여하고 있는가를 보면 알 수 있다. 일례로, 각 개인에게 부여된 업무에 대한 역할과 책임의 경계가 명확하고 자기가 맡은 업무에 대해서 어느 정도 재량권을 가지고 있다면 역할 조직일 확률이 높다. 그렇지 않고 모든 업무를 수행할 때 그 업무의 세세한 것까지 상사에게 보고하고 수시로 상사의 지시에 따라 업무를 처리하며 상사의 통제를 받고 있다면 수직적인 조직이라고 보면 된다.

수직적인 조직은 상하 간에 경계가 명확하고 위로 올라갈수록 그 책임과 권한이 많으며, 업무 수행 과정에서 각 개인의 권한이 전무하고 상사의 지침이나 지시에 의해 모든 업무 프로세스가 처리되는 형태를 보인다. 또 개인의 재량에 의해 업무를 탄력적으로 처리하기보다는 상사의 지시에 의해 획일적으로 처리하는 경향을 보인다. 또, 모든 책임을 윗사람에게 부여가 되므로 업무가 잘못되어도 책임으로부터 자유로운 측면도 있다. 하지만 경우에 따라서는 윗사람의 손발이 되어 피동적으로 업무를 처리할 수밖에 없는 형태를 띤다.

직장에서 불통이 되는 주요 요인 중 하나는 상사의 지시와 간섭이다. 자기가 하는 업무에 대해서 상사가 간섭하는 것을 좋아하는 사람은 극히 드물다. 더군다나 자기 업무에 대해 도가 튼 직원은 상사가 자기 업무에 대해서 간섭하는 것을 극도로 싫어하는 경향을 보인다. 지시하고 간섭하는 것 자체를 소통이라고 생각하는 상사와 함께 소통을 하고 싶어 하는 사람은 없다. 또 상사의 지시와 간섭을 소통이라고 생각하는 사람도 없다. 그러므로 소통이 잘되는 조직을 만들 요량이면, 최우선적으로 지시와 간섭을 줄이는 것이 상책이다. 이에 더하여, 조직원 개개인이 자기에게 주어진 일에 대한 역할과 책임을 다할 수 있도록 작업 여건을 조성해 주는 것이 필요하다. 그래야 조직원들이 자기 업무를 처리하는 과정에서 자기의 목소리를 가감 없이 표출하며 허심탄회하게 소통한다.

권한위임이 수평조직을 만든다

수평조직의 역할 조직은 상사가 직원 개개인에게 역할을 잘 분담했다는 점과 책임을 부여하면서 권한을 위임했다는 점에 주목할 필요가 있다. 또 상사가 자기가 가진 권한 일부를 직원 각자가 권한을 행사할 수 있도록 했다는 점이 중요하다. 이는 상사가 간섭을 하지 않으면서 업무를 맡은 직원이 일정한 권한 범위 안에서 자기 역량과 재량에 의해 업무를 하도록 했다고 볼 수 있다.

『손자병법』에 "의인물용 용인물의(疑人勿用 用人勿疑)"라는 말이 있다. 이 말은 의심이 간다면 사람을 쓰지 말고 사람을 썼다면 의심을 하지 말라는 말이다. 상사인 리더가 해야 하는 가장 기본적인 책무 중의 하나는 용인술이다. 직장에서 비롯되는 수많은 업무를 상사 혼자서 모두 처리를 할 수는 없다. 그럼에도 불구하고 수직적인 위계 조직에서는 상사가 모든 업무를 총괄하고 관여하는 형태로 업무를 하고 있다. 상사인 리더의 직무에 총괄이라는 단어가 들어가 있다면 분명히 수직적인 위계 조직일 가능성이 높다.

권한을 위임하는 상사는 총괄이라는 표현보다는 '더불어 함께 성장하는 동반성장'이라는 용어나 '비전을 향하여' 혹은 '목표 달성을 향하여'라는 용어를 많이 사용한다. 그런데 대부분 조직을 총괄한다는 것을 대내외에 과시하는 사람은 권한위임에 대해서 속이 좁은 태도를 보인다. 자기가 조직의 수장이고 조직의 전반적인 업무를 총괄하기 때문에 조직의 모든 업무는 자기에서 비롯되고 자기를 통해서 이뤄져야 한다는 생각을 갖고 있다. 그래서 지시하고 간섭하고 통제하면서 모든 업무에 대해서 자기의 사상과 철학을 담으려고 한다. 그런 수직적인 위계 조직에서 소통을 기대하는 것은 백사장에서 바늘을 찾는 것보다 더 어렵다. 왜냐하면 사람은 공통적으로 자기에게 이익이 없고 자기에게 전적인 책임이 없는 일에 대해서는 애착을 갖지 않는 속성을 보이기 때문이다. 그런 관점에서 볼 때 소통을 잘하는 조직을 만들기 위해 가장 우선적으로 해야 하는 것 중 하나는 바로 직원들이 일에 대한 애착을 갖도록 하는 것이다. 그 방법 중 하나가 바로 실무적인 업무에 대해서는 전폭적으로 실무자에게 권한을 위임하는 것이다.

18장.

사람 중심 시스템이 조직을 살린다

시스템의 중심에 사람이 있어야 소통이 된다

직장은 사람에 의해 조직이 돌아가는 것 같지만 시스템에 의해서 사람이 돌아가고 그 사람이 다시금 시스템을 돌리는 프로세스로 조직이 운영된다. 이는 마치 처음에는 사람이 습관을 만들지만 나중에는 습관에 의해서 사람이 움직이는 것과 같다.

복수의 사람들이 모여서 업무를 효율적이고 효과적으로 하기 위해서 시스템과 제도를 만든다. 그래서 처음에는 그 시스템과 제도에 따라 업무를 한다. 그 과정에서 비효율적이고 비능률적인 면이 파생되면 그것을 새롭게 바꾸기 위한 작업을 해서 새로운 시스템과 새로운 제도를 만든다. 그 과정에서 사람의 수가 바뀌고 사람의 능력이 향상되며 업무의 속도도 달라지고 모든 환경이 다시금 변하게 된다. 그 변화에 따라 다시금 일의 효율성과 효과성을 감안하고 인간적인 측면과 사회적인 요건 그리고 주변 환경 변화와 국제적인 변화 등을 고려하여 다시금 더 진화된 시스템과 제도를 만들게 된다.

흔히 생산 효율을 극대화하기 위해 생산시스템을 만들고 품질 향상을 위해 품질 시스템을 만들며 설비가동 효율성을 극대하기 위해 설비가동 시스템을 만든다. 또 안전 향상을 위해 안전 시스템을 만들고 인사 정체 및 승진 효율 향상을 위해 인사 시스템을 만들며 인재 양성을 위해 인적자원관리 시스템을 만드는 등 회사 업무에 관련된 모든 것은 시스템화되어 있다. 문제는 그 시스템에 의해서 업무가 효율적으로 이뤄지고 업무 효과가 시스템에 투여한 투자 대비 효과가 파생되는 것인가가 관건이다. 처음 의도한 대로, 처음에 기획하고 목적한 대로 업무 효과가 창출되어야 하는데 반드시 그렇게 되는 경우는 드물다. 왜냐하면, 기업 경영 환경이 지속적으로 계속해서 변하고 시스템을 돌리는 사람의 능력이나 역량이 계속 진화하기 때문이다. 비근한 예로 과거에 10명이 돌리던 생산 시스템이 이제는 기계적인 자동화 시스템에 의해서 2명이 돌리는 경우도 있다. 이렇듯이 시스템은 사람에 의해서 변하게 되고 사람의 업무가 시스템에 의해서 조정이 되는 등 시스템에는 사람이라는 구성 요소가 필수적으로 존재하고 있다. 즉 시스템을 만들 때 가장 먼저 고려하는 매우 중요한 요소가 사람이라는 점이다.

시스템은 전원 합의에 의해 만들어져야 제 기능을 발휘한다

사람에 의해 시스템이 만들어지고, 그 시스템에 의해 사람이 돌아가고, 그 사람에 의해 시스템이 개선되며, 개선된 시스템이 다시금 사람을 돌린다. 그래서 얼핏 보면 사람이 회사를 돌리는 것처럼 보이지만 결국에는 시스템이 차지하는 비중이 더 높다. 그도 그럴 수밖에 없는 이유 중 하나는 사람이 바뀌어도 직장은 계속해서 동일하게 돌아가야 하고, 유지되어야 하기 때문이다. 문제는 그 시스템에 의해서 본래의 시스템 설립 취지와 목적에 맞게 시스템이 돌아가야 하는데 그렇지 않는 경우이다.

대부분 소통이 되지 않는 이유를 시스템에서 찾는 이유 중 하나는 시스템이나 제도를 만들면 그에 따라 이익을 보는 사람과 손해를 보는 사람이 생기는 경우가 발생하여 갈등이 생기기 때문이다. 모든 사람에게 이익이 되고 만인에게 평등한 법을 만들기가 어려운 것처럼 회사의 시스템 역시 그러하다. 문제는 그 시스템이 경영자나 기득권을 가진 사람들에 의해서 만들어진다는 점이다. 그래서 새로운 사람들이 피해를 보게 되고 그 시스템의 운영 방식과 방법 그리고 그 시스템에 대한 세부적인 사항이 공개되거나 공유되지 않는 상태에서 운영되기 때문에 더욱더 소통이 안 되는 조직이 되기도 한다. 물론 보안과 시스템 운영 차원에서 공개를 하지 않고 특정 부서나 특정한 사람들에게 공개를 할 필요가 없는 것은 공개하지 않는 것은 당연하다. 또 개인의 인사 정보가 담긴 인사 시스템을 공개하지 않거나 평가 시스템이나 채용 시스템 등은 특정 부서만 알고 다른 부서에 공개를 하지 않는 것은 당연하다. 하지만 일반 직원들이면 당연히 알고 있어야 하는 제도나 시스템의 운영 방식을 공개하지 않고 무작정 반강제적으로 혹은 강압적으로 시스템과 제도를 운영하는 것은 불통 조직을 양산하는 단초가 된다는 점을 알아야 한다.

복잡한 시스템이 소통을 막는다

업무적으로 소통이 잘되던 것이 새로운 시스템이나 제도의 도입으로 인해 오히려 불통이 되기도 하고, 업무적인 성과가 좋아지고 효율은 높아진 반면에 오히려 인간적인 교류가 단절되어 오히려 소통이 되지 않는 경우도 있다. 그런 경우에도 회사에서는 협업이라는 프레임으로 소통이 되지 않는 것이 시스템의 문제가 아니라, 직원들이 협업이 안 되어서 소통이 되지 않는다고 말한다. 물론 시스템과 제도의 진화로 인해 사람이 관여하는 빈도수가 줄고, 설비 자동화로 인해 인건비를 절감하는 등 경영 이익이 더 많이 창출된다면 더할 나위 없다. 그래서 경영자는 인간적인 소통이 아니라 시스템에 의한 소통을 더 원한다. 그러면서도 시스템 운영 방식 및 기준에 대한 세부 내용을 보안이라는 명목으로 전체적으로 공개하지 않는 경향이 있다.

혁신 부서에는 혁신 시스템과 제도가 있고, 안전 부서에는 안전 시스템과 제도가 있으며, 인사 부서에는 인사 시스템과 제도가 있고, 특허 부서에는 특허 시스템과 제도가 있고, 보안 정보 부서에도 그에 따른 시스템과 제도가 있다. 직장에는 업무와 조직의 성격에 따라 수많은 시스템이 연동되어 운영되고 있다. 문제는 그러한 시스템과 제도를 특정인만 알고 공개를 하지 않는다는 점이다. 이로 인해 불통의 골이 깊어지기도 한다.

대부분의 시스템과 제도가 임원이나 최고 경영자의 결정에 의해서 만들어지기에 시스템과 제도로 인해서 파생되는 직원들의 불통은 생길 수밖에 없다. 모든 직원의 의사가 반영되고 그 뜻이 반영되어 시스템과 제도가 만들어지면 더할 나위 없는데 그렇지 않기 때문에 그로 인해 불통 조직이 되는 것이다. 심지어는 소통이 잘되도록 하기 위해서 만들어진 시스템이나 제도가 오히려 소통을 억제하는 경우도 있다. 그러므로 소통이 잘되는 조직을 만들 요량이면, 무엇보다 시스템 개발 단계에서 그 시스템을 이용하는 모든 사람들의 의견이 반영되어야 하고, 운영 과정에서도 모든 사람들에게 그 운영 방식과 기준 등이 공유되어야 한다. 아울러 그 시스템과 관련된 사람들이 시시각각 변하는 그 시스템의 전반적인 변화를 인지하고 시스템을 운영할 수 있도록 적극적으로 교육을 실시하는 등 학습의 기회를 부여해야 한다. 왜냐하면 시스템의 불통은 업무의 불통을 가져오고 업무의 불통이 사람의 불통으로 이어지기 때문이다.

The Magic of Workplace Communication

3부

조직 문화의 힘

1장.

흐름을 읽는 문화가 균형을 만든다

직장 소통은 상황에 따른 중용의 소통이다

맑은 날이 있으면 궂은 날이 있고, 추운 날이 있으면 더운 날이 있다. 맑은 날이 계속될 수도 없고 궂은 날이 계속될 수도 없다. 또 추운 날이 계속될 수도 없고, 더운 날이 계속될 수도 없다. 마찬가지로 계속해서 소통이 되는 경우도 없고 불통이 계속되는 경우도 없다.

평소 원활하게 소통이 잘되는 도로도 자동차가 급증하여 막히는 경우가 있고, 건강하던 사람이 갑자기 중병에 걸리는 경우도 있다. 이처럼 인생사 모든 것이 그때그때 다르고 모든 것이 영구적으로 지속되는 경우는 없다. 그런 관점에서 볼 때 소통을 할 때 중용의 태도를 취하는 것이 매우 중요하다. 여기서 소통의 관점에서 말하는 중용은 소통과 불통의 중간 지점에서 소통을 하는 것이 아니라, 소통을 해야 하는 상황에서는 소통을 하고 불통을 해야 하는 과정에서는 불통을 하는 것을 의미한다.

언어적으로 소통의 반의어가 불통이지만 엄밀하게 따져 말하면 불통이라는 말은 소통을 하지 않는 침묵의 소통, 잠시 소통이 정지된 휴식의 소통, 소통이 되지 않는 것처럼 보여지는 소통이라고 할 수 있다. 불통도 소통의 영역에 두고 생각해야 한다는 말이다. 불통을 한다는 것은 소통을 하고 있다는 것을 의미하고, 소통을 한다는 것은 불통을 했다는 것을 의미한다. 소통이 있으니 불통이 있고, 불통이 있으니 소통이 있는 것이다. 그런 관점에서 볼 때 불통도 소통이고 소통도 불통이다. 소통 안에 불통이 들어 있고 불통 안에 소통이 들어 있다. 익은 수박을 반으로 자르듯이 소통과 불통으로 이루어진 소통 수박을 반으로 자르면 중통이다. 즉 소통도 아니고 불통도 아닌 중간의 경계이다. 소통과 불통이 함께 공존하는 휴전선인 셈이다.

중용은 시간적 공간적으로 정확하게 중간을 이르는 말이 아니라, 상황에 따라 혹은 여건에 따라 중간을 유지하는 것이다. 그래서 중용은 정지된 점이나 고정된 것이 아니라 늘 상황과 여건에 따라 유동적이다. 직장의 소통도 바로 그런 중용의 소통이어야 한다.

소통에 만능키는 없지만, 사람마다 그에 맞는 소통키는 있다

"이런들 어떠리 저런들 어떠리 만수산 드렁칡이 얽혀진들 어떠리"라는 태종 이방원의 하여가가 어찌 보면 중용의 의미를 잘 표현한 것이라고 볼 수 있다. 또 코에 걸면 코걸이 귀에 걸면 귀걸이라는 말에도 중용의 의미가 담겨 있다. 또 야누스의 얼굴을 가지고 상황과 여건에 따라 보이고자 하는 모습을 보이며 이래도 흥 저래도 흥하면서 줏대 없는 처세에도 일련의 중용의 의미가 내포되어 있다. 또 황희 정승의 "네 말도 맞고 또 네 말도 맞다"는 말에도 중용의 의기가 담겨 있다. 결과적으로 직장이 소통 조직이라는 말도 맞고 불통 조직이라는 말도 맞다. 소통에는 만능키가 없다. 소통하는 상대방의 성향에 따라 맞춤형으로 소통을 하는 키가 있을 뿐이다.

소통의 시작은 소통 상대의 마음을 여는 것에 있다. 그런데 상대방의 성향과 기질에 따라 마음의 문을 열 수 있는 키가 제각각 다르다. 그래서 소통의 키는 사람의 수에 따라 비례하며, 사람에 따라 맞춤형 소통을 할 수 있는 키를 많이 보유한 사람이 진정한 소통의 달인이라고 할 수 있다. 아울러 자기가 보유한 셀 수 없이 많은 소통의 키 중에서 사람에 따라 어떤 키를 써야 할 것인지를 쉽게 찾을 수 있는 사람이 진정한 소통의 달인이다. 그래서 진정으로 소통을 잘하는 사람은 소통 상대방의 성향을 사전에 파악하여 그에 따른 열쇠를 사용하고, 소통 과정에서도 상대방 상황을 수시로 파악하여 상대방의 변화되는 환경과 상황에 따라 그 방식을 달리한다.

2장.

중용의 문화가 변화를 선도한다

따로 또 같이하는 사람이 많으면 소통이 잘 된다

자칭 중용의 소통을 잘하는 사람으로 불리는 A 직원 중용이는 매사 긍정적인 성격을 보유하고 있으면서도 가끔씩 회사의 불합리한 제도와 상사나 경영층의 불공정한 행위에 대해 거침없이 항의성 발언을 하는 성정을 지녔다. 어떤 경우에도 크게 자신을 드러내지 않으면서도 결정적인 상황에서 자기를 과감하게 드러내는 그런 모습이 다른 사람에게 의아함을 주지만 결코 사적인 이득이나 개인적인 이득을 보기 위한 행동이 아니고 공적인 이익과 모든 사람들의 공동의 이익을 위한 행동이라는 점에서 공공의 적은 아니다. 그는 평소에는 자기에게 주어진 역할과 책임을 다하며 회사의 경영이익 증진을 위해 솔선수범하는 타의 귀감이 되는 직원이다. 또 누가 보면 승진에 욕심을 두고 일한다는 오해를 받을 정도로 상사를 보필하는 데 소홀함이 없고 공과 사를 명확하게 구분해서 행동해서 때로는 기준과 원칙에 준하며 유연함이 없는 강직한 성격이라는 오해를 받기도 한다. 그런 중용이는 회사는 소통 조직일 수도 있고 아닐 수도 있으며, 불통 조직일 수도 있고 아닐 수도 있다는 생각을 가지고 있다.

중용이는 한결같이 중요한 것은 불통이든 소통이든 간에 회사 직원들은 경영 성과 달성을 위해 서로 합심해야 하고 어렵고 힘든 상황에서는 사적인 이익을 포기하더라도 회사의 이익을 위해 헌신해야 함을 강조하고 있다. 또 소통을 하면서도 개인의 기득권을 형성하고 사적으로 이익을 얻기 위해서 소통하는 것은 직장인으로서 올바른 도리가 아니라고 말한다. 아울러, 불통을 하면서도 사익을 추구하지 않고 공동의 목적을 달성하기 위한 것이라면 올바른 처사라고 말한다.

위와 같이 중용이처럼 행동하는 사람이 많으면 많을수록 소통이 잘되는 조직 문화를 만드는데 이롭다. 또 그런 유형의 사람들이 소통을 잘하는 조직을 만드는데 음양으로 많은 기여를 하는 일등 공신이다. 문제는 그런 직원이 활발하게 활동을 할 수 있도록 근무 분위기를 조성하는 것인데, 직장에서는 의외로 그런 사람들이 공공의 적으로 내몰리는 경우도 있다. 참으로 애석한 일이 아닐 수 없다.

회사의 주인이 누구인지를 알고 소통을 해야 한다

회사의 모든 정책에 긍정적인 태도를 보이는 자칭 소통이라고 불리는 B 직원 소통이는 "회사는 원천적으로 공동의 목적 달성을 의한 소통을 하기 위해 구성되었다"는 소통설을 주창하는 직원이다. 이에 반해 사사건건 회사에서 전개하는 정책에 부정적인 태도를 보이는 자칭 불통이라는 C 직원은 회사는 원천적으로 개인의 소통을 일정부문 제한하여 회사가 원하는 목적을 달성하려고 한다는 불통설을 주창하는 직원이다.

위에 등장하는 B 직원과 C 직원 중 누구의 말이 맞는지를 평가하는 명확한 잣대는 없다. 하지만 일반적으로 볼 때 소통과 불통은 우리의 신체를 지탱하는 양쪽 다리처럼 회사를 지탱해 주는 역할을 한다. 또 회사는 소통설과 불통설을 주창하는 직원들이 있기에 그래도 팔팔하게 생명력을 유지하고 있는 것이라고 할 수 있다. 아울러 더욱 중요한 것은 상황과 여건에 따라 서로가 힘을 모아야 하는 경우에는 힘을 모아야 하고, 그 어떠한 경우에도 회사의 경영 이익에서 벗어난 야합이 있어서는 안 된다는 점이다. 특히 회사에서는 소통설을 주장하는 사람과 불통설을 주장하는 사람을 편애하지 말아야 하며, 모두가 한 가족의 일원으로 껴안으며 서로가 서로의 부족한 점을 상호 보충해 주는 상보관계를 유지할 수 있는 조직 문화를 만드는 데 역점을 두어야 한다.

직장인들은 회사라는 깃발 아래 모인 회사원이다. 그 깃발의 주인공은 경영자이며, 직장인들은 그 깃발이 넘어지지 않도록 그 역할과 책임을 다해야 한다. 또 그 깃발이 보유하고 있는 가치와 파워를 자기 개인의 이익을 위해 사용하지 말아야 하며, 그 깃발의 주인인 경영자가 정해진 기준과 원칙에 준하여 깃발이 펄럭이도록 하는 것을 소명으로 삼아야 한다.

직장 소통의 성과는 경영 이익으로 나타난다

사람마다 각자 고유의 개성이 있듯이 기업마다 기업체 고유의 조직 문화가 있다. 그런 관점에서 볼 때 1분 말하고 2분 경청하며 3분간 맞장구를 쳐야 한다는 말이나, 역지사지(易地思之)하고 공감하며 신뢰하고 상대방을 배려해야 한다는 일반적인 소통 스킬이 각각의 기업체의 조직 문화에 맞게 재편집되어 적용되고 있다. 일반 소통 이론에 해박한 소통 전문가가 회사 조직에 몸담으면 조직 문화를 이해하지 못하고 조직 문화에 적응하지 못하는 직장 소통의 비전문가로 평가되는 이유도 그런 연유이다. 즉 소통의 일반적인 원리보다는 경영자의 생각과 언행에 따라 소통의 원칙이 정해지고 조직 문화에 따라 소통의 일반적인 원리가 다르게 적용되기 때문에 회사 밖에서 하는 것처럼 소통을 하면 조직과는 맞지 않는 소통이 된다. 그래서 직장 소통은 조직 문화에 편승하는 소통을 해야 한다. 사실 직장 소통은 경영자나 상사가 추구하는 바에 따라 크게 다른 양상을 보인다. 지시와 통제를 즐기는 경영자는 지시와 통제 일변도로 소통하고, 자율과 권한위임에 따른 소통을 하는 경영자는 직원들에게 온전히 자율을 부여하고 권한을 위임하는 형태로 소통한다. 어떤 경영자의 소통법이 옳은 소통 방법인지는 그 기업의 경영 실적을 보면 어느 정도 추정이 가능하다. 지시와 통제에 의해 경영 성과가 지속 증가한다면 그 기업은 지시와 통제에 따른 소통 방법이 최적이라고 할 수 있고, 그렇지 않고 지시와 통제가 조직 문화를 경직되게 하고 직원들의 창의성을 저하시켜 경영 성과를 나쁘게 하는 원인을 제공하고 있다면 그것은 그 기업에 맞는 적합한 소통 방식이 아니라고 할 수 있다.

직장 소통에 단 하나의 정답은 없다. 단지 지시와 통제보다는 자율과 창의를 중시하는 조직이 경영 성과도 많이 낸다는 것은 불을 보듯 뻔한 사실이다. 그럼에도 불구하고 단기적으로 무리하게 경영 성과를 창출하기 위해 지시와 통제로 억압을 하는 경영자도 있는데 이는 빈대를 잡으려다 초가삼간을 다 태우는 형국과 같다.

로마에 가면 로마의 법을 익히고 그에 따라 행동해야 한다

"로마에 가면 로마의 법을 따라야 한다"는 말이 있듯이 회사에 취직하면 그 회사의 취업규칙과 제도에 준하여 소통해야 하고, 상사와 경영자의 리더십 스타일에 준하여 소통해야 하며, 자기가 몸담고 있는 조직의 조직 문화와 구성원들의 속성에 맞게 소통을 하는 것이 바람직하다. 그렇다. 단 하나의 정답으로 모든 문제를 다 풀 수 있는 회사형 소통법은 없다. 그래서 회사형 소통법이 회사마다 다 다르고, 구성원마다 다 다르며, 같은 회사에서도 각각의 조직이나 단체마다 회사형 소통법이 다르다. 직장 소통을 할 때는 그 점을 바탕에 두고 그 상황과 여건, 그리고 환경에 맞는 소통법을 구사해야 한다.

『논어』를 읽다 보면 지극히 옳은 말, 바른말, 이치에 맞는 말이 태반이다. 그래서 공자의 말은 지극히 평이하며 상식적인 선에서 당연히 그렇게 해야 하는 말이 즐비하다고 느낀다. 왜냐하면 그간 몰랐던 것을 새롭게 아는 내용이 아니라, 그간에 수도 없이 들어왔던 말들이 대부분이기 때문이다. 사실 논어를 쉽게 생각하면 매우 쉬운 책이다. 하지만 자기의 행실과 논어의 문구를 대립해서 비교해서 읽다 보면 자기의 삶이 얼마나 논어에서 벗어난 생활인지를 알게 된다.

세 살 먹은 아이가 아는 것을 칠순이 넘은 어른이 행동을 하기가 어려운 것이 매우 평범한 진리이다. 지극히 평범한 것이 매우 비범한 것이라는 말이 있듯이 『논어』에서 공자가 말하는 바에 따라 말을 하고 행동하는 사람이 비범한 사람이다. 그래서 『논어』는 읽기에는 편하고 쉬운 책이지만, 그 책에 담긴 내용을 행동으로 옮기기에는 매우 어렵다는 점에서 어렵고 난해한 책이다. 소통 분야의 책도 바로 『논어』처럼 쉽고 평이한 책이다. 그래서 사람들이 소통 분야의 책을 계속해서 읽으려고 하지 않는지도 모른다.

3장.

수시로 임기응변의 문화를 만든다

짜고 치는 소통도 소통은 소통이다

대체로 임원 주재 소통행사에서 임원들은 진정으로 소통하고 직원들과 진심을 다해서 신뢰의 관계를 형성해서 열린 마음으로 허심탄회하게 소통하는 조직 문화를 만들기 위해 함께 노력하자고 당부한다. 그러면서 경영층이 먼저 자신의 권위를 내려놓고 직원들에게 진심으로 다가가 직원들의 애로사항을 경청하고 때로는 즉석에서 그 애로사항을 해결해 준다. 여기에 맛있는 다과와 선물까지 제공하니 그야말로 소통행사가 분위기가 좋을 수밖에 없다.

직원의 입장에서도 평소 쉽게 접할 수 없는 경영층과 함께 같은 공간에서 회사 경영에 대한 고급 정보와 사적으로 친밀한 관계를 형성했다는 점에서 고무적인 태도를 보인다. 특히 임원의 입장에서는 잠시 골치 아픈 경영 환경에서 벗어나 신변잡기와 일상적인 대화, 현장 직원들의 수준에 맞는 대화 등을 나눈다. 또 경영자로서 고립되어 외롭게 지내다가 오랜만에 현장 직원들을 만나고 신입사원을 대하는 등 그간에 과거 친분이 있던 일반 직원을 만나니 기쁘기 한량없다. 더군다나 현장 직원들이 자기의 말 한마디에 반응을 하고 과하게 리액션까지 곁들여서 자기의 말에 동조하고 맞장구를 쳐주니 이보다 더한 소통행사는 없다.

대부분 회사 경영층 주재 소통행사를 하면 위와 같이 좋은 분위기가 연출된다. 하지만 직원들의 반응이 현장 동향의 전부라고 믿는 경영자는 드물다. 또 개방적이고 자유분방한 모습을 보이는 경영자의 행동이 경영자의 진면목이라고 믿는 직원들은 거의 없다. 왜냐하면 그런 소통행사에는 경영층과 소통을 할 때 큰 문제가 되지 않는 사람이나 회사 정책에 대해서 비교적 긍정적인 직원을 선별해서 참석하게 하기 때문이다. 또 관례적으로 그렇게 해 왔고 그렇게 연출하는 것이 지극히 당연하다고 생각하는 직원들이 많기 때문이다. 그럼에도 불구하고 소통을 위한 소통행사인지, 아니면 임원을 위한 소통행사인지 판단하기 어려운 그런 소통행사를 계속 하는 것은 장기적으로 볼 때 그렇게 하는 것이 오히려 실(失)보다 득(得)이 많기 때문이다.

경영층은 소통행사를 하면 조직 분위기가 바뀔 것이라고 믿는다

회사가 소통하는 척을 하고 소통을 하는 것처럼 쇼를 하는 소통행사를 계속 하는 이유는 어디에 있을까? 그것은 바로 소통행사를 주관한 부서의 실적에 소통행사를 실시한 것이 성과로 연계되기 때문이다. 소통이 잘되는 조직은 특별히 소통행사를 하지 않는다. 그저 일상적으로 하는 생활 자체가 소통이 잘되는 생활을 하기 때문이다. 소통이 잘 안되는 조직일수록 소통행사를 많이 한다. 또 경영층의 관점에서 볼 때 자기가 현장 직원들과 소통의 필요성을 느끼거나 소통을 하고 싶은 마음에서 소통 행사가 마련된다. 또 일반 직원이 원하고 희망해서 경영자와 소통을 하는 것이 아니라 대부분 경영자와의 소통은 경영자가 원해서 하는 경우가 태반이다.

조선시대에 군주들은 백성들의 진실한 모습을 보고 싶어서 저녁에 몰래 민복을 하고 잠행을 했다. 백성들의 생활이 어떠하고 현재 백성들은 군주에 대해 어떻게 생각하고 있으며 그들의 고통은 무엇이고 그들에게 필요한 것이 무엇인지를 세세하게 알고 싶어서 변복을 하고 잠행을 했다. 현대적인 시점에서 경영자 주관 소통행사가 바로 조선시대 군왕들의 잠행의 성격을 지닌 행사이다. 그 소통행사를 통해 현재 회사의 소통 활동의 현상과 문제점을 파악하고 앞으로 더 나은 소통, 앞으로 현장이 활발한 소통 조직으로 거듭나기 위해서는 어떻게 해야 할 것인가에 대한 대안을 마련하는 단초를 구한다. 그런데 중요한 것은 직원들은 그러한 것을 알면서도 마치 그런 것을 전혀 모르는 것처럼 쇼를 하고, 경영자는 직원들이 쇼를 한다고 하는 것을 알면서도 모든 것이 조작되어 연출된 것이라고 믿지 않는다. 연출되어 쇼를 하고 있지만 그 안에 진심이 담겨 있고, 100%는 아니지만 소통행사 이후에는 조직 분위기가 어느 정도는 변할 것이라고 믿는다.

소통행사는 내부 단속과 위계질서를 확립하는 자리이다

고려시대에 불교를 중시하며 백성들의 마음을 한곳에 모으기 위해 숭불사상에 입각하여 불교행사를 많이 했는데, 순수하게 불교행사를 한 것이 아니라 왕실의 안녕과 왕권을 강화하려는 목적으로 수시로 했다. 이와 마찬가지로 회사에서 하는 소통행사는 임직원의 마음을 하나로 모으기 위해 하는 것처럼 보이지만, 그 내면을 속속히 들여다보면 결국은 임원의 권위를 세우기 위해서 하는 경우가 많다. 또 직원들의 생각을 읽고 직원들의 마음 안에 있는 애로사항을 수렴하여 이를 해소해 주는 행사가 아니라 더 참고 인내하면 기회가 올 것이라는 뜬구름 잡는 희망만 안겨주고, 직원들의 불평불만을 잠재우기 위한 소통행사이다. 또 소통행사를 하면 상사가 주인공이 되고 서로 친밀하게 친분을 나누는 소통이 아니라 상사와 일반 직원은 서로 다른 존재라는 것을 확인하는 자리가 된다. 상사가 최고 상석에 앉아서 자기의 권위를 다시금 확인 사살하는 그러한 자리이다. 그러면서 소통행사가 마치면 '소통이 매우 잘됐다' 혹은 '소통행사를 통해 서로가 서로를 아는 자리가 되었다'고 자화자찬을 한다. 소통이 잘되는 조직을 만들 요량이면 그런 소통행사를 하지 않는 것이 직원들과 소통하는 첫걸음이라는 점을 인지해야 한다.

4장.

사람이 모여 문화를 만든다

사람 사는 세상은 다 그렇다

회사가 불통 조직이라는 말에 어느 정도 수긍하지만, 그렇다고 회사가 원천적으로 불통 조직이라고 하는 말은 맞지 않다. 더불어 함께하는 세상에 사람과 사람이 공생하다 보면 별의별 일이 다 발생된다. 자라온 환경과 경험한 것들이 서로 다르고 태어날 때부터 지닌 천성이 사람마다 모두 천차만별이라 당연히 그러하다. 특히 서로 간에 이해관계가 얽혀 있는 상황에서는 보는 관점에 따라 혹은 자기가 가진 생각에 따라 제각각 다른 의견을 내놓을 수밖에 없다. 그래서 갈등이 생기고 급기에는 서로 불신하는 등 불통으로 인해 관계가 전보다 더욱 악화되는 최악의 상황이 도래하게 된다.

직장인의 경우 매일 사람들과 어울리고 서로 관계를 하다 보면 업무적인 갈등으로 인해 서로 사이가 나빠지고 간혹 선의의 경쟁이라는 명목으로 보이지 않는 다툼의 관계선상에서 서로 시기하고 비방하는 관계로 전락되기도 한다. 그런 일련의 상황으로 말미암아 회사를 불통 조직이라고 말하는 것은 지극히 당연하다. 하지만 사람이 사는 곳에는 별의별 일이 다양하게 시시각각 발생한다는 관점에서 볼 때 회사도 사람 사는 곳이라 그런 일이 비일비재하게 발생한다. 그러기에 갈등과 다툼, 그리고 시기와 비방으로 인해 서로 불신하는 직장이라고 해서 회사 전체를 불통 조직이라고 말을 하는 것은 모순이다.

피 한 방울 섞이지 않은 사람들이 경영 비전을 달성하기 위해 노력을 하다 보면 각자가 처한 상황과 위치 그리고 역할과 책임에 따라 보는 관점이 달라질 수 있다. 특히 일반 직원과 경영자와는 상호 추구하는 이익과 관점이 현격한 차이를 보인다는 점에서 갈등이 심화될 수밖에 없는 구조이다. 일례로, 경영자는 회사의 경영 이익을 추구하고, 일반 직원은 자기 개인의 월급을 생각하기 때문에 서로가 원만하고 합리적인 타협을 하지 않는 상태가 지속되면 파국으로 치닫게 된다. 그렇다고 해서 그것이 회사를 불통 조직으로 만들지는 않는다. 또 갈등이 심화되어 태업이나 파업을 해도 회사라는 한 울타리 안에서 일어나는 갈등관계라는 점에서 원만하게 협상이 타결될 여지는 늘 상존한다. 또 위기 상황에서는 오월동주(吳越同舟)라는 고사성어에서 말하듯이 공동의 생존을 위해서는 기꺼이 손을 잡는 관계이다. 특히 회사 경영 악화로 인해 회사가 문을 닫아야 하는 상황에서는 서로 합심하여 그 상황을 극복하기 위해 협력하는 것이 통념이다. 일례로, 노사 간 임금 협상의 추세를 보면 목전의 이익을 위해 황금알을 낳는 거위를 죽이는 극단적인 상황에서는 누군가의 통 큰 양보를 통해 원만하게 협상을 하는 것이 일반적이다. 그러한 일련의 과정을 보면 회사를 그 어떤 경우에도 불통의 조직으로 평하는 것은 맞지 않다.

사람 사는 세상에서는 사람들이 서로 소통을 하는 과정에서 필연적으로 불통의 상황이 도래하기 마련이다. 간혹 겉으로 보기에 소통이 잘되는 조직도 그 속내를 들여다보면 소통이 잘되는 것처럼 연극을 하는 경우도 있다. 그런 조직은 불통으로 점철된 부정적인 모습을 보이지 않기 위해 불편을 감내하면서 공동의 이익을 위해 억지로 소통하는 모습을 연출한다. 그런 불편을 감내하는 사람들이 있기에 외부적으로 볼 때 소통을 잘하는 조직처럼 보이는 것이다.

때로는 속에 갈무리하고 있는 것보다 보여지는 것이 전부로 보는 경향이 있다. 그런 관점에서 보면 소통하는 척을 하고, 소통이 잘되는 조직처럼 보이는 것이 장기적으로 볼 때 그렇지 않는 조직보다 소통이 잘되는 조직으로 거듭날 확률이 더 높다.

직장생활은 즐겁고 행복하면 된다

회사가 소통 조직인지 혹은 불통 조직인지는 그리 중요한 것이 아니다. 회사가 소통 조직이면 어떠하고 불통 조직이면 어떠한가? 서로 협업을 해서 경영 목표를 달성하는 것이 중요한 것이다. 그러는 과정에서 이왕이면 다홍치마라는 말이 있듯이 소통이 잘되는 상태에서 경영 목표를 달성하거나 그 과정에서 소통이 잘되면 금상첨화이다. 간혹 경영 목표를 달성을 했는데 오히려 소통의 관계에 금이 가서 더욱 불통 조직이 되는 경우도 있다.

사람은 모두 일정한 시간이 지나면 죽음을 맡게 된다. 그러기에 회사 생활을 영원히 죽을 때까지 할 수 있는 것은 아니다. 그러므로 승진을 하든 인사고과가 형편없이 좋지 않든 간에 통장에 월급이 들어오면 그것이 직장인의 전부라고 생각하면서 마음 편하게 직장 생활을 하면 어떨까?

회사에서 무슨 부귀영화를 누리고 무슨 큰 권력을 누리겠다고 아등바등하며 치열하게 사는가 말이다. 회사는 경영하는 사람이 주인이고 자기는 정년이 될 때까지 회사에서 주어진 일을 하고 그 대가로 월급을 받으면 된다. 그러므로 그냥 마음 편하게 회사에서 주어진 역할과 책임을 다하고 퇴근해서 자기의 건강을 돌보고 행복한 가정을 일구면서 가족들과 행복하게 지내면 된다. 회사에 충성하고 경영자의 눈에 잘 들었다고 해서 영원히 회사에 남아 승승장구하면서 권력을 누릴 것도 아니다. 그러므로 동료들과 갈등 없이 서로 원만하게 지내고 상사나 경영자의 지시에 순응하면서 마음 편하게 지내면 된다.

인생에서 중요한 것은 건강하고 행복하게 사는 것이다. 그러기 위해서는 무엇보다 마음이 편해야 한다. 건강하게 행복한 상태인데 마음이 불편하다면 불행하게 될 것이고, 그로 인해 건강이 나빠질 것은 불을 보듯 뻔하다.

갈등이 있다는 것은 소통을 하고 있다는 것이다

회사에 출근하고 싶어서 안달이 난 자칭 소통이라고 불리는 K 직원 소통이는 회사에 가야 회사 생활을 할 맛이 난다고 말한다. 집에 있으면 누구와 대화를 나눌 사람도 없고, 외롭고 고독하기 일쑤이다. 그래서 집에 혼자 있으면 머리가 녹슬고 몸을 움직이지 않아서 더 늙어 가는 것 같다고 말한다. 그런데 회사에 가면 동료들과 이야기를 나눌 수 있고 무엇보다 할 일이 있다는 것이 기쁘기 한량없다고 말한다. 사실 일이 없으면 사람이 빨리 늙기 일쑤이다. 또 생각도 고정되어서 머리도 녹슬기 마련이다. 그런데 회사에 출근하면 일을 통해 보람을 얻고 사람들과 관계를 하면서 더불어 함께 살아가는 방식을 배운다. 사람들과 업무적으로 소통을 하면서 업무 능력을 배우고 인맥도 형성할 수 있어서 회사는 전형인 소통 조직이라고 K 직원은 말한다.

사람은 사회적인 동물이다. 혼자서는 살아갈 수 없고 다른 사람과 어울려서 살아야 하는 곳이 사회이다. 그 사회의 구성원으로서 무엇인가 자기가 하고자 하는 역할과 책임을 다하면서 사회의 구성원으로서 역할과 책임을 다할 수 있는 곳이 회사이다. 물론 일을 하고 사람들과 접촉을 하면서 다투기도 하지만 그런 것이 삶의 일부이고 그런 생활을 하는 것에서 사람 사는 맛을 느끼는 것이다. 그렇다. 사람과 사람이 어울려 사는 곳에서는 필연적으로 갈등이 있을 수밖에 없고 불통을 하는 것도 일련의 소통의 과정이라고 생각하자.

5장.

불씨는 나누되 불꽃을 잃지 않는다

권력은 자식과도 나누지 않는다

일반적으로 권력을 잡은 사람들은 자신의 권력이 다른 사람에게 넘어가는 것을 용납하지 않는다. 흔히 권력은 자식과도 나누려고 하지 않는다는 말이 있듯이 권력을 잡으면 온전히 자기가 독점하고 싶어 하는 속성이 있다. 그런 관점에서 볼 때 상사나 리더 그리고 임원도 권력가이다. 거대한 힘을 발휘하고 무한대 힘을 발휘하는 그런 자리는 아니지만 한 무리나 그룹을 이끌 수 있는 권력을 지녔다는 점에서 일련의 권력가이다. 이들 역시 공통적으로 회사에서 자기에게 부여한 권한이 다른 사람에게 이양되거나 자기가 가진 권력이 누수가 되지 않도록 은근하게 관심을 쏟는다. 그래서 특정한 사람에게 계속해서 특별한 업무를 수행하도록 하지 않는다. 왜냐하면 자칫 자기가 특별히 위임한 직원이 자기의 이름을 도용하여 권력을 남용할 여지가 있기 때문이다. 또 모든 것을 위임을 해도 자기가 가진 결재권, 평가권, 근태권 등은 위임하지 않는다. 그것이 최소한 자기의 권력을 유지하게 하는 힘이 되기 때문이다.

상사는 권력을 한 곳에 몰아주지 않는다

회사의 모든 일과 회사에서 부여한 모든 권력은 자기의 것이 아니라 회사의 것이다. 그러므로 자기가 상사나 임원으로부터 전폭적으로 권한을 위임을 받았다고 해서 결코 그것을 사적으로 이용하지 말아야 한다. 특히 상사가 특별한 권한을 자기에게 위임을 했을 때에는 그것은 자기의 권력이나 권한이 아니라 상사의 것임을 망각하지 말아야 한다. 그렇지 않고 위임받은 권력을 자기의 사적 권력이나 권한으로 생각하면 다른 사람을 대할 때 무례하게 행동하게 되고, 자만한 태도를 보이게 된다.

상사가 위임한 권한을 마치 자기의 권한인 것처럼 행사하는 것이나 자기가 도맡아 하는 업무라서 자기 마음대로 업무를 처리하려고 하는 것은 무례한 처사이다. 그러므로 자기주도적으로 업무를 할 때에도 다른 사람을 배려하고 다른 사람을 대할 때 부드럽고 유연하게 대하며 겸손한 태도를 유지해야 한다. 아울러 자기의 독과점 업무가 다른 사람에게 넘어가더라도 결코 서운하거나 화를 내지 말아야 한다. 왜냐하면 상사의 입장에서는 권력이 한 사람에게 집중되어 자기의 권한이 다른 사람에게 넘어가는 것을 결코 원하지 않기 때문이다.

권력은 올바르게 사용되어야 한다

상사는 자기의 권한을 다른 사람에게 위임을 하면 본능적으로 자기가 위임한 권한이 올바르게 잘 활용되고 있는지를 모니터링을 한다. 그러므로 상사로부터 권한을 위임을 받았다면 그 위임 받은 권한으로 인해 상사에게 피해가 가지 않도록 하는 것이 무엇보다 중요하다. 권한이나 특정한 권력을 위임을 받은 것은 상사의 사유지를 상사 대신 경작하는 것과 같다. 즉 상사로부터 권한위임을 받거나 특별한 권력을 대리 수행하게 하게 됐다는 것은 상사가 씨앗을 뿌려 놓거나 경영자가 씨앗을 뿌려 놓은 농토를 일정기간 관리하는 담당자 역할을 하게 된 것과 다를 바 없다. 그런데 그 농토를 잘 관리해서 상사나 경영자의 수확량을 늘리는 데 힘을 쓰지 않고 자기의 사적인 이익을 취하려고 하는 것은 상사나 경영자가 심은 농작물을 자기가 수확하는 경우와 같다. 그러므로 상사나 경영자에게 권한위임을 받았다고 해도 결코 그 권한이 자기의 권한이 아님을 인식하는 것이 무엇보다 중요하다.

참고로, 권력을 가졌다는 것은 뭔가를 다른 사람에게 줄 수 있는 능력을 가졌다는 것을 의미한다. 또 뭔가를 주도적으로 상황과 구조를 짤 수 있는 힘을 가졌다는 것을 의미한다. 프랑스어로 '푸브와(Pouvoir)'는 동사와 명사로 쓰이는데 명사일 때에는 권력을 뜻하지만 동사일 때에는 뭔가를 할 수 있다는 뜻이다. 그 뭔가를 할 수 있다는 힘이 자기의 이익을 취하고 자기의 권력을 더 강하게 하기 위한 곳에 쓰인다면 그것은 진정한 권력이 아니라 권력을 온전히 남용하는 것이라고 할 수 있다. 그렇지 않고 자기가 가진 힘을 다른 사람을 위해 배려하는 것에 쏟는다면 그것이 바로 올바르게 권력을 사용하는 것이다.

권한위임에도 부작용이 따른다

권한을 분산하거나 혹은 위임을 할 때는 호랑이의 날카로운 이빨에 버금가는 숨겨진 무기까지 혹은 직원들이 무서워하거나 두려워하는 것까지 모두 전권을 위임하는 것은 바람직하지 않다. 그러므로 최소한 비상시에 직원들을 자기가 원하는 방향으로 이끌기 위해서는 리더나 임원으로서 지녀야 하는 권력과 권위는 위임하지 말아야 한다. 아울러 승진으로 인하여 역할과 책임이 더 큰 권력을 잡았다면 그 자리에 맞는 역할과 책임을 다하는 것이 필요하다. 그렇지 않고 과거에 있던 직위나 직책에서 행하던 대로 하는 것은 현재에 몸담고 있으면서 마음이 과거에 있는 것과 같다. 또 더 막중한 책무를 행해야 하는 자리에서 너무 가볍게 처신을 하는 우를 범할 수 있으므로 늘 신중을 기해야 하고, 변화되는 환경과 여건에 따라 그 상황에 맞는 행동을 하는 것이 필요하다. 승진을 했다고 해서 어느 날 갑자기 180도 돌변하여 종전과 전혀 딴 사람처럼 행동을 하는 것은 과거의 모든 것을 잃어버릴 우려가 있으므로, 과거의 연을 계속해서 이어가되 현재의 연에 더 집중하는 것이 올바른 소통의 비결이다.

6장.

사람이 사람을 따뜻하게 빚는다

술을 마시면서 하는 소통이 진짜 소통은 아니다

직장 소통은 비용이 들어가는 소통이다. 즉, 소통을 하는 데 소요되는 시간을 포함하여 제반 경비, 인건비 등 비용이 투여되는 소통이다. 그중 회식에 들어가는 비용도 소통 비용이다.

일반적으로 술을 좋아하는 애주가들은 술을 마셔야 속에 있는 마음을 진심으로 가감 없이 드러낸다는 차원에서 술을 자주 마시면 소통이 잘되는 조직이라고 생각한다. 반면에 술을 마시지 않고 회식을 해도 밥만 먹는 소통은 진짜 소통이 아니라고 말한다.

대체적으로 술을 마시면 이성적으로 대화하기보다는 술에 취해서 술기운으로 대화를 나누는 경우가 많다. 그러다 보니 술을 마시지 않았을 때에는 이성적으로 생각해서 어느 정도 절제된 대화를 하는 반면, 술이 술을 마시는 인사불성의 경지에 이르면 마음에 담아둔 말을 전혀 거르지 않고 토해낸다. 그래서 상사에 대한 불만, 회사 정책의 개선점 등 그간 마음에 담아 둔 말들을 서슴없이 내뱉는 경우가 있다. 그럼에도 술을 좋아하는 사람들은 술을 마시고 대화를 나누는 그 말이 진정성이 있는 말이라고 하면서 술을 마시면서 대화를 하는 것을 열린 소통이라고 말한다. 문제는 술을 마시지 못하는 사람은 회사 생활 역시 잘못하는 것이라고 과소평가를 한다는 점이다. 그런데 그런 소통은 한마디로 말해서 자기가 술을 잘 마시므로 그것을 무기로 삼아 자기 마케팅을 하는 것이라는 오해를 받을 수 있는 소통이다. 물론, 술을 마시고 허심탄회하게 하고 싶은 말을 모두 하는 소통이 진정한 소통이라는 애주가들의 주장이 틀린 말은 아니다. 문제는 그런 것을 상사가 이해를 하고 포용을 하는가에 달려 있다. 그러므로 상사가 술을 마시지 못하는 상사라면 술을 마시고 소통을 하는 것을 어느 정도 절제할 필요가 있다. 왜냐하면 술을 마시지 않는 사람은 술을 마시고 실수하는 사람의 추태를 납득을 하지 못하는 경향이 있기 때문이다. 또 다음 날 출근할 것을 생각하지 않고 막무가내로 무계획적으로 과음을 하는 사람을 상사는 신뢰하지 않는다는 점도 알아둘 필요가 있다.

일반적으로 함께 밥을 먹고 술을 마시는 사이라면 비교적 절친한 사이이다. 술자리를 함께한다는 것은 서로가 술에 취해서 실언을 하거나 실수를 해도 널리 포용을 해주겠다는 묵시적인 약속을 맺은 사이라고 볼 수 있다. 그래서 대부분 조직활성화나 동호인 활동 등 여럿이 자주 모이는 것 자체만으로 그런 조직은 소통이 잘 되는 조직이라고 평가한다.

술을 잘 마시는 사람이 일도 잘한다는 말은 모순이다

밤에 역사를 쓴다는 말이 있듯이 인사 평가, 승진, 포상 등 사내에서의 중요한 것들은 대부분 밤에 술자리에서 결정된다. 참으로 애석한 일이 아닐 수 없다. 어찌하여 이성적인 상태에서 회사 생활을 하는 데도 중요한 판단은 이성적인 판단보다는 밤에 술자리에서 감정적이고 직관적으로 하는 것일까?

백이면 백 모든 직장인들이 자기의 속내를 숨기고 가면을 쓰고 생활한다. 그러한 것을 누구나 다 안다. 상사 역시 그러함을 알고 있기에 술을 마시고 발견한 진면목을 진심으로 평가를 한다. 그래서 술자리가 진정한 소통의 자리라는 것이다.

한때는 술을 마시지 못하는 직원은 직장생활을 잘 못하는 직원으로 평가되고 술을 잘 마시고 잘 노는 사람이 일을 잘하는 사람으로 분류된 시절도 있었다. 물론 지금도 그런 말이 회자되기도 한다. 하지만 술을 잘 마시는 것과 일을 잘하는 것은 별개이다. 술을 마시지 못해도 일을 잘하는 사람이 더 많다. 또 전날 술을 많이 마신 사람이 다음 날 회사에 출근하여 행하는 업무 태도를 보면 술이 그다지 회사 업무를 하는 데 도움을 주는 것이라고 확신할 수는 없다.

상사가 술에 취한 모습도 보여야 소통이 잘 된다

술자리에서 전혀 자세가 흐트러지지 않고 술을 마실 때도 회사에서 업무를 할 때와 마찬가지로 올곧게 바른 자세를 유지하는 모범생 같은 상사는 대부분 소통을 잘하는 사람이라고 하지 않는다. 그렇지 않고 술자리에서 상사의 권위를 내려놓고 인간적으로 친구처럼 혹은 이웃집 형님처럼 대하는 그런 상사는 무조건 소통을 잘하는 사람으로 평가한다.

물이 너무 맑으면 고기가 살지 않고 사람이 너무 투명하고 진실하면 주변에 사람이 모이지 않는다는 말이 있듯이 술을 마시고 전혀 흐트러짐이 없거나 술을 마시고도 평상시 회사에서 하는 것과 같은 태도를 보이는 상사에게는 조직원들이 호감을 느끼지 않는다. 반면에 인간적으로 술을 마시고 소소한 실수를 하는 사람에게는 사람 냄새가 나고 훈훈한 인간미가 느껴진다고 생각하는 것이 대다수의 의견이다. 간혹 회사에서 잔소리를 자주 하는 상사가 술을 마시면 더욱 잔소리를 하는 경우가 있는데 그런 것은 소통의 판을 깨는 이적 행위이다. 사람들은 자기의 허락 없이 조언을 하거나 가르치려고 하는 사람을 좋아하지 않는다. 배우려는 의사가 없는데 억지로 가르치려고 하는 것은 그 사람의 멱살을 잡는 불경한 행위와 진배없다.

대화를 하면 서로 공감하고 배려하지 않고 상대방의 허점을 찾아서 이에 대해 조언하는 교장 선생님과 같은 사람을 좋아하는 사람은 별로 없다. 대신에 허점이나 단점을 말하기보다는 장점이나 강점을 말해주는 사람에게 친밀감을 느낀다.

술을 마시고 회식을 하는 것은 회사에서 쌓인 스트레스를 푸는 역할도 하지만 더욱 중요한 것은 회사 안에서 이성적으로 해결하지 못한 것들을 술의 힘을 빌려 서로에게 쌓인 갈등을 해결하는 것에 주요 목적이 있다. 서로 간에 얽히고설킨 갈등을 풀기 위해서는 소통을 해야 하는 것이 당연하다. 그런데 서로 간의 갈등을 풀기 위해 회식을 했는데 회식을 하는 과정에서 더욱더 갈등의 골이 깊어지는 경우도 있다.

『명심보감』에 “술을 마시고도 말이 없는 사람은 참다운 군자이고 돈 관계를 명확히 하는 사람은 대장부”라는 말이 있다. 마음속에 깊이 새겨야 하는 명구가 아닐 수 없다. 예나 지금이나 술을 마시면 마실수록 말이 많아지는 경우가 많다. 어떤 경우에는 술을 마시고 말을 많이 해야 술이 깬다는 사람도 있을 정도이다. 예나 지금이나 술을 마시고 말을 조심해야 하는 것은 동일하다.

자기의 몸이 건강해야 건강한 소통을 한다. 술을 마시면서 소통이 잘 된다고 하더라도 술로 인해 건강을 망친다면 소통은 고사하고 건강도 잃고 조직도 잃는다.

7장.

위기를 읽는 사람이 문화를 만든다

위기를 능수능란하게 관리하는 사람이 소통도 잘한다

리더십의 가장 기본적인 단계는 위기관리이다. 리더가 되어서 가장 먼저 해야 하는 것이 바로 위기를 잘 관리하는 것이다. 리더십의 구루 존 맥스웰 박사는 리더십의 단계는 위기관리-문제해결- 성과-관계-인재 양성- 인품이나 덕성의 단계로 진화를 한다고 말한다. 즉 인품이나 덕성으로 조직원들에게 영향력을 발휘할 수 있는 리더가 최고 수준의 리더라고 말한다. 반면에 위기로 조직원들에게 영향력을 발휘하는 리더는 리더십 수준이 최하위다. 리더가 조직원들에게 영향력을 발휘할 때 단순히 이상의 5가지 중 어느 한 가지만으로 영향력을 발휘하지는 않는다. 리더십이 상위 수준에 있다는 것은 이상과 같은 5가지 단계 중 인품과 덕성 쪽에 리더십이 쏠려 있음을 의미한다.

회사에서는 직원들에게 어떠한 영향력을 발휘할 때 가장 먼저 위기를 조장하거나 위기가 닥쳤을 때 이를 잘 해결하는 것을 가장 기본으로 한다. 현실에 닥친 문제를 해결하고, 조직원들에게 위기감을 조성하여 직원들이 움직이게 하는 것이다. 현실에 안주하거나 고정관념에 고착된 사고방식으로는 경영의 발전을 꾀할 수 없다. 그래서 위기를 조장하여 조직원들이 창조적인 노력으로 문제를 해결하고 지속적으로 변화와 혁신을 꾀할 수 있도록 한다.

회사 경영에서도 위기를 타파하고 문제를 해결하기 위한 요량으로 직원들에게 위기감을 심어주는 소스를 개발하여 적용을 한다. 이는 직원들이 현실에 안주하지 않고 새로운 사고방식으로 변화와 혁신을 꾀할 수 있도록 하기 위해서이다.

사람들은 자극을 주면 반응을 보인다

사람을 움직이게 하는 요소 중 하나는 감정적으로 자극을 주는 것이다. 감정 상태가 평온한 상태에서는 안정적인 상태를 계속 유지하고 싶어 한다. 반면에 두려움이나 감정적인 변화로 인해 일상적인 상태가 아닐 때는 감정적으로 쉽게 동화되는 경향을 보인다. 그래서 사기꾼들이 사기를 칠 때 두려움을 조장하거나 감정적으로 기분이 들뜨게 하여 사기에 말려들도록 한다. 자기가 원하는 방향으로 사람을 움직이게 하기 위해 앞에서는 미끼로 유혹하고 뒤에서 두려움으로 몬다.

이와 마찬가지로 회사에서는 직원들이 매너리즘에 빠져 현실에 안주하려는 직원들을 회사가 원하는 방향으로 움직이게 하기 위해 네거티브한 위기를 조장하거나 직원들을 감정적으로 들뜨게 하기 위한 요량으로 포지티브한 위기를 조장한다. 일례로 흡연자가 많다면 금연을 하도록 권장하거나, 자전거 통행으로 사망사고가 발생하면 자전거 출퇴근을 금한다는 등으로 직원들에게 부정적인 감정을 갖도록 자극을 한다. 이것은 직원들의 관심을 금연이나 자전거 출퇴근 금지에 대한 방향으로 관심을 갖도록 해서 회사가 추구하고자 하는 것에 관심을 갖지 않도록 하는데 목적이 있다. 즉 겉으로 보기에는 회사가 직원들의 건강을 위해 금연을 장려하고 자전거 출퇴근 중에 사고가 발생되는 것을 미연에 방지한다는 명분이 있지만 실질적으로는 직원들의 관심을 회사가 진정으로 추진하고자 하는 다른 이슈로의 시선 돌림형 소통을 하는 것이다. 이것은 사람들이 어느 한쪽에 관심을 갖다 보면 다른 곳에 관심을 소홀히 하는 심리적인 편향성을 이용한 고도의 소통전략이다. 그러한 일련의 회사 전략의 내면에 직원들을 위한, 직원들을 올바른 방향으로 이끌기 위한, 조직에 활력을 불어넣기 위한 것이라는 것에 의심을 품지 말아야 한다.

대대적인 이슈 소통 뒤에는 내밀한 진의가 담겨 있다

회사에는 연례행사처럼 하는 소통행사가 있다. 해마다 동일한 시기나 유사한 기간에 유사한 내용으로 소통을 한다. 연말연시 소통행사, 봄과 가을의 체육대회 행사, 안전기원제, 기술정보교류회, 경진 대회 등 해마다 정례적으로 하는 소통행사가 있다. 언뜻 생각하면 정기적으로 관례대로 하는 연중 소통행사라는 생각을 갖기 일쑤이다. 하지만 그러한 소통행사도 회사의 경영 전략 차원에서 마련된 행사이다.

회사에서 주관하는 모든 소통행사에는 일정 금액의 재원이 투입되게 되어 있다. 익히 아는 바와 같이 돈이 들어가는 소통행사인데 회사가 아무런 목적 없이 무분별하게 소통행사를 개최하지는 않는다. 그래서 인원, 비용, 시간 등 경영 전략에 따라 이를 편성한다. 그런 소통행사를 단순히 관례대로 하는 소통행사라고 생각하는 것은 직원으로서 무책임하고 방임하는 처사이다. 그런 관점에서 볼 때, 소통을 잘하는 사람이 되기 위해서는 대내외적으로 회사에서 하는 행사가 왜 하게 됐는지 그 배경과 그 행사를 통해 얻고자 하는 목적이 무엇인지를 아는 것이 매우 중요하다. 그것도 밖으로 드러나지 않는 목적이 무엇인지를 볼 수 있는 혜안을 길러야 한다. 그러기 위해서는 평소 회사 안팎에서 무슨 일이 일어나고 있는지를 유심히 관찰해야 하고, 다방면의 채널을 통해 습득한 지식과 정보를 토대로 그 행사 뒤에 숨어 있는 진면목을 볼 수 있는 통찰력을 길러야 한다. 사실 대부분의 직원들이 소통 행사를 하면 행사를 하는가보다 혹은 행사에 참석하여 행사 분위기가 좋았다 혹은 좋지 않았다고 말을 하는 등 외면적인 것에만 관심을 둘 뿐, 내부적이고 본질적인 것에는 크게 관심을 두지 않는다. 물론, 행사를 주관하는 부서에서 리드하는 대로 적극적이고 능동적인 모습을 보이면 크게 문제는 되지 않는다. 그렇지만 소통이 잘되는 조직을 만들기 위해서는 최소한 주관부서의 사람들이 알고 있는 내밀한 것까지도 알 수 있을 정도의 정보력을 기르는 것도 필요하다. 왜냐하면 그러한 과정에서 관계의 폭이 넓어지고, 업무적인 소통 능력도 길러지기 때문이다.

8장.

학습하는 문화가 변화를 움직인다

교육 주관 부서를 알면 회사가 교육을 왜 하는지를 알게 된다

회사에서는 인재 양성을 위해 직원들에게 다양한 교육을 받도록 하고 있다. 성희롱, 보안, 윤리 등 가장 기본적으로 받아야 하는 교육이나 안전 설비 교육 등 조업 현장에 필요한 직무 교육과 현장 OJT 교육 등 온라인 상태에서 일을 하면서 학습을 병행하는 제도를 운영하여 지속적으로 직원들의 역량 향상에 힘쓰고 있다. 이에 더하여 특별한 계층을 대상으로 리더십 교육과 노무관리 교육 그리고 승진자 대상 혹은 신임 직책보임자 대상으로 특별한 교육을 실시하고 있다.

회사에서 실시하는 교육 과정은 셀 수 없이 많다. 변화관리 교육, 커뮤니케이션 교육, 의식 교육 등 직원들이 회사 생활을 하는 데 필요한 직무 역량 증진에 필요한 교육과 인성 교육 또는 조직의 파워를 증진시키기 위한 팀워크 교육 등 다채로운 교육 프로그램으로 인재 양성이라는 명목으로 교육을 실시하고 있다. 그런데 회사의 교육은 인재 양성을 위한 것에 주요 목적이 있지만 그것이 교육 목적의 전부가 아니다. 또 교육을 주관하는 부서가 어느 부서인가에 따라 교육을 통해 얻고자 하는 목적이 다르다. 일례로, 동일한 교육도 교육 부서에서 주관하는 리더십 교육과 인사노무관리 부서에서 주관하는 리더십 교육은 그 목적이 다르다. 교육 부서에서 실시하는 리더십 교육이 리더의 리더십 역량 증진과 인성에 관한 교육이라면 노무부서에서 실시하는 리더십 교육은 긍정적인 노사문화를 구축하기 위해 리더가 어떻게 조직관리를 해야 하는가에 중점을 두는 교육이다. 그런 점을 알아야 교육의 본질에 맞는 학습을 하게 되고 그로 인해 교육을 받은 이후 현장에 복귀하여 회사에서 원하는 목적을 달성하는 데 기여하게 된다

교육에 참석하면 언행에 신중을 기해야 한다

회사는 교육 과정을 진행하면서 교육 과정에 들어온 직원들의 개별 성향을 분석하고 교육 대상자들이 교육을 받으면서 어떤 태도로 임하는지에 대해 모니터링을 한다. 교육생들이 교육 시간을 잘 준수하고 교육 과정에 임하는 자세가 열정적이고 교육 중 지켜야 하는 규범을 잘 지키면서 교육 분위기를 좋게 형성한다면 그 대상자들이 속한 현장은 안정된 조직이라고 평가한다. 반면에 교육에 참석한 직원들이 교육 태도가 불량하고 교육에 임하는 자세가 불

량하며 배우고 익히는 학습에 대한 열정이 전혀 없다면 그러한 것이 현장의 조직 분위기라고 유추해서 분석 평가를 한다. 또 교육 과정에 들어온 직원들의 요구사항과 건의사항 등을 파악하여 현장에서 직원들이 진정으로 원하는 것이 무엇인지를 어느 정도 파악을 한다. 또 교육을 받으러 온 직원들이 휴식 시간에 서로 주고받는 대화를 듣고 현장 동향을 파악하기도 한다.

대부분 강의실에 CCTV가 설치되어 있어서 강의장에서 강사가 무슨 내용으로 강의를 하는지를 모니터링을 하도록 되어 있다. 회사에서 실시하는 교육 과정은 그 과정을 진행하는 직원이 교육내용을 모니터링을 한다. 과거에는 휴식 시간에 직원들이 무슨 말을 하는지까지 모두 모니터링을 했다고 하니 회사 교육에 참석하면 벽에도 귀가 있다는 생각으로 언행에 신중을 기해야 한다. 사실 현장에서 근무할 때에는 어느 정도 긴장을 하고 조심성 있게 행동하는 사람도 교육에 들어오면 마음의 긴장을 풀고 고삐 풀린 망아지처럼 그간 묶어온 긴장의 끈을 푸는 경우가 있다. 그래서 교육을 받는 과정에서 본연의 숨겨진 개인적인 기질이 발현되어 실수를 하게 되고 실언을 하는 경우가 생기게 되므로 매사 신중을 기해야 한다.

회사는 현장에 인원이 없는 줄 알면서도 교육을 한다

모든 회사들이 인건비 절감을 위해 생산 단가를 낮추고 경영 이익 증진을 위해 인원 합리화를 추진 하는 등 구조조정을 실시하고 있다. 그래서 그 어떤 기업도 현장에 예비 인력을 뽑아놓은 상태에서 인력을 가동하는 회사는 없다.

대부분의 회사들이 인건비 절감을 위해 다소 인원이 부족한 상태에서 인력을 풀가동하고 있다. 그러다 보니 현장에서 한 사람이 교육에 들어가면 그 사람의 빈 자리를 다른 사람이 채워야 한다. 즉 현장은 인원이 없는 상태에서 한 사람이 교육을 받게 되면 그 빈자리를 다른 사람이 채우는 시스템으로 운영되고 있다. 그래서 평소에 하던 업무보다 더 많은 일을 해야 하기에 현장에 남아 있는 직원들의 작업 피로도가 증가하게 된다. 그런데 회사에서 인원을 뽑아서 교육을 실시하는 것이 인재 양성에 있다는 말은 허우대 좋은 명목일 뿐이다. 현장이 우선이지 인재 양성이 우선일 수는 없다. 현장의 조업 안정을 위해서는 교육을 받는 직원 대신 다른 사람이 그 빈자리를 채울 수 있도록 인력을 운영해야 함에도 불구하고 회사는 현장의 조업 불안정을 일부러 유도하는 듯한 인상을 준다. 회사에서 현장의 인력 가동 현황을 모르는 것은 아니다. 회사는 한 사람이 교육을 받으면 현장에 인력 공백이 생길 것이라는 것을 누구보다 잘 알고 있다. 그런 인력 가동 업무를 전문으로 하는 인사부서에서 모를 리 없다. 그럼에도 불구하고 긴급하거나 중요한 교육도 아닌데 회사에서 굳이 그런 교육을 실시하는 이유는 어디에 있을까? 그것은 한 사람이 빠진 공백을 채우기 위해서 현장 작업자들이 상호 합심하여 자체적으로 그러한 문제를 해결하려고 화합하는 모습을 보이게 되고, 그러한 문제를 해결하는 과정에서 숙련이 되어 새로운 조직 체계를 갖추게 되기 때문이다. 사실 인원이 부족한 상태에서 현장 조업을 하고 있는데 그러한 과정에서 한 사람이 교육을 받으러 나갔다고 해서 현장 조업이 불가능한 것은 아니다. 실질적으로 이가 없으면 잇몸이 그 역할을 대신한다는 말이 있듯이 한 사람이 없으면 그 한 사람이 없는 대로 현장 작업이 돌아가게 되어 있다. 그러다 보면 굳이 하지 않아도 되는 일을 하지 않게 된다. 회사 입장에서 볼 때 현장 인원이 부족한 상태에서 직원을 교육을 시키는 것은 표면적으로 직원의 인재 양성과 능력 향상에 도움을 주고 현장에서 불필요하게 하는 업무가 제거되며, 직원들이 스스로 문제를 해결하는 능력까지 키워주니 일거다득이다.

회사는 위기관리 차원에서 교육을 실시하기도 한다

회사는 교육을 하면서 직원들에게 내밀한 정보를 제공하기도 한다. 회사 입장에서 현장 직원들에게 전달하고 싶은 메시지를 교육 중 은연 중에 전달한다. 그것도 회사 측 사람이 아니라 외부에서 초청한 전문 강사를 통해서 전달을 한다. 직원들 입장에서는 외부 전문 강사의 말이니 더욱 신뢰할 수밖에 없다.

같은 말을 해도 회사를 위하는 말을 회사 경영층이 전달을 하거나 회사 측 직원이 전달을 하면 오히려 반감을 가지고 부정적인 태도를 취하게 된다. 그런데 외부 전문 강사가 말을 하면 보다 객관적인 입장에서 하는 말이므로 그 말을 신뢰하게 된다. 일례로 임금 협상으로 인해 민감한 시기에 회사 측 편에 있는 직원이나 임원이 노조에서 요구하는 기본급 인상률이 현재 추세에 맞지 않고 너무 인상 폭이 크다고 말을 하면 믿지 않는 태도를 보인다. 하지만 외부 강사가 대내외 유사 업종에서는 어느 정도의 임금 상향을 요구하고 있다는 증빙 자료를 바탕으로 노조의 임금 협상 안건이 너무 과하다고 말하면 어느 정도 수긍을 하게 된다.

회사는 대부분 임금 협상 시즌에 특별한 계층을 소집하여 특별한 교육을 실시한다. 말이 인재를 양성하는 차원의 교육이지만 실제적으로 그 이면에 깔려 있는 목적은 임금 협상에 즈음하여 회사 측 편을 드는 직원들의 수를 늘리기 위함에 있다고 볼 수 있다. 또 소문과 가짜뉴스로 인해, 그릇된 정보가 현장에 만연하기에 단기간에 이를 바로잡기 위함에도 그 목적이 있다.

한편으로 생각하면 교육을 하는 시간에 그 인원이 생산 라인에 투입되어 일을 한다면 실익이 큰데 그럼에도 불구하고 교육을 하는 이유 중의 하나는 장기적으로 볼 때 그것이 회사와 직원이 더불어 함께 이득을 얻는 것이기 때문이다.

교육을 통한 파급 효과는 크다

간혹 현장의 모든 리더들이 일시에 교육을 받게 되어 현장에 리더들이 없는 상태에서 현장 조업을 하게 되는 상황이 발생되기도 한다. 그럼에도 불구하고 회사에서 현장의 모든 리더들을 모아서 교육을 실시하는 이유는 무엇이고 그 목적은 어디에 있을까? 그 이유는 시급하고 긴급한 내용을 전달하기 위해서이다. 그런데 요즘처럼 통신 기술의 발달로 인해 온라인에서 모여서 전달을 해도 되는데 굳이 현장을 비우고 모든 리더들이 교육관에서 교육을 받도록 하는 목적은 무엇일까? 그것은 리더들이 없는 상태에서 현장이 어떻게 운영되고 있는지를 파악할 수 있고, 리더들이 한자리에 모여 서로 간에 정보를 공유하게 할 수 있도록 하기 위함에 있다. 또 리더 계층들에게 특별한 메시지를 전달하여 리더들이 현장에 복귀하여 현장 직원들에게 전파하도록 함으로써 일시에 현장 분위기를 회사가 원하는 분위기로 바꿔주기 위해서이다.

삼성의 이건희 회장은 "경영층이 직원들에게 전달하고자 하는 말을 100번 이상 해야 직원들에게 전달이 된다"고 말했다. 소통을 하지 않으려는 직원들, 회사 일에 대해서 전혀 관심이 없는 직원들, 회사 업무는 경영을 하는 사람들이 알아서 하면 된다고 생각하는 직원들, 경영층의 말을 들으면 오히려 일이 잘되지 않는다고 생각하는 직원들, 경영층이 하는 회사 경영에 빠지면 인생을 허비하기에 그저 기본적으로 자기가 해야 하는 일만하고 월급 받을 때가 되면 월급을 받으면 그만이라고 생각하는 직원들, 그런 직원들에게 경영층의 메시지를 전달해서 그 직원들이 경영층의 메시지에 의해서 행동을 하게 한다는 것은 결코 쉬운 일이 아니다.

9장.

침묵의 문화는 조직을 약하게 한다

조직에는 기득권을 지키기 위한 사내 정치가 만연하다

기존 조직에 인사 이동으로 인한 부서 이동이나 다른 부서에서 전입해 온 새로운 직원이 있으면 기존 조직에 있던 사람들은 기득권을 지키기 위해 사내 정치를 한다. 참고로 사내 정치는 자신이 고용된 조직에서 자기의 이익을 얻으려는 목적으로 자기에게 보장된 권한을 초월해서 개인적으로 주어진 권한을 행사하는 행위를 의미한다.

실제로 인사 발령이 나기 전에 누가 올 것이라는 것을 이미 알고 있기에 새로운 직원이 오면 사무실 공간 어디에 좌석을 배치할 것인지 혹은 누구를 멘토로 지정할 것인지를 미리 계획을 세운다. 이때 단순히 순리에 따라 계획을 세우는 것이 아니라 기존 구성원들의 팀워크 유지, 업무 인수인계 등을 고려하여 계획을 세운다. 그런데 표면적으로 보면 응당 전입 직원이 새로운 조직에 잘 적응하도록 최대한 배려하는 차원인 것처럼 보이지만 그 내면에는 기득권을 유지하고 새로운 직원이 기득권에 대항하지 못하도록 하는 방어 차원의 전략이 숨겨져 있다.

사람들에게 관심을 얻으려면 자기가 먼저 다른 사람에게 관심을 보여야 한다. 공자는 『논어』에서 "자기가 다른 사람보다 높이 서기 위해서는 다른 사람을 먼저 높이 세워야 하고, 자기를 알아주기를 바라지 말고 자기가 먼저 남을 알아주어야 하며, 능히 다른 사람이 자기를 알아줄 정도인가를 먼저 자기를 돌아보라"고 말한다. 또 자기가 하기 싫은 일은 남에게 시키지 말아야 한다고 말한다. 이처럼 소통을 하기 위해서는 가장 먼저 자기가 남에게 관심을 가져야 한다. 그런데 직장은 서로가 자기를 알아주라고 아우성이고, 자기보다 높이 오르려는 사람을 끌어내리며, 자기가 하기 싫은 일은 남에게 시키고 남이 하고 싶은 일은 자기가 한다. 공자가 말하는 바와 거의 역행하는 곳이 바로 직장이다.

일반적으로 사람들은 이익은 보지 못해도 손해는 보지 않으려고 한다. 이를 손실 회피 심리라고 하는데 사람들은 물건을 얻었을 때의 기쁨보다 그것을 잃었을 때 고통을 더 크게 느끼는 심리를 갖고 있다. 그래서 얻지는 못해도 잃지 않으려고 하고, 자기가 애지중지하는 물건을 잃어버렸을 경우에는 더욱 고통스러운 느낌을 갖는다. 그래서 기득권 세력이 사내 정치를 통해 자기들이 갖고 있는 기득권을 빼앗기지 않기 위한 노력을 한다. 그렇다고 해서 사내 정치가 절대적으로 나쁜 것은 아니다. 그것을 잘못하는 것이 나쁠 뿐이다.

일반적으로 두 사람 이상이 모이면 정치를 한다. 정치는 한정된

자원을 분배하는 방식을 정하는 시스템이다. 또 정치적인 행동은 사람의 마음을 얻는 행위이다. 사내 정치 역시 사람의 마음을 얻는 정치를 해야 한다. 그런데 직장에는 패거리 정치, 특정한 사람을 방출하는 정치를 하는 경우가 더 많다.

신하들이 붕당을 만들어 군주의 눈과 귀를 가리고 권력을 휘두르는 나라가 패망하는 것처럼, 조직에서 기득권을 가진 사람들이 서로 붕당을 만들어서 자기들의 사익을 꾀하고 다른 사람이 어울릴 수 있는 공간을 내주지 않으면 그것으로 그 조직은 패망을 한다고 할 수 있다.

모든 일에 진리로 통하는 말 중 하나는 첫 단추를 잘 끼워야 한다는 말이다. 노자가 『도덕경』에서 "큰일은 작은 것에서 비롯된다"고 말을 했듯이 기득권을 가진 직원들은 처음부터 근무기강이나 조직의 위계질서를 잘 잡아두는 것이 필요하다고 생각하기에 사내 정치를 한다. 자칫 전입해 온 새로운 직원으로 인해 조직 분위기가 나빠지고 기존 직원들의 조직력이 약화되는 상황이 발생되는 것을 사전에 차단하려는 속셈도 깔려 있다. 아울러 새로 온 직원으로 인해 기존에 유지해 온 틀이 깨지는 것을 우려하는 차원도 고려를 한다고 보면 된다. 이점을 인식하고 전입하는 직원은 자기로 인해 기존의 조직 질서가 무너지지 않도록 언행에 신중을 기하며 소통을 해야 한다.

어디에 가든 텃세는 있다

조직이 결성되거나 기존의 무리에서 새로운 사람이 영입되면 필연적으로 일정기간 갈등이 생기게 된다. 일반적으로 조직이 결성되면 형성기(Forming)-갈등기(Storming)-정착기(Norming)-성과기(Performing)의 4단계를 거치게 된다. 마찬가지로 기존 조직에 새로운 사람이 영입되면 갈등이 생기게 되고 그 갈등이 봉합되고 해소되는 과정에서 기존의 조직 분위기와는 다른 새로운 조직 분위기가 형성되게 된다. 흔히 하는 이야기로 새로 들어온 사람으로 인해 조직이 와해되는 경우도 있고 새로운 피를 수혈하여 더욱더 강한 팀이 되는 경우가 있다. 마찬가지로 새로운 사람이 조직에 들어오면 그 사람이 지닌 강점을 잘 활용하여 기존 조직보다 더 나은 조직으로 거듭나야 하는데 실제로 현장에서는 그런 움직임보다는 새로 들어온 사람으로 인해 기존의 직원들이 갖고 있는 기득권이 와해되지 않도록 하는 데 온 힘을 쏟는다. 그러다 보니 전입 직원이 조직에 적응을 하지 못해 또다시 다른 조직으로 보직 이동을 희망하는 경우도 있고, 아예 기득권을 가진 사람들과는 적정한 거리를 두며 그들의 신경을 건드리지 않으려는 경향을 보인다. 왜냐하면 가만히 있으면 되는데 괜히 기득권을 가진 사람들을 들쑤셔서 자기에게 이로울 것이 전혀 없기 때문이다.

기존의 기득권을 가진 사람들이 새로운 사람을 자기들 영향력 안에 넣으려고 할 때 가장 많은 전략을 구사하는 시점은 전입해 온 순간부터 약 3개월의 기간이다. 이 3개월의 기간에 잡으려고 하는 자와 잡히지 않으려고 하는 자 간에 소리 없는 경쟁이 시작된다. 마치 도움을 주고 기쁘게 환영하는 듯한 모습을 보이지만 기존의 직원들 모두가 담합하여 새로운 직원이 끼어들 틈을 주지 않는 경우도 있다. 물론, 신입사원의 경우에는 어느 정도 기득권 세력에 편승하여 합류를 하기도 하지만 다른 부서에서 잔뼈가 굵거나 경험이 많은 사람의 경우에는 쉽게 합류를 하지 못한다. 특히 기득권을 가진 직원들이 현실에 만족하여 과거를 답습하거나 변화와 혁신을 추구하지 않고 자기의 안위를 지키는 데 혈안이 되어 있는 경우에는 더욱더 그러하다.

모든 기득권을 내려놓고 새로운 변화를 추구하거나 새로운 직원과 서로 합심하여 새로운 조직력을 갖추기 위한 계기로 삼는다면 얼마든지 좋은 소통을 기할 수 있다. 하지만 십중팔구는 방어권 차원에서 기득권을 빼앗기지 않으려고 한다. 자칫 뒤로 밀리면 한없이 나락으로 떨어지게 되고, 이제까지 쌓아 온 자기들의 아성이 무너질 수 있기 때문이다. 그런 조직의 소통 분위기는 불을 보듯 뻔하다.

리더는 갈등을 해소하고 조화와 균형을 추구해야 한다

조직의 리더가 새로운 변화를 추구하는 혁신가형 리더라면 좋은데 그렇지 않고 기존의 조직원들과 한패가 되어 기득권을 유지하려고 하는 경우에는 불통이 심화된다. 올바른 리더는 새롭게 들어온 직원과 기존 직원들이 서로 화합하여 좋은 관계를 형성하고 조직 분위기를 더욱 좋게 하는 리더십을 발휘하는데 그렇지 않은 리더가 더 많다. 특히 리더가 경험이 없거나 이기심이 강한 사람이라면 더욱더 자기가 가진 기득권을 놓지 않으려고 하는 이기적인 모습을 보인다. 행여 새로운 사람으로 인해 자기가 만들어 온 조직 분위가 어수선해질 것이 두려운 것이다. 그래서 자기가 나서지 않고 기존 기득권을 가진 사람 중 새로운 사람에게 영향력을 발휘할 수 있는 사람을 통해 보이지 않는 곳에서 공작을 펼치기도 한다. 리더와 기득권 세력들이 합심해서 소통의 벽을 치는데 당연히 소통이 될 수는 없다. 물론, 조직이 결정된 초기에는 조직 기강 확립과 조직 기반 구축을 위해 그럴 수는 있다. 하지만 오랜 기간 함께해 온 기득권 세력과 계속해서 동일한 방법을 고수한다면 그 조직은 더 이상 발전이 없다고 볼 수 있다.

조직은 생물이다. 회사 안팎의 여건 변동에 따라 유연하고 탄력적으로 기민하게 변화를 해야 하고, 인적 역량과 창조적인 노력으로 변화와 혁신을 거듭해야 경쟁력을 담보할 수 있다. 그런데 기득권 세력과 함께 현실에 안주한다면 더 이상의 발전은 없다고 봐야 한다.

기득권을 가진 사람은 우물 안 개구리를 자처한다

기득권 세력을 형성하는 무리는 새로운 사람이 자기들의 영역에 끼어드는 것을 결코 용납하지 않는다. 특히 새로운 사람의 역량이 뛰어나거나 인지도가 높은 사람이라면 더욱더 그러하다. 행여나 자기들이 오랜 기간 쌓아 온 아성이 새로운 사람으로 인해 허물어질지도 모른다는 두려움 때문이다. 그래서 우물 안 개구리처럼 회사에서 정한 규범을 넘어서지 않는 선에서 자기들끼리 서로 약정한 규율에 따라 조직을 사유하는 경향을 보인다. 공적인 조직을 내부적으로 사적인 조직을 만들어서 자기들의 세력권을 형성한다. 그들에게 있어서 변화와 혁신은 남의 이야기이다. 자기들이 단합이 잘되고 자기들이 하는 업무에 대해서 서로 단결하여 원활하게 잘 처리하기에 전혀 문제가 되지 않는다고 생각한다. 하지만 크게 생각하면 소수로 형성된 조직도 하나의 회사와 같다. 즉 소수의 구성원으로 형성된 작은 조직이지만 회사 경영층과 생각을 함께해야 하고 회사가 나아가고자 하는 방향과 동일한 방향으로 나아가야 하는 것이 바람직하다. 그렇지 않고 기득권 세력끼리 결속하여 사적으로 조직을 사유하는 것은 회사 안에서 자기 개인의 회사를 만들어서 영업을 하는 것과 같다.

부서 이익을 챙기는 것도 기득권 정치이다

현장의 고질적인 문제를 개선하고, 보다 창조적이고 혁신적인 사고로 일하는 방식을 개선해야 한다고 말하는 혁신부서, 무엇보다 생산과 품질에 우선하여 안전을 우선으로 해야 한다고 말하는 안전부서, 조직이 건강해야 하고, 직원들이 긍정적인 사고를 가지고 원활하게 소통을 해야 한다고 말하는 소통부서 등이 부서 이기주의로 인해 다소 따로 노는 경우가 많다. 엄밀하게 말하면 혁신과 안전, 그리고 소통은 서로 연관성이 많고 어떤 측면에서 보면 안전이 혁신이고 혁신이 소통이며 안전이 혁신이다. 왜냐하면 안전해야 소통할 수 있고 안전이나 혁신활동을 한다는 그 자체가 소통 활동이기 때문이다.

몸에 피가 흘러야 손발을 움직일 수 있고, 창조적인 생각을 할 수 있듯이 소통이 없으면 안전도 혁신도 소정의 목표를 달성할 수가 없다. 물론 소통을 하지 않아도 안전과 혁신 활동을 하는데 지장을 초래하는 경우는 드물다. 하지만 진정으로 오래도록 안전하고 혁신적인 활동을 하기 위해서는 필연적으로 소통을 할 수밖에 없는 것이 직장이 운영되는 메커니즘이다.

부서 간 이기주의가 아님에도 불구하고 안전과 혁신 그리고 소통이 따로 노는 이유 중 하나는 중간 관리자가 다르고 회사 업무 특성상 업무의 경계가 명확하게 구분되어 있기 때문이다. 그래서 서로 업무적으로 공통 영역이 있어도 이를 바라보는 관점에 차이가 많고 간혹 공통적으로 교점이 형성되는 업무도 각각의 조직 특성에 따라 구분하여 달리 표출하는 경우도 있다.

안전향상을 위해 혁신적으로 안전 개선활동이 이뤄져야 하고, 혁신적으로 작업 방법을 개선해야 하는 상황에서도 안전을 염두해 두고 혁신적인 개선이 이뤄져야 한다. 이러한 과정에서는 필연적으로 관련자들이 상호 소통을 해야 하고, 그에 따른 회의 결과를 남겨야 한다. 이런 관점에서 볼 때 혁신과 안전 그리고 소통은 한 몸이다. 그런데 몸은 하나요 머리가 세 개인 괴물처럼 하나의 몸에서 세 개의 머리가 각각 두뇌 플레이를 하고 있으니 회사 경영의 차원에서 보면 중복 업무가 많고, 일관된 정책이나 제도를 마련하지 않는 경우가 많다. 각 부서 간의 업무가 중복되지 않고 일사불란하게 경영 목표를 달성할 수 있도록 혁신과 안전 그리고 소통 업무를 하는 부서의 조직 통합 차원도 고려해 봐야 한다.

직장에서의 카르텔은 사적인 이익집단이다

기득권이라는 말에는 고정관념이라는 의미가 담겨 있고, 새로운 문화를 받아들이지 않으려는 낡은 사고방식을 가진 계층이라는 의미도 담겨 있다. 또 너무 오래되어서 녹슬고, 왠지 모르게 시대적으로 뒤떨어진 느낌이 담겨 있고, 창의성이 결여된 혹은 현실에 안주하려는 혹은 이제껏 포만감을 느끼며 안분지족하면서 자기의 배를 불리는 데 관심을 가진 무리라는 의미가 내포되어 있다.

기득권 세력들이 카르텔을 형성하여 이방인이나 다른 새로운 사람들이 그 세력권 안으로 들어오는 것을 막는 이유 중 하나는 자기들의 이익이 줄어들기 때문이다. 또 이제껏 자기들이 누려 온 이익의 아성이 새로운 세력에 의해 허물어지고 기존에 누렸던 이익이나 이권이 사라지며 기득권 세력의 결집력이 와해되기 때문이다. 그래서 한치의 금이 생기지 않도록 하기 위해 자기 세력 유지에 방해가 될 것으로 생각되는 사람은 미리 싹부터 자르려고 한다. 그런 과정에서 갈등이 생기게 되고, 새로운 세력이 적응할 수 있는 시간적인 여유가 생기지 않아 갈등을 봉합할 여력이 없다 보니 회사 업무 시스템이 제대로 돌아가지 못하는 상황이 발생되기도 한다. 이처럼 기득권 세력과 신진 세력과의 갈등은 회사 경영에 전혀 보탬이 되지 않고 갈등 국면이 장기화되면 미처 손을 쓸 수 없는 지경에 이르기도 한다. 그러므로 리더나 임원은 그런 갈등의 조짐이 있다면 적정한 중재안을 마련하여 신진 세력과 기득권 세력이 원만하게 융합이 되도록 갈등 관리 프로그램을 가동하는 것이 바람직하다. 아울러 사람은 이해관계에 따라 자기의 의견을 달리한다는 것을 염두에 두고 기득권 세력이나 신진 세력을 길들여야 할 필요가 있다고 생각하면 그러한 점을 최대한 이용하여 회사가 원하는 방향으로 조직을 이끌 수 있는 술책을 펼쳐야 한다. 경우에 따라서는 기득권 세력이 신진 세력의 변화를 받아들일 수 있어야 하고, 어느 국면으로 흐르는 것이 조직의 지속 성장과 번영에 효과가 있고, 어떤 방법을 쓰는 것이 회사 경영 이익을 창출하는 차원에서 유리한 것인지를 판단하여 그쪽에 힘을 실어주면 된다.

10장.

비밀이 너무 많으면 조직이 침묵한다

공과 사를 철저하게 구분한다

오래도록 함께 같은 공간에서 근무를 하고 있는 동료 직원의 가정을 방문해 본 적이 있는가? 동료라고 하는데 그 동료의 실제 가정사에 대해서 얼마나 알고 있는가? 업무적으로 절친하고 함께 오래도록 한솥밥을 먹은 가족 같은 동료라고 하는데 그 동료의 사적인 것을 얼마나 알고 있는가? 대부분의 직장인들에게 이러한 질문을 던지면 8할 이상이 이에 대한 명확한 답변을 하지 않을 것이라는 것은 자명하다. 이렇듯이 직장인들은 회사에서 업무적으로 인연을 맺은 사람과 공적인 관계를 나눌 뿐 사적으로는 크게 잘 지내지 않으려는 성향을 보인다. 왜냐하면 회사에서 자기 개인에 대한 가정적인 이야기를 하고 자기 속내를 드러내면 그것이 어느 순간 약점으로 작용하여 피해를 입을 수 있기 때문이다.

흔히 휴가를 가거나 조퇴를 하면 그에 대한 사유에 대해서 근태 결재권을 가진 상사에게 이야기한다. 그런데 대부분의 직장인들이 명확하고 구체적으로 무슨 사유가 있는지에 대해 상사에게 이실직고 하지 않는다. 그냥 두루뭉실하게 가정에 일이 있어서 혹은 사적으로 볼 일이 있어서 휴가나 조퇴를 한다고 말한다. 그에 대해 상사 역시 구체적으로 무슨 일이 있는지를 알려고 하지 않는다. 또 개인의 프라이버시를 존중한다는 차원에서 회사에서는 정책적으로 사유를 밝히지 않고 휴가나 조퇴를 하도록 하는 것을 권장하는 경우도 있다.

회사에서는 자기 개인의 사적인 정보를 모두 공개하지 않는다. 필요 이상으로 자기만 아는 비밀을 다른 사람에게 공개하는 것은 득보다 실이 더 많다. 시시콜콜 개인의 가정사를 알려고 하는 사람도 없지만 자기 스스로 개인의 신상과 세세한 가정생활에 대한 이야기를 할 필요는 없다. 자칫하면 결정적인 순간에 그것이 화근이 될 수 있기 때문이다.

개인 정보 보호법이 강화되면서 이에 대한 사적인 영역에 대해 알고 싶어 하는 질문을 던지는 것조차도 이제는 개인정보보호법 위반에 버금가는 것으로 인식되고 있다. 특히 결혼을 하지 않는 MZ세대들은 언제 결혼을 할 것인지 혹은 집은 어디에 살며 부모의 직업이 무엇이고 가족 관계는 어떻게 되느냐고 물어보는 것조차도 이제는 개인의 사생활을 알려고 한다는 등 개인의 프라이버시를 건드린다는 불만을 토로하는 경우도 있다. 이처럼 직장은 공적으로 업무적인 관계선상에서 관계를 유지하는 곳이다. 그래서 오래도록 함께 같은 공간에서 들숨과 날숨을 나눠 가지면서도 사적인 것에 대해서는 서로가 알려고 하지 않는다. 어쩌다 자기 스스로 자기 개인의 사적인 이슈를 자랑스럽게 이야기를 하는 경우도 있으나, 대부분의 직장인들은 공과 사, 회사적인 이야기와 가정적인 이야기를 구분해서 생활을 하고 있다.

공개하면 공개할수록 더 손해이다

집안 형편이 어렵다 혹은 아내가 자기를 학대하거나 자녀가 학교폭력으로 인해 힘들어하고 있다는 등 가정적으로 자기 개인적인 이야기를 동료들과 함께 나누는 사람은 극히 드물다. 과거 평생직장이라는 생각을 가지고 직장생활을 하는 경우에는 상사와 동료는 가족 이상의 두터운 정을 나누고 함께 공존공영의 생활을 하는 한 가족이라는 생각이 강했다. 그래서 서로가 가족들이 함께하는 시간을 많이 가졌고 휴일에는 부부 간에 함께 여행을 하거나 취미 생활도 함께했다. 또 서로의 가정에 애경사가 있을 때에는 모든 일에 우선하여 서로가 도움을 주고 어려운 점을 서로 나누면서 가족처럼 지냈다. 그래서 속된 말로 동료의 집에 수저가 몇 개 있고 신발이 몇 족이 있는지를 알 정도로 친밀하게 지냈다. 하지만 이제는 직장 동료는 같은 공간에서 감정적인 교류가 아닌 이성적인 교류에 의해 업무적으로 관계를 맺는 사이일 뿐 아무 사이도 아니라는 생각을 갖고 생활하는 사람이 많다. 또 굳이 직장 동료의 사적인 사항에 대해서 서로 알려고 하지 않으며, 어느 정도 자기의 평판이 나빠질 것 같은 사적인 사항에 대해서는 완전히 함구하면서 지내고 있다. 그래서 옆자리에 앉아 있는 동료의 가정사에 대해서 전혀 알지 못하고 한 가족처럼 지내는 직장동료라고 하지만 그 가정에 대해 전혀 모르는 상태에서 서로가 서로를 잘 알고 있다고 말하고 있다.

대부분의 직장인들이 자기 개인적인 신상에 대해 사적으로 동료들에게 이야기를 하지 않는 이유 중 하나는 서로가 잘 알고 지내도 그것이 업무적인 관계선상에 전혀 도움이 되지 않고 오히려 업무를 수행하는 데 적잖은 장애가 되기 때문이다. 또 공적으로 쌓아 온 자기의 평판이 가정적이고 사적인 이슈로 인해 평판에 좋지 않은 영향을 줄 우려가 있기 때문이다.

사적인 비밀은 공개하지 않는 편이 낫다

상사가 일반 직원에 대한 사적인 가정사에 대해서 알게 되면 상사의 상사에게 그것을 그대로 보고를 하고 사적으로 문제가 있는 경우에는 특별 관리 대상으로 분류하여 관리를 하기도 한다. 그래서 만약의 경우 회사에서 업무적으로 문제를 일으키거나 성과가 저조한 경우에는 공적인 인프라를 통해 현상이나 문제점을 구하기보다는 지극히 사적인 문제로 인해 공적인 업무에 피해를 준 것이라고 평가를 한다.

어렵고 힘들어서 혹은 가정적으로 사적으로 힘든 일이 많아서 회사 업무를 하는 데 다소 집중을 할 수가 없기에 당분간 이점을 알아 달라고 고충을 이야기를 하면 그 고충을 해결해 주기 위해 도움을 주는 경우는 많지 않다. 오히려 그 고충 상담 내용의 일부를 발

취하여 신상에 특이한 점이 있는 직원으로 분류하여 특별관리를 한다. 상사는 그 직원이 가정적으로 문제가 된 것에 대해서는 공적으로 전혀 책임이 없지만 만약의 경우 업무적으로 문제가 발생된 경우에는 일정부문 상사의 관리 소홀이라는 책임이 뒤따르기 때문이다.

바보는 자기가 얼마나 똑똑한 사람인지를 다른 사람에게 알리고 싶어서 안달이 난 사람이다. 다시 말해서 남 앞에서 자기 자랑을 하고 자기가 똑똑하다고 말을 하는 사람은 바보 같은 사람이다. 그러므로 회사에서 말하는 한마디의 말, 회사에 행하는 하나의 행동 등 회사 안에서 이뤄지는 모든 언행에 신중을 기해야 한다. 왜냐하면 말 한마디가 인사 평가 승진평가 등에 반영되어 승진 서열이 결정되기 때문이다.

최소화의 법칙에 걸리지 않아야 한다

사람은 본능과 욕망에 따라 움직이게 마련이고 감정과 무의식이 그런 움직임을 가속시키는 경향이 있다. 실수를 반복해서 하지 말아야 하는 것을 알면서도 계속적으로 동일한 실수를 하는 원인 중 하나는 바로 감정과 무의식이 동반되기 때문이다. 그러므로 감정적으로 이를 극복하고 참아낼 수 있는 내공을 기르는 것이 필요하다. 또 평소에 이성적으로 생각하고 무의식적으로 일어나는 행동을 절제할 수 있는 힘과 견뎌낼 수 있는 힘을 기르는 것이 필요하다.

행복하게 살거나 조직에서 성과를 내기 위해서는 균형감각이 필요하다. 즉 모든 것이 평균치 이상의 수준에 있어야 한다. 건강과 돈이 행복의 요건이라면 이 두 가지가 균형 있게 일정 수준에 있어야 하고, 원활하게 소통을 하기 위해서는 신뢰와 배려 등 원활한 소통을 하는 데 영향을 주는 인자들이 균형 있게 일정 수준에 있어야 한다. 그렇지 않고 최소화의 법칙에서 말하듯이 어느 한쪽에 심각한 흠이 있다면 그 흠으로 인해 다른 모든 것이 힘을 발휘하지 못하게 된다.

정직은 자기 개인에 대한 잣대이고 정의는 타인에 대한 잣대이다. 그래서 사람들은 이구동성으로 정직이라는 말보다는 정의로운 사회를 외치고 있다. 또 자기 개인의 치부는 숨기면서 타인의 부정과 비리에 대해 정의로워야 함을 주장하고 있다. 정직은 자기 개인의 문제이지만 정의는 자기가 아닌 타인의 문제이기 때문이다.

사람들은 남이 하는 것을 보면 능력이 없으면서도 자기도 하고 싶어하는 마음을 갖고 있다. 그런데 돈이 없고 인맥도 없고 능력이 되지 않아 남들처럼 하지 못하니 세상이 불공평하고 특정한 사람에게만 기회를 준다고 하면서 정의를 찾아야 한다고 말하고 있다. 그러므로 사람들은 자기의 언행과 태도가 정의로운지에 대해 먼저 돌아보지 않고 타인의 부정과 불공정만을 표적을 삼아 공격을 한다는 점을 명심해야 한다.

11장.

인사이동이 조직 문화의 방향을 정한다

인사이동으로 조직이 변경되면 소통지도가 달라진다

직장에서 가장 크게 동요를 하고 또 가장 많은 관심을 갖는 키워드 중의 하나는 바로 승진인사 혹은 보직변경 등의 인사이동이다. 인사 평가 시즌이나 인사 발령 시즌이 되면 누구나 잔뜩 긴장을 하고 결과를 예의 주시한다. 자기가 원하는 인사이동이나 조직변경이 되지 않거나 승진 여부에 대해서 관심을 갖지만 그것이 자기 회사 생활의 소통망을 형성하는 것이라고는 생각을 하지 않는다.

소통의 관점에서 볼 때 인사이동이나 조직변경은 소통의 망이나 회사에서의 소통의 인맥을 형성하는 단초가 된다. 그런 관점에서 볼 때 회사에서의 소통 인맥이나 소통의 영역은 회사가 결정한다고 볼 수 있다. 특히 회사에서의 소통은 개인의 인간적인 성향이나 개인의 사적인 영역에서 소통을 하는 것이 아니라 업무적으로 공

적인 영역에서 소통을 해야 한다

회사에서 누구와 소통을 하고 어느 선까지 소통을 해야 하며 어떤 사람과 소통을 주로 해야 하는지는 개인이 결정을 할 수 있는 범위는 아니다. 회사는 자기가 선택을 하지만 상사는 회사가 선택을 한다는 말이 있듯이 소통의 영역이나 대상은 회사가 결정을 한다. 즉 회사가 조직 변경 인사명령을 내면 그간에 자기가 얼마나 애착을 갖고 기존에 있던 사람들과 얼마나 깊은 친분을 나누었는지에 대한 여부가 크게 중요하지 않게 된다. 왜냐하면 새롭게 변경된 조직에서 새롭게 부여된 업무 범위 내에서 그 업무와 관련된 사람들과 소통을 해야 하기 때문이다. 또 하위 계층에서 상위 계층으로 승진을 하면 그 승진에 따라 업무 성격이나 내용도 달라지고 업무적으로 만나는 사람들도 달라지게 된다. 그로 인해 기존에 했던 사람들과는 다른 소통을 해야 하고 기존에 했던 방식이 아닌 다른 방식으로 다른 사람들과 업무적인 소통을 해야 하는 상황에 놓이게 된다. 그런 관점에서 볼 때 소통의 영역과 소통의 대상자를 선택하는 결정권은 회사가 갖고 있다고 볼 수 있다. 물론 인사면담을 통해 자기가 원하는 부서로 보직 이동을 할 수도 있고 그렇지 않고 일방적으로 회사에서 결정해서 인사발령을 내는 경우도 있다. 중요한 것은 자기가 원하든 원하지 않든 간에 최종 결정권을 회사가 보유하고 있다는 점이다. 그러므로, 회사에서 자기 사적으로 소통을 하는 것은 어느 정도 한계가 있다는 것을 인지하고 가능한 한 회사의 업무적인 영역이나 공적인 영역에서 소통을 하는 것이 바람직하다.

회사에서 원하지 않는 영역에서 회사에서 원하는 것이 아닌 내용으로 소통을 하는 것은 엄밀하게 불법적인 소통이다. 어업인들이 조업을 할 때 법에 정한 테두리 안에서 조업을 하지 않고 불법으로 조업을 하면 처벌을 받는다. 이와 마찬가지로 회사에서 소통을 하면서 회사에서 원하는 방식으로 소통을 하지 않고 그 기준과 원칙에서 벗어난 소통은 불법 소통임을 인지하고 그런 소통을 하지 않도록 하는 것이 무엇보다 중요하다.

승진하면 소통의 대상과 환경이 완전히 바뀐다

대리에서 과장으로 승진하고 일반 직원에서 리더로 직책 승진을 하는 등 직장에서의 승진을 하면 어울리는 대상이나 소통의 내용 등이 크게 달라진다. 대리가 하는 업무와 과장이 하는 업무가 다르고 일반 직원이 하는 업무와 리더가 하는 업무가 크게 다르다. 앞서 누차 반복해서 언급을 했듯이 회사에서의 소통은 업무적인 소통이다. 이 말의 의미에는 회사에서의 소통은 업무가 달라지거나 업무가 변경되면 그 업무로 인해 관계하는 모든 소통의 업무나 대상자가 달라진다는 점을 의미한다.

대리에서 과장으로 승진을 하면 종전에서는 대리들과 많이 어울렸는데 이제는 과장들과 서로 교류하는 시간이 많아진다. 또 일반 직원에서 리더로 직책 승진을 하거나 일반 부장에서 임원으로 승진을 하는 등 계층이 바뀌게 되면 업무적인 소통의 영역이나 내용을 포함하여 업무 환경이나 소통의 인프라 등이 크게 변하게 된다. 그로 인해 자주 만나는 사람이 달라지고 구사하는 소통의 언어나 용어도 크게 달라지며, 소통의 대상자도 크게 변하게 된다. 이는 제반 소통의 환경이 바뀌었다는 것을 의미한다. 마찬가지로 인사이동으로 소속이 변경되면 업무적으로 소통하는 사람이나 환경이 크게 달라지게 된다. 또 자기가 속한 조직에서 같은 공간에 있는 다른 조직으로 조직 변경이 되면 평소에 자주 소통하던 사람들이 바뀌게 되어 소통의 분위기가 크게 다르게 된다. 이는 회사에서 소통에 따른 인맥의 지도가 달라지게 됐다는 것을 의미한다. 이러한 점을 염두에 두지 않고 인사이동 이후에도 전에 했던 것처럼 소통을 하는 것은 현실을 부정하는 것과 같다. 그러므로 인사이동으로 소속이 변경되면 최우선적으로 변화된 환경에 맞는 소통전략을 세워, 전략적으로 소통을 하는 것이 바람직하다.

12장.

가면을 쓰면 소통과 멀어진다

회사는 때로는 강압적이고 인위적인 소통전략을 구사한다

회사는 근본적으로 소통을 하는 것이 목적이 아니라 소통을 통해서 경영 목표를 달성하는 것이 궁극적인 목적이다. 그래서 경영 목표 달성을 위해 지시하고 통제하고 관리 감독을 한다. 또 직원들이 경영 목표를 달성하는데 지장을 초래하는 행동을 하거나 정해진 기간 안에 경영 목표를 달성할 수 없다고 생각하면 직원들에게 압박을 가하여 정해진 기한에 경영 목표를 달성할 수 있도록 독려를 한다. 흔히 리더십이라고 하는 것은 다수의 사람들이 서로 화합하고 협력하여 경영 목표를 달성하도록 하는 영향력이다. 즉 리더는 조직원과 소통을 통해 직원들이 경영 목표 달성을 향해 화합과 협력해서 업무를 추진하도록 영향력을 발휘하는 사람이다. 그런 관점에서 볼 때 회사에서의 소통은 자율적인 소통이라고 하기보다는 강압적이고 자율성이 어느 정도 억압되는 소통이다. 왜냐하면 자기가 하기 싫어도 리더의 지시나 상사의 지침에 따라 업무를 수행해야 하고, 업무 능력이 부족해도 정해진 기한 내에 정해진 업무 성과를 창출해야 하기 때문이다. 즉 상사의 지시와 회사에서 정해진 기준과 원칙에 따라서 소통을 해야 하고 행동을 해야 한다. 그래서 회사는 소통 조직이라고 보기 보다는 소통을 가장한 불통 조직이라고 하는 것에 가깝다.

직장 소통은 약속 대련 소통이다

회사에서의 소통은 회사 밖에서 하는 소통처럼 인간의 존엄성과 자유와 평등의 민주주의 원칙에 입각하여 하는 소통이 아니다. 왜냐하면 회사에서 정해진 원칙과 기준에 입각하여 자기의 의사보다는 상사의 지시나 경영자의 경영 철학에 준하여서 업무적인 소통을 해야 하기 때문이다.

회식을 해도 자유분방하고 자기 의지에 따라 마음대로 분위기를 즐기는 것이 아니라, 회식을 주관하는 상사의 성향에 따라 회사 업무와 연계된 소통을 해야 한다. 이렇듯이 직장에서의 소통은 회사에서 정해진 기준과 원칙에 따라 소통을 해야 모범적인 소통이고 그것에서 벗어난 소통을 하면 종국에는 징계 처벌을 받아야 하는 상황에 처하기도 하는 소통이다. 또 정해진 계급과 서열에 순응하는 소통을 하면 좋은 평가를 받고 그렇지 않고 자기 주장에 편협된 행동을 하거나 그런 소통을 하면 좋은 평가를 받지 못하게 되어 있다. 그러기에 상사의 지시와 지침이 부당해도 그 부당함을 견뎌내야 하고, 상사가 주는 스트레스를 가슴에 안고 생활을 해야 한다. 그런 회사에서 자기 마음대로 자기가 하고 싶은 말을 다 하면서 소통을 할 수는 없다. 하고 싶은 말이 있어도 참아야 하고, 하기 싫은 말이라도 해야 하는 소통이 직장 소통이다. 또 목구멍에 거미줄을 칠 수 없기에 화가 나고 분노가 치밀어도 그런 내색을 하지 않고 밝은 표정으로 소통에 임해야 한다. 특히 상사나 경영자와 소통을 하는 경우에는 좋은 평가를 받기 위해 간과 쓸개까지 가져다 바쳐야 하고 상사와 경영자에게 인정받기 위해 아부와 아첨도 마다하지 않는 소통이 직장 소통이다.

회사에서의 소통은 불평등 소통이다

민주사회는 민주주의 원칙에 따른 평등한 사회이다. 그런데 회사라는 곳이 정말로 평등이 실현되는 민주 조직인지에 대해 의문을 품게 된다. 회사는 만인이 평등한 조직이 아니다. 회사에서 정한 서열에 준하여 그 서열을 중시하는 소통을 해야 하고, 경우에 따라서는 일반 직원과 리더, 장기 근속 직원과 단기 근속 직원, 상사와 부하, 경영자와 근로자 간에 차별이 있는데도 그러한 것을 모두가 묵시적으로 인정을 하면서 생활하는 곳이다. 계층 간 혹은 부서 간 또는 상하 간 서로 평등하지 않아도 그러한 것을 당연하게 받아들여야 하고, 그렇게 소통하는 것을 지극히 당연한 것으로 받아들인다. 그러한 것을 수용하지 않으면 위계질서를 파괴하고 서열을 깨뜨렸다는 사유로 강한 처벌을 받는다. 그런 처벌이 무서워서 혹은 직장에서 쫓겨나지 않기 위해서라도 참아야 한다. 또 자존심이 상하고 썩 기분이 내키지 않아도 자식 같고 막내 동생 같은 나이 어린 상사에게 저항하지 못하고 순종을 해야 하는 곳이 회사이다.

결과적으로 회사에서는 마냥 서열 간에 서로 차별이 없는 평등한 생활을 할 수 없다. 시스템적으로 혹은 제도적으로 모두가 평등하게 생활을 하는 곳이 아니라 정해진 기준과 원칙과 제도에 따라 그 역할과 책임을 다하는 것을 평등으로 치부하는 곳이 바로 회사이다. 그래서 회사는 인간적으로 평등하게 소통을 할 수 없다는 것도 인정하면서 소통을 해야 한다.

회사에서의 소통은 가면을 쓴 소통이다

회사에 출근을 할 때는 간과 쓸개를 집에 두고 가야 한다는 속설이 있듯이 회사에 출근하는 직장인들 대부분은 출근해서 자기의 진면목을 내보이지 않고 가면을 쓰고 생활을 한다. 자칫 있는 그대로 자기의 속마음을 드러내면 득보다 실이 많기 때문이다. 무엇보다도 진심으로 자신의 속마음을 드러내면 다른 사람이 그것을 악용하여 자기에게 피해를 주기 때문이다. 특히 상사에 대한 뒷담화나 비방을 가감 없이 드러내면 그로 인해 언제든 상사로부터 생각지도 못한 상황에서 예상외의 큰 피해를 입을 수 있다. 또 분노나 화가 치밀어도 그런 속내를 드러내지 않아야 한다. 자칫 자기감정을 여과 없이 드러내면 그로 인해 피해를 보게 되고, 어떤 경우에는 태도 불량에 기인하여 인사징계조치를 당할 수도 있다.

소통이 잘 되기 위해서는 진정으로 자기의 속마음을 가감 없이 표출해야 하고, 상대방 역시 진심으로 꾸밈이 없이 소통을 하는 것이 일반적인데 회사에서의 소통은 그런 말이 통하지 않는다. 왜냐하면 곧이곧대로 자기가 하고 싶은 말이나 속에 담아둔 진실된 이야기를 여과 없이 드러내면 다른 동료들에게 피해를 줄 수 있기 때문이다. 물론 상대방을 배려하고 소통의 분위기를 훼손하지 않는 범위 내에서 자기감정을 숨기고 흐름에 몸을 맡기는 것은 좋은 소통이다. 하지만 무작정 하고 싶은 말이 있어도 조직을 위해 혹은 회사 경영을 위해 혹은 조직 분위기를 위해 혹은 조직에 피해를 주지 않기 위해 정의롭지 못한 상황임에도 참으면서 소통을 하는 것은 좋은 소통이 아니다. 특히 개인적으로 인격적인 모욕을 당하는 상황에서도 자기감정을 숨기고 상사에게 순응해야 하는 소통은 참으로 최악의 소통이 아닐 수 없다.

직장인은 회사원으로서 품위와 품격을 잃지 않는 태도로 소통을 해야 하고, 회사에서 정해진 보안과 정보보호 기준에 입각하여 소통을 하는 것이 소통을 잘하는 것이다. 아무 말 잔치처럼 자기 마음속에 담겨 있는 말을 허심탄회하게 표출하는 소통이 좋은 소통이라는 고정관념을 가지면 회사형 소통에서 재미를 느낄 수 없다. 즉 회사에서 소통을 할 때에는 회사는 자기의 속마음을 있는 그대로 사실 그대로 드러내는 소통이 아니라 겉과 속을 달리하며 회사 경영 이익에 도움이 되고 회사 조직의 긍정성을 높여주는 소통을 해야 한다는 점을 명심해야 한다. 여기서 겉과 속이 다르다는 말의 의미에는 말과 행동이 다르고 말에서 느껴지는 감정과 얼굴에 나타난 표정에 모순이 있다는 말이다. 이러한 모순이 생기는 이유 중 하나는 자기 내면의 양심에 따라서 행동을 하고 말을 하기보다는 남을 의식해서 남에게 잘 보여야 한다는 생각 때문이다. 또 겉과 속을 달리하는 가장 큰 이유는 다른 사람이 자기를 어떻게 보고 자기는 다른 사람에게 어떻게 보이는가에 대해서 생각을 많이 하기 때문이다. 어떻게 생각하면 남의 시선이나 눈치를 너무 많이 보기 때문이다. 그래서 자기 내면에 있는 것을 다르게 포장을 해서 자기를 인위적으로 꾸미는 것이다.

13장.

고요 속에서도 조직 문화는 움직인다

직장 소통은 소통하는 척을 하는 연극 같은 소통이다

직장 소통은 연극을 하는 것처럼 소통하는 척을 하는 소통이다. 그래서 임원이 하는 말이 입바른 칭찬인지 알면서도 그에 맞장구를 치고, 상사의 말이 정당한 말이 아니라는 것을 알면서도 속내를 숨기고 애써 괜찮다고 하는 그러한 소통을 한다. 더욱 가관인 것은 임원이나 상사의 입장에서 볼 때 일반 직원들이 하는 말이 그다지 믿음이 없고 가식적이라는 것을 알면서도 겉으로는 그러한 것을 내색하지 않는다는 점이다. 오히려 자신의 말을 잘 들어주고 자기의 지시에 대해 순종하기에 직원들과 소통이 잘되는 것이라고 생각한다.

양치기 소년의 말처럼 만나면 구구절절 좋은 소리만 하고 금방이라도 직원들의 건의사항을 해결해 줄 것처럼 말을 해도 그것이 말

뿐이라는 것을 알면서도 그렇게 생각해 준 것에 대해 임원에게 감사를 표한다. 또 상사가 임원의 지침이라고 거짓말을 해도 그것이 임원이 내린 것이라고 믿고 따르는 순진한 직원들이 직장인이다. 사실 상사나 임원의 말이 정당하고 진정성이 있다고 믿는 사람은 그리 많지 않다. 그럼에도 불구하고 임원이나 상사의 말에 순종하고 복종을 하는 것은 그렇지 않으면 자신의 설 자리가 불안해지기 때문이다. 어차피 회사에서 보내는 시간은 기껏해야 8시간 남짓인데 그 시간을 잘 보내야 하루가 즐겁고 그 자리만 벗어나면 크게 신경을 쓰지 않아도 된다는 것을 알기에 그런 연극 같은 소통을 한다.

혼자만의 시간을 즐기는 사람들이 증가하고 있다

회사에서 하루 8시간을 일을 한다고 해서 회사 업무를 하면서 줄곧 8시간 동안 주야장천 업무를 하는 경우는 드물다. 몰론 엉덩이가 무거운 사람이나 경영에 지대한 영향을 주는 핵심적인 업무를 수행할 때에는 줄곧 그 일에 몰입해서 일한다. 하지만 대부분 지원 업무 등의 스텝 업무를 하는 사람들은 회사에서 업무를 보는 시간과 개인적인 휴식 시간을 스스로 판단하여 실행한다. 그래서 중요하고 급한 일은 가급적 컨디션이 좋은 시간대에 처리하고, 별로 중요하지 않은 일은 집중력이 흐려지는 느긋한 시간에 하는 등 자기 업무에 대한 시간을 자기 스스로 컨트롤한다. 또 사명감을 가지고 조직에 충성하는 등 회사를 생각하는 애사심이 투철한 사람이 아니라면 대부분의 직장인들은 자기가 받는 월급 이상으로 일을 하려고 하지 않는다. 더욱더 중요한 사실은 회사에서 일하는 사람들의 대부분은 자기가 회사에서 받는 월급 이상으로 일을 하고 있다고 생각한다는 점이다. 그래서 하루 8시간의 업무 중에서 자기가 필연적으로 해야 하는 일을 하고 남는 시간은 언제든 개인적으로 사용해도 된다고 생각한다. 일례로, 8시간 걸리는 일을 자기의 출중한 능력을 발휘하여 4시간 만에 완료를 했다면 나머지 4시간은 자기가 마음대로 활용해도 크게 문제가 되지 않는 시간이라고 착각을 한다. 그래서 그 남은 시간 동안 자기만이 쉴 수 있는 공간, 남이 눈에 쉽게 띄지 않는 공간, 직장 상사가 오지 않는 공간 등에서 나름대로 자기만의 시간을 보내려고 한다. 남은 시간에 다른 사람과 소통을 한다고 수다를 떨다 보면 일이 없는 한가한 사람으로 보여지고 자칫하면 상사의 눈에 띄어 또다시 추가적으로 지시를 받을지 모르기 때문에 자기만의 공간에 몸을 숨기는 것이다.

최근에는 통신 기술의 발달로 인해 혼자 숨어 있는 상태에서 얼마든지 스마트폰으로 간단한 업무는 처리할 수 있기에 더욱더 혼자만의 시간을 선호하는 사람들이 많이 늘고 있다.

요즘 젊은 직장인은 혼자 일하는 것을 선호한다

통신 기술의 발달과 인공 지능 시스템화로 인해 이제는 개인적인 노하우라고 할 수 있는 기술이 많지 않다. 대부분 현장의 조업 기술은 이미 공개된 기술이고, 일도 특별히 개인의 노하우가 필요하지 않은 기술적인 일이 많다. 사람이 고민하고 선택해서 하는 그러한 업무가 아니라 시스템에 의해서 모든 값들이 자동으로 구현되고 모든 생산 설비가 작동을 하는 세상이니 노하우라고 할 수 있는 기술이 그리 많지 않다. 물론 기계자동화로 인해 현장의 모든 설비가 자동으로 돌아간다고 해도 철강업 등 제조업에서는 그래도 오랜 경험 지식이 있어야만 처리 가능한 일들이 적잖다.

현장의 젊은 저근속 사원은 노하우가 있다고 생각하는 사람과 일을 하다가 실수를 하면서 그 실수를 통해 자기가 직접 손수 체험을 하면서 배우면 그만이라고 생각하는 사람으로 나뉜다. 대부분 요즘 젊은 사람들은 경험이 많은 선배들에게 기술을 배우려고 하지 않는다. 그들은 오랜 경험에서 쌓은 선배의 기술이 현장에 맞는 최상의 기술이 아닐지도 모른다는 의구심을 갖고 있다. 그래서 혼자 스스로 개발하고 실수를 해가면서 자기만의 노하우를 쌓는다. 그런 학습의 소통을 하지 않고 무엇이든 혼자서 해결하려고 하는 성향을 보이는 젊은 직원들의 점유율이 날로 증가하고 있고, 숙련된 고급 기술을 가진 직원들의 퇴직수가 증가 추이를 보이고 있다. 하기야 제조업의 현장 기술도 이제는 표준화되고 그 표준이 기계 설비로 구현되어 이제는 그 표준에 입각해서 생산을 하면 된다. 정해진 기준과 표준서에 의해서 작업을 하면 되는데 무슨 선배의 기술이 필요할까? 선배가 없어도 능히 혼자서 배우고 익혀서 현장 조업을 정상적으로 가동할 수 있다고 생각하는 혼자만의 업무를 즐기는 사람들이 요즘 젊은 사람이다. 그러니 무슨 기술적인 소통이 되고 무슨 업무적인 소통이 될 것인가 말이다. 참으로 답답하기 그지없다.

자기 일에 간섭하는 것을 좋아하는 직원은 없다

사람들은 자기 일에 대한 관심이 많으며 다른 사람의 일에 대해서는 비교적 관심이 없다. 간혹 가십거리를 만들어서 다른 사람을 비방하고 야유하며 괄시를 하기도 하지만 그렇다고 해서 계속해서 다른 사람들에게 관심을 갖는 경우는 없다. 자기 일에 대해 많은 관심을 가지고 있을 뿐이다. 그러므로 회사에서 상사와의 불협화음으로 인해 이슈가 있었다고 해도 가히 크게 근심 걱정을 하지 말고 훌훌 털어버리자. 또 남의 시선이, 남들의 관심이, 남들이 보는 눈이 있어서 그렇지 못한다는 생각은 버리자. 어차피 남들은 자기 일에만 관심이 있을 뿐, 직장 동료라고 해서 세세하게 관심을 가지고 있는 것은 아니다.

혼자서 고독을 씹으면서 자기를 성찰하고 미래를 설계하며 궁리하고 깊이 있는 생각을 하는 사람이 성장한다. 괴테는 인간은 사회에서 여러 가지를 배울 수 있지만 영감을 얻는 것은 오직 고독에 의해서만 가능하다고 말한다. 여럿이 함께 있으면 집단 지성에 의해 혼자 하는 것보다 더 큰 성과를 내기도 하지만 창조적이고 기발한 발상은 혼자 고독한 상태에서 영감을 받아 탄생한다는 사실을 인지하자.

자기 업무가 제일 힘들고 다른 사람이 하는 업무는 자기 업무의 반도 되지 않는다고 생각하거나 상대방이 하는 업무가 편해 보이고 쉬워 보이는 이유 중 하나는 상대방의 떡이 더 크게 보이기 때문이다. 그래서 사람들은 자기가 하는 일이 제일 힘들고 자기가 다른 사람보다 더 많은 일을 한다고 생각한다. 그 이유는 선택의 자유를 빼앗겼기 때문이다. 선택의 자유를 자기가 가지고 있으면 상대방을 자기 마음대로 요리할 수 있고 관리하거나 통제가 가능한데 상황 자체가 자기가 전혀 관여하지 못하는 상황이 됐으니 그런 생각을 하는 것이다.

열정적인 업무 수행이 성과를 증진시키고 일에 대한 흥미와 재미를 더해주는 긍정적인 측면도 있지만 너무 열정적으로 업무에 임하다 보면 자기 뜻대로 되지 않은 상황에서는 스스로 스트레스를 겪게 되는 부정적인 측면도 있다. 그러므로 회사 업무에 대해 번 아웃이 될 정도로 업무에 열정적일 필요는 없다. 일등도 아니고 꼴등도 아니며 중간 정도에 머무는 사람들이 결국은 롱런한다. 그런 사람이 소통에도 결함을 보이지 않는다.

자기의 감정을 말로 다 표현을 할 수 없기에 침묵하면서 자기를 성찰하며 자기의 그런 감정을 음미해 보는 것이 필요하다. 아울러 혼자 있는 시간이 없다면 결코 성장도 없다. 그러므로 회사에서 남과 소통하는 것도 중요하지만 혼자만의 고독한 시간을 가져보는 것도 필요하다.

14장.

불확실한 시대에는 문화가 생존을 가른다

평생직장이 사라지고 평생 직업의 시대가 도래했다

회사 생활을 하는 직장인 중 50% 이상이 다른 회사로 옮길 생각을 하고 있다는 통계가 있을 정도로 요즘에는 회사에 입사한 직장인들이 그 회사에서 평생 직장생활을 하겠다는 생각을 하지 않는다. 그만큼 이제는 평생직장이라는 말이 어색할 정도로 요즘 직장인들의 대부분은 평생 직업이라는 생각으로 직장생활을 하고 있다. 한편으로 생각하면 직장인들의 취미 생활이나 혹은 여가 생활을 하는 곳이고 의식주를 해결하기 위한 생계유지의 수단으로 직장생활을 하는 것은 아닌가 하는 생각이 들 정도이다.

회사 역시 한번 채용이 되어 입사한 직원이 정년에 이를 때까지 계속해서 다닐 것이라고는 생각하지 않는다. 오래도록 회사에 버텨주면 다행이고 그렇지 않으면 언제든지 신입사원을 충원하거나 새로운 인재를 채용하면 그만이라는 생각으로 인력 문제에 대처하고 있다. 굳이 퇴사를 하려는 직원을 붙잡으려고 하지 않고 떠나려는 의사가 있다면 떠나라고 권유하는 것이 요즘 추세이다.

여행하는 사람이 자기는 그 여행지에 남아서 오래도록 살 것이라고 생각하지 않는다. 시간이 되면 그 여행지를 떠날 것이라는 생각으로 여행을 한다. 마찬가지로 직장생활을 하면서 그곳에서 오래도록 평생 지낼 것이라고 생각하지 말아야 한다. 내일이 정년이라는 생각 혹은 시간이 지나면 직장을 떠나 가정에서 사회생활을 해야 한다는 생각으로 직장생활에 불평불만을 갖지 말고 최선을 다하는 것이 올바른 직장인의 자세이다.

직장인 대부분은 형식적이고 기본적인 업무만 한다

회사에서 자기의 목숨을 걸고 피땀 흘리면서 일을 하는 사람은 많지 않다. 평생직장에 대한 사명감과 임원이 되고자 하는 꿈을 가진 사람 이외에는 그냥 하루하루 무사안일에 빠져서 생활을 한다. 또 회사에서 크게 얻을 것도 없고 기대 이상의 이익을 얻으려고 하지 않는다. 승진하면 무엇을 하고 인사고과를 잘 맞으면 어디에 쓸까? 그냥 안전하게 정년퇴직을 하는 그날까지 건강하게 다니는 것이 최상이라고 생각하는 사람이 태반이다. 특히 평생직장에 대한 개념이 없는 사람들은 더욱더 그러하다. 언젠가는 나가야 하는 회사라는 점에서 잠시 들러 기본적으로 생계유지에 필요한 것을 얻고 경제적으로 이익을 얻으면 그만이라는 생각을 한다. 그러다 보니 자기가 가진 잠재능력을 최대한 발휘하여 타의 추종을 불허하는 괄목할 만한 성과를 내야 한다는 생각을 하지 않는다. 심지어 어떤 사람은 자기가 가진 역량의 10%도 발휘하지 않고 그저 하루하루 자기에게 주어진 업무만 하고 있다. 그래도 그런 사람을 크게 나무랄 수는 없다. 문제는 회사에서 개인의 사익을 추구하고 열심히 일하는 사람을 비방하며 험담하는 사람이다. 이런 사람은 열심히 하는 사람을 시기하고 질투하며 있지도 않은 사실을 거짓으로 둔갑시키는 가짜 뉴스를 생산해서 열심히 일하는 사람을 곤란한 상황에 빠지게 한다. 고(故) 이건희 삼성 회장은 "회사에서 노는 사람들은 그냥 놀아도 좋다. 대신에 열심히 일해서 높이 오르려고 하는 사람을 끄집어 내리지 말라"고 말했다. 어부가 꽃게를 잡아 바구니에 담으면 뚜껑을 닫지 않아도 꽃게가 밖으로 나가지 못한다고 한다. 높이 오르려고 하는 꽃게를 다른 꽃게가 끌어 내리기 때문이다. 이처럼 회사에 대한 사명의식을 가지고 열정을 다하는 사람을 끌어내리는 사람이 문제이다. 혼자서 놀면 그만인데 이런 사람일수록 다른 사람이 자기보다 앞서 나가는 꼴을 보지 못한다.

자면서 꿈을 꾸는 동안에는 꿈에서 벗어날 수 없듯이 남을 시기하거나 질투를 하는 상태에 있으면 그 상태에서 쉽게 벗어나지 못하는 상태에 이르게 된다. 그러므로 그 상황에 머물지 않도록 하는 것이 최상이며, 그 상태에 머무를 수 있는 여지가 생기지 않도록 그런 생각 자체를 하지 않는 것이 최상이다. 왜냐하면, 그런 생각을 하는 것 자체로 이미 그런 상황에 물들게 되기 때문이다.

요즘 젊은 사람들은 배우지 않으려는 경향이 있다

『논어』에서 공자는 '술이부작(述而不作)'이라고 말하면서 자기는 "새로 짓지 않고 전달만 한다"고 말한다. 또 자기는 "새롭게 창안한 지식이나 지혜가 아니라 기존에 선인들이 창안해 놓은 지식과 지혜를 전달하는 사람"이라고 말한다. 직장에서의 상사들이 바로 그러한 것인지도 모른다. 대부분의 상사들은 그 상사의 상사들이 하는 말을 직원들에게 전달할 뿐이다. 그러므로 상사에게 업무 지시나 지침을 받았다면 그 상사의 상사가 지시하고 지침을 내린 것이라고 생각하고 결코 상사에게 스트레스를 받지 않는 것이 필요하다. 오히려 상사도 상사의 상사로부터 스트레스를 받고 있다고 생각하고 상사의 상사가 주는 스트레스를 상사와 자기가 나눠서 받고 있다는 생각으로 업무에 임하는 것이 필요하다.

앞서 말했듯이 요즘의 젊은 사람들은 선배들에게 배우려고 하지 않는다. 자기 혼자 모든 것을 할 수 있고, 모르는 것은 자기가 혼자서 터득해서 업무를 하면 된다고 생각한다. 옆에서 선배가 가르치려고 해도 말을 듣지 않고 틀려도 좋으니 자기 마음대로 하면 된다고 생각한다. 또 선배가 가르치는 것이 정답이 아니라 자기가 하는 방식이 최고의 정답이라고 생각한다. 특히 요즘 젊은 사람들은 배우려고 하는 의지가 전혀 없으면서 가르치려고 하는 사람을 꼰대라고 말하면서 꼰대와는 어울리지 않으려는 경향을 보인다. 세대 격차로 인해 직장에서도 기술을 전수하는 데 애를 먹고 있다. 많은 선배들이 정년퇴직을 하면 이제는 신입사원들이 대거 채용이 되고 고급 기술을 가진 경력자들이 대거 퇴직을 함으로써 기술 공백이 생기는 것이 불가피한 상황이다. 그런데도 불구하고 후배 사원들은 선배들에게 기술을 배우려고 하지 않고 스스로의 방식으로 업무를 처리하려고 한다. 그들은 선배들보다 자기들이 더 많은 것을 알고 있다고 생각한다. 또 선배들이 아는 지식은 크게 도움이 되지 않으며 자기들이 현장에서 직접 시행착오를 겪으면서 기술을 배우고 익히면 된다고 생각한다. 참으로 기가 막힐 노릇이다.

15장.

낮추는 문화가 조직을 유연하게 만든다

낮추면 나아지고 높이면 떨어진다

다투지 않고 물 흐르듯이 소통을 잘하는 사람의 공통점 중 하나는 자기를 한없이 낮춘다는 점이다. 노자의 『도덕경』에 "물은 낮은 곳에 거하기를 꺼려하지 않는다"고 하는데 바로 소통을 잘하는 사람은 지극히 겸손하다고 할 정도로 자기를 한없이 낮춘다. 서로 이기려고 안간힘을 쓰고 패배보다 승리하는 것을 좋아하며, 낮은 곳에 있는 것보다는 높은 곳에 거하기를 좋아하는 사람들이 많은 이 세상에 스스로 자기를 낮추고 낮은 자세로 사람을 대하는 사람에게는 다툼이 생길 리가 없다.

대부분 소통이 안 되는 궁극적인 원인 중 하나는 상대방보다 높은 곳에 거(居)하려고 하기 때문이다. 또 자기가 상대방보다 더 잘나고 더 힘이 있다는 것을 자랑하고 싶어 하는 일반적인 사람의 공통된 속성 때문이다. 그런 사람들을 상대할 때 자기를 낮추고 한껏 상대방이 높은 곳에 오르도록 해주면서 칭찬하고 상대방이 인정의 나르시시즘을 느낄 수 있도록 해야 한다. 그런 사람을 싫어할 사람은 없다. 더군다나 상대방이 미안할 정도로 자기의 몸을 깊이 숙이고 상대방의 말에 절대적으로 순종을 하는데 그런 사람을 싫어할 사람은 없다. 마찬가지로 직장에서도 상대방과 소통을 잘하기 위해서는 그저 자기를 낮추면 된다. 자기가 잘하고 자기의 말이 맞는다고 해도, 상대방의 말이 틀리고 상대방의 주장이 헛된 주장이라고 해도 결코 상대방에게 불평불만을 토로하지 않으며, 오직 상대방의 말에 그저 순응하면 된다. 설령 자기가 손해를 보고 피해를 보더라도 상대방의 말에 긍정적으로 대하고 순응을 한다면 소통을 잘하는 것이다. 그런 사람에게 시비를 걸고 불평불만을 토로하는 사람은 없다. 그런데 문제는 간혹 낮은 곳에 거(居)하고 그저 상대방에게 절대적으로 순응하는 태도를 보이면 오히려 사람을 우습게 생각하고 함부로 대하는 사람도 적잖다. 그러므로 일단 자기를 굽히고 상대방에게 순응하는 태도로 상대를 대하다가 다짜고짜 자기를 우습게 보고 함부로 대하는 사람이라고 생각하면 더욱 강한 모습을 보일 필요가 있다. 왜냐하면, 대부분 그런 태도를 취하는 사람들의 공통점 중 하나는 강한 사람에게는 약한 모습을 보이고 자기보다 약한 사람에게는 더욱 강한 모습을 보이기 때문이다.

정년이 되면 직장을 나간다는 사실을 망각하지 않는다

조직에서 기득권을 가지고 모든 일에 사사건건 간섭을 하며 조직의 모든 실권을 가지고 자기 마음대로 하는 사람이 있다면 그런 사람은 그냥 그렇게 생활을 하라고 인정을 해주면 된다. 즉 변이 더러워서 피하는 것처럼 그런 사람은 자기 상상의 착각의 영역에서 기득권에 갇혀서 지내라고 그냥 그 기득권을 인정해 주고 자기는 자기 나름으로 자기만의 생활을 하면 된다. 그런 사람은 일반적으로 자기가 최고라고 생각하며 자기가 매우 중요한 역할을 수행하고 있고 자기가 속한 조직에 대한 주인의식이 매우 강한 사람이다. 그런 사람을 상대로 다툼을 한다면 오히려 자기에게 손해가 가해질 우려가 있다. 그러므로 그런 사람과는 적당한 거리를 유지하는 것이 상책이다. 아울러 겉으로는 그 사람의 말에 순응하고 절대적으로 복종하며 네 팔뚝이 굵다는 것을 인정해 주면 된다. 이 말인즉 굳이 그런 사람과 갈등을 겪을 필요가 없다는 말이다.

직장생활은 일정한 기간이 지나면 모든 것을 뒤로하고 일반 사회로 혹은 가정으로 귀가를 해야 한다. 권불삼년(權不三年)이고 화무십일홍(花無十日紅)이라는 말이 있는 것처럼 모든 것은 오래도록 지속되지 않는다. 특히 권력은 더더욱 그러하다. 그럼에도 불구하고 그런 것을 전혀 알지 못하는 사람처럼 깨알만 한 권력과 권한을 가지고 그것을 마치 매우 막대한 권력인 듯 행세를 하는 사람을 보면 참으로 한심하고 불쌍하다는 생각까지 든다.

순명하고 순응하면 불통을 운운하지 않는다

직장에서 소통을 잘하고 소통을 잘하는 사람으로 인정받기 위해서는 상사의 말에 혹은 선배의 말에 무조건 이의를 제기하지 않으면서 그 사람의 말을 무조건 따르고 실행하면 된다. 그런 사람이 많으면 많을수록 소통이 잘되는 조직이 된다. 사실 소통이 안 되거나 불통이라고 말하는 사람은 주로 경영층이고 상사이다. 그들이 소통이 안 되고 불통이라고 말하는 이유 중 하나는 경영방침이나 상사의 지침이 일반 직원들에게 잘 전달되지 않고 그들의 말을 직원들이 잘 따르지 않기 때문이다. 그런 관점에서 볼 때 소통이 잘되는 조직은 경영방침에 따라 업무 수행이 잘되고 상사의 지침을 속전속결로 실행을 하는 조직이다. 그러므로 소통을 잘하는 사람으로 보이려면 경영층이나 상사의 말이라면 그 어떠한 이의도 제기하지 않고 그저 맹목적으로 순응하며 절대적으로 복종하는 모습을 보이면 된다. 물론 간혹 조직의 성장과 발전을 위해서 현재의 문제점 관련 개선안을 마련하여 보고를 하는 것도 직장생활을 잘하는 것이지만, 상사도 사람이라는 점을 생각하면 감정적으로 기분이 나쁘지 않도록 최대한 상사의 말에 순종하는 것이 이롭다. 또 상사의 심기를 건드리고 감정 상태를 나쁘게 하는 사항에 대해서는 아무리 좋은 아이디어가 있다고 해도 그냥 침묵을 지키는 것이 바람직하다.

침묵하는 사람에 의해 정치가 그릇된 방향으로 간다고 말을 하지만 직장에서는 그런 경우에는 그냥 침묵하면 된다. 침묵하면서 말없이 회사의 정책에 순응하고 회사에서 정한 기준과 원칙에 따라 생활을 하는 사람을 건드리는 사람은 없다. 그러므로 그냥 좋은 것이 좋은 것이라는 생각으로 회사 정책에 순응하고 회사 제도에 순순히 복종하는 모습을 보이는 것이 소통을 잘하는 사람으로 평가를 받을 수 있는 길이다.

오래도록 직장생활을 해보면 회사에서의 모든 것이 그리 중요한 것이 아니라는 것을 알게 된다. 사내 정치를 통해서 기득권을 잡으면 좋을 것이라는 생각, 조직에서 행하는 모든 일을 자기가 주도적으로 행해야 한다는 생각, 조직의 모든 것은 자기를 통해야 한다고 하는 무모한 생각 등이 얼마나 부질없고 자기 인생에 전혀 도움이 되지 않는다는 것을 알게 된다. 시간이 지나고 시일이 지나면 결국은 사람을 얻는 것이 그나마 직장에서 얻을 수 있는 가장 큰 이득이다는 것을 알게 된다. 그러므로 직장을 떠나서도 회사에서 맺어진 인맥이 사회생활을 하는 데 도움이 될 정도로 인맥을 두텁게 쌓는 소통을 하는 것이 상책이다.

상황에 맞게 치고 빠지는 소통전략을 구사한다

직장에서 가장 좋은 소통은 치고 빠지는 소통이다. 회사 경영의 속성상 해야 하는 일도 많고 하지 말아야 하는 것도 많으며 꼭 하지 않으면 안 되는 일도 많다. 또 자기가 관여해서 해야 하는 일도 있고 주변 동료가 전적으로 해야 하는 일도 있으며 주변 동료들과 협업해서 해야 하는 일도 많다. 회사는 그야말로 주변의 변화에 따라 수시로 상황이 변한다. 안전사고가 나면 안전이 제일 중요시되고 인사 평가 시즌에는 성과 평가 등의 평가가 제일 중요시된다. 또 근무기강 확립기간에는 근태관리가 가장 중요시되고 가을 행사가 많은 시점에는 행사 참여나 체육대회에 선수로 참가하는 것이 중시된다. 또 품질이 나쁘면 품질이 중시되고 생산이 안 되면 생산이 중시된다. 또 원가에 비상이 걸리면 원가절감에 초점을 두는 등 각각의 시기와 상황, 그리고 여건에 따라 회사에서 중시하는 이슈가 달라지게 된다.

위와 같이 회사의 모든 이슈가 계속되고 일정 시간 영속되는 것이 아니라 주어진 여건과 환경 그리고 상황에 따라 중요시되는 이슈가 수시로 바뀐다는 점을 감안하여 소통을 할 때도 치고 빠지는 전략을 구사하는 것이 바람직하다. 그러기 위해서는 회사 경영이 돌아가는 상황과 조직이 돌아가는 형세를 잘 파악하여 미리 대비를 해야 한다. 주어진 상황과 여건을 감안하여 끼어들어야 하는 경우에는 과감하게 끼어들어서 적극적 능동적으로 소통하고, 자기가 끼어들지 않아도 되는 상황에서는 은근슬쩍 발을 빼는 것이 오래도록 회사에서 살아남는 소통의 비결이다.

감사하는 마음을 가지면 모든 순간이 소중하다

오늘이 마지막 남은 인생이라고 생각하면 오늘 현재 이 시간이 귀하고 소중하다고 느낀다. 마찬가지로 내일 정년퇴직을 한다고 생각하면 회사에서 현재 무슨 일을 최우선으로 해야 하는지를 알게 된다. 내일 회사를 그만둘 사람은 업무로 인한 갈등이나 상사로 인해 스트레스를 받는 것을 고려하지 않는다. 내일 회사를 그만두는데 무슨 스트레스가 쌓일 것이며 동료들과 시기하고 질투하면서 갈등을 만들어 낼까? 현재 하고 있는 일이 얼마나 하찮은 일이고 현재 겪고 있는 갈등이 아무 일도 아니라는 것을 알게 된다. 그렇다. 직장에서 굳이 스트레스를 받을 필요가 없다.

마치 죽으면 그간에 쌓아 온 모든 것이 아무것도 아닌 것처럼, 회사를 그만두면 그간 회사에서 쌓아 온 모든 것이 아무것도 아닌 일이 된다. 그러므로 회사에서 일로 인해 혹은 동료들과의 관계로 인해 혹은 상사와의 관계로 인해 갈등을 겪거나 고민하고 스트레스를 받을 이유가 하나도 없다. 그냥 회사에서는 온전하고 마음 편안하게 직장생활을 하면 된다. 또 자기에게 주어진 일을 하면서 맡은 바 자기의 책임과 역할을 다 하면 된다. 그러면서 회사를 그만두고 정년퇴직을 한 이후의 자기 삶을 준비하는 것이 지혜로운 회사 생활이다.

인생을 값지게 사는 방법 중 하나는 '내일 죽을 것'이라는 생각과 '오늘은 어제 죽은 이가 그토록 바라던 날'이라는 생각으로 하루하루를 소중하게 사는 것이다. 마찬가지로 올바른 리더십, 가치 있고 의미 있는 리더의 역할을 수행하기 위해서는 내일 당장 리더의 자리를 다른 사람에게 물려주어야 한다는 생각으로 리더의 역할을 수행해야 한다. 또 내일 정년퇴직을 하는 사람이 업무적으로 욕심을 내거나 조직원들과 갈등을 겪으려고 하지 않듯이 직장생활 역시 내일이 정년퇴직일이라는 생각으로 하는 것이 가치 있게 직장생활을 하는 비결 중 하나이다.

16장.

완장이 무거우면 조직은 경직된다

소통의 영향력은 완장의 무게에 반비례한다

유교적인 사회는 상하 간에 혹은 연령 간의 서열을 매우 중시한다. 아랫사람은 윗사람을 공경해야 하고, 부하는 상사를 존경해야 한다. 찬물도 위아래가 있어야 한다고 말을 하는데 유교적인 사회에서는 직위가 높거나 연령이 많은 사람이 모든 일에 대한 주도권을 갖는다. 이 말은 직위가 높거나 연령이 높은 사람의 말은 그렇지 않은 사람에 비해 파급 효과가 크고 다른 사람에게 미치는 영향력이 크다는 것을 의미한다.

경영자는 직원의 마음을 잘 이해하고 그들과 정신적인 유대감을 형성하는 것이 무엇보다 중요하다. 그러기 위해서는 평소 회의나 일상 업무 상황에서 감정적으로 대하고 질책하고 꾸지람을 하기보다는 성장과 진화를 위한 것에 중점을 두고 업무를 하는 것이 바람직하다. 경영자와 일반 직원 간에 신뢰 관계가 형성되어야 회사 경영이 어렵고 힘들 때 함께 위기를 극복하고 고통을 함께 분담한다는 생각을 하게 된다. 경영자와 일반 직원과의 강화된 유대관계는 평소에는 그 효력이 나타나지 않으나 위기의 상황에서는 그것이 효력을 발휘하게 된다. 전쟁을 억제하고 평화 유지를 위해 군사력을 비축하듯이 경영자와 일반 직원과의 유대가 강화되면 전쟁에 준하는 위기 상황이 닥쳐도 이에 슬기롭게 대처하는 분위기가 형성되게 된다.

직장 소통은 상사와의 소통에서 시작된다

회사형 소통은 업무적인 소통이라는 말의 의미에는 자기에게 직간접으로 업무를 배정하고 지시하며 관리 감독하는 상사와의 소통이라는 의미가 내포되어 있다. 상사와 소통을 잘해야 업무적으로 긴밀한 관계가 형성된다. 상사의 말은 곧 경영자의 말이다. 회사는 사적인 이익을 도모하는 그런 집단이 아니다. 회사는 경영 성과를 창출하기 위한 공적인 집단이다. 공익을 추구하는 회사 경영의 특성상 회사의 업무로 인해 경영 성과를 창출해야 한다. 그러기 위해서는 상사와 긴밀하게 소통을 해야 회사가 추구하는 방향에 맞는 방향으로 업무가 추진되게 된다. 그러기 위해서는 온전히 상사의 말을 신뢰해야 하고, 상사의 업무적인 지시에 대해 순종하며 신속하게 업무를 처리해야 한다. 그렇지 않고 상사를 불신하고 상사의 업무적인 지시에 불응해서 이행하지 않는다면 경영 성과를 창출할 수가 없다.

자기 개인이 업무 역량이 뛰어나고 오래도록 경험이 풍부한 사람도 개인의 판단에 의해 모든 회사 업무를 처리하도록 하지 않는다. 조직에는 조직을 다스리는 리더가 있고 회사에는 회사의 총체적인 업무를 총괄하는 경영자가 있기 마련이다. 경영자에서 시작된 말이 일반 임원들에게 전달되고 임원에서 각 부서 부장들에게 전달되며, 부장의 말이 각 공장의 공장장이나 리더들에게 전달된다. 또 리더와 공장장의 업무 지시는 다시금 현장의 주임이나 파트장들에게 전달되며 그 지시 사항이 일반 직원에 의해서 실행된다. 경영자-임원-부장-공장장(리더)- 주임 파트장- 일반 직원에 이르는 소통 라인이 원활하고 활발하게 소통이 될 때 회사는 소통이 잘 된다고 판단한다.

상사와 소통하지 않는 것 자체가 불통이다

소통에 대한 지식과 경험이 해박하고 소통의 신(神)이라고 해도 상사와 불통을 하고 상사를 신뢰하지 않으며 업무에 대한 부정적인 사고로 업무에 임한다면 회사에서는 소통을 잘 못하는 사람이다. 반면에 경청의 원리, 신뢰의 원리 등 일반적인 소통의 이론에 대해 전혀 무지한 상태에 있는 직원이라도 상사의 업무지시를 잘 따르고 상사의 말을 신뢰한다면 회사에서는 소통을 잘하는 전문가라고 칭한다.

『논어』에서 공자가 군주에게 예(禮)를 다해서 대하는 것을 보고 일반 사람들이 그가 아부나 아첨을 하는 사람이라고 평을 했듯이 간혹 상사의 말에 절대적으로 복종하고 상사의 업무 지시에 대해 무조건적으로 복종하면 상사에게 아부나 아첨을 하는 사람이라고 비하하기도 한다. 그럼에도 불구하고 회사에 몸을 담고 있는 직장인이라면 상사와 친하게 지내고 상사를 신뢰하며 상사의 업무 지시에 대해 순종해야 하는 것은 지극히 당연한 의무이자 책임이다.

회사의 주인인 경영자는 모든 회사 조직을 세세하게 다 다스릴 수가 없어서 부장, 리더, 공장장에게 자기의 일부 권한을 위임하여 자기의 영역을 관할하게 한 것이다. 그래서 상사의 말은 곧 경영자의 말이다. 상사는 경영자의 말이 일반 직원들에게 잘 전달되어 경영자가 원하는 방향으로 조직원들을 이끄는 역할을 한다. 그러한 일련의 과정이 잘 이뤄지고 명령체계가 순항을 할 때 소통이 잘 되는 조직으로 평가받는다.

회사 정책에 순응하며 자기 미래 인생을 준비한다

회사의 임원은 뼛속까지 회사 편이다. 회사의 경영진이 직원 편이라고 생각하면 큰 오산이다. 회사의 경영을 책임지고 회사 경영을 하도록 그 소임을 맡은 사람이 임원이다. 직원들 편에서 직원을 위한 경영을 하는 이유 중 하나는 그렇게 하는 것이 회사 경영에 도움이 되고 이익이 되기 때문이다. 그러므로 임원이 직원을 위한다고 해도 그 말을 절대적으로 믿지 않는 것이 중요하다. 임원이 회사 경영에 피해가 가는 상황에서도 직원들을 위해 헌신적으로 희생을 할 것이라고 생각하면 큰 오산이다. 임원은 직원의 이익과 회사 경영 이익을 위한 선택의 기로에서는 늘 회사 경영을 우선시한다는 점을 망각하지 말아야 한다. 왜냐하면 회사 경영을 우선하는 것이 결국 직원을 위한 것이라는 것을 알기 때문이다.

간혹 회사 정책에 부정적인 견해를 보이는 사람들은 임금 협상을 하는 과정을 보면 회사 경영진이 누구 편이라는 것을 알게 된다고 말하면서, 회사는 직원들을 경영 이익이 많이 나도록 다스려야 하는 존재라고 생각한다고 말한다. 그래서 막상 임금 협상에서 직원들을 위한 기본급 인상을 논의하고 협상하는 과정에서는 안면몰수한다는 것이다. 그래서 임원은 직원 편이라는 말은 허울 좋은 명목에 불과하다고 말한다. 그러므로 언제든 토사구팽당하는 상황이 올 것이라는 생각으로 회사 정책에 불평불만하지 말고 순응하며 직장에서 자기 인생을 준비하는 것이 현명하고 지혜로운 삶이란다. 하지만 임원도 결국 직장인이고, 누구보다 직원이 행복해야 회사 경영에 유리하다는 것을 제일 잘 아는 사람이라는 점을 생각하면 온전히 맞는 말은 아니다.

임원이 소통을 잘하면 소통이 잘되는 조직이 된다

임원이라는 자리는 일반 직원들의 꿈의 자리이다. 어떻게 보면 임원은 직장인들의 우상이자 신이다. 임원은 평균 1,000대 1의 치열한 경쟁에서 얻어지는 자리이다. 임금은 하늘이 내린다고 하는데 임원은 그 시대적인 경영 여건과 인사제도의 여건이 잘 맞아야 한다. 단순히 혼자만 잘해서는 임원이 되기는 어렵다. 그러므로 임원의 자리에 올랐다면 모든 일반 직원들의 우상이라는 점과 일반 직원들이 품고 있는 꿈의 롤 모델이라는 점을 생각해서 노자가 말한 상선약수의 마음으로 행동을 해야 한다. 사이비 종교에서 신을 우상화하는데 직장의 신으로 불리는 임원은 우상화가 아니라 겸손하고 낮은 자세로 일반 직원들을 살리는 그러한 사람이 되어야 한다. 또 임원이라는 직위를 버리고 자기가 아닌 일반 직원들을 우선 생각하고 그들을 위해 헌신적으로 희생해야 한다. 그리하면 자기를 드러내지 않아도 남으로부터 임원으로 인정받는 그런 진짜 임원이 될 것이다.

임원 중에는 자기가 직원들에게 예의를 다하는 것을 마치 임원의 권위가 떨어지고 품격이 낮아지는 것이라고 생각하는 사람도 있다. 그래서 직원들에게 자기가 임원이라고 자랑하고 임원이라는 권력을 휘두르려고 하는 경향을 보인다. 또 일반 직원들은 마땅히 자기를 위해 일을 해야 하고, 자기가 일반 직원들에게 떠받음을 받아야 한다고 생각한다. 자기 출세욕이 강하고 무엇을 하든 자기가 중심이 되어야 한다고 생각하는 그런 임원이 롱런한다는 것은 어려운 일이다.

17장.

시간을 지배하는 문화가 일의 속도를 정한다

회의와 보고는 회사 소통의 대명사이다

회사에서 가장 많이 등장하는 단어는 회의와 보고이다. 회의와 보고를 빼면 회사 업무가 되지 않을 정도로 회사에는 회의와 보고가 많다. 회사는 회의와 보고라는 두 개의 톱니바퀴로 돌아간다. 회의와 보고를 하는 과정에서 상사와 소통을 하고 회사 업무에 대한 대부분의 정보를 교류하는 측면에서 본다면 회의와 보고가 회사 경영에 더없이 좋은 것이라는 생각도 든다. 하지만 그것도 너무 과하면 부작용이 생길 수밖에 없다. 그래서 최근에는 회사들 대부분이 회의시간도 원가라는 생각으로 회의시간을 줄이는 데 힘쓰고 있다. 또 불필요한 보고 문서 작성을 줄여 행정적인 낭비를 줄이고 어지간한 것은 구두로 보고하는 등 업무의 효율성을 높이기 위한 노력에 박차를 가하고 있다. 이상과 같은 회의와 보고 과정에서 필연적으로 등장하는 것이 있다면 상사의 지시이다. 지시는 회사 업무에서 한약방의 감초와 같이 빠질 수 없는 단어이다. 회의와 보고를 통해 상사가 현상 및 문제점을 파악해서 직원들에게 이를 해결하기 위한 해결책과 대안을 마련하는 차원에서 대부분 지시를 한다. 상사의 지시에 대해 이를 수행하고 실행을 하는 것은 지극히 당연하고 그다지 문제가 될 것이 없다. 문제는 상사가 해야 하는 사항마저 일반 직원들에게 지시를 하고, 크게 문제가 되지 않는 사항도 지시를 한다는 것이다. 또 시간이 지나면 저절로 해결되는 문제를 억지로 조기에 해결하려고 지시를 하는 등 별달리 크게 문제가 되지 않는 것을 이슈화해서 직원들로 하여금 심리적 육체적인 스트레스는 물론, 직원의 시간을 빼앗아 간다는 것에 있다.

리더나 상사가 직원들의 시간을 빼앗아 간다

평균적으로 직장인들이 하루 8시간을 근무하는 과정에서 상사를 잘못 만나면 하루 종일 상사의 지시 사항을 실행하다가 정작 자기가 해야 하는 본연의 업무를 하지 못하고 저녁 늦게까지 남아서 시간 외 업무를 해야 하는 경우가 많다.

일반적으로 주도권을 가졌다는 것은 다른 사람의 시간을 자기 마음대로 활용을 할 수 있다는 것을 의미한다. 다른 사람에게 시간을 빼앗겼다는 것은 자기가 하고 싶은 대로 시간을 소비하지 못하고 다른 사람이 하고자 하는 대로 자기의 시간을 타인을 위해 보낸다는 것을 의미한다. 시간이 돈이라고 생각할 때 시간을 빼앗겼다는 것은 자기의 돈을 빼앗긴 것과 다를 바 없다. 자기의 돈을 자기의 의사와는 전혀 상관없이 다른 사람이 사용을 한다면 아마도 가만 있을 사람은 없을 것이다. 그런데 이상하게도 자기의 시간을 상사 등 다른 사람이 사용해도 심각하게 생각하지 않는 사람들이 많다. 어차피 회사에서 보내는 8시간의 시간은 회사의 시간이기에 상사나 선배가 자기의 시간을 사용해도 크게 신경을 쓰지 않는다. 어쩌면 인사 평가를 잘 받기 위해서는 상사와 선배의 눈에 잘 들어야 하기에 그들이 자신의 시간을 빼앗아 가도 문제가 되지 않는다고 생각한다. 심지어는 오히려 잘된 것이라고 생각하는 사람들이 많다. 정작 자신이 해야 하는 일이 산더미처럼 쌓여 있어도 상사의 눈에 들어야 한다는 일념으로 상사가 해야 하는 일마저 자기가 일부러 떠안아서 하는 직원도 있으니 그야말로 요지경이 아닐 수 없다. 그래도 그렇게 하는 과정에서 보람을 느끼고 성취감을 느낀다면 그 역시도 나무랄 일은 아니다.

업무를 서로 미룬다

상사가 업무 지시를 할 때 누가 언제 어디서 무엇을 어떻게 수행해야 한다고 육하원칙(5W1H)에 따라 명확하고 구체적으로 지시를 해야 하는데 책임과 역할이 매우 모호하게 지시를 하는 경우가 있다. 그러면 직원들은 서로 눈치를 보면서 자기 일이 아니다 혹은 자기 영역이 아니라고 미리 빗장을 내 건다. 그러다 보면 제일 마음이 약한 직원이나 힘이 없는 직원이 결국 그 지시 사항을 도맡게 된다. 자기 생각에는 분명히 옆에 있는 동료가 해야 하는 지시 사항이 맞는데 그 동료 직원은 자기는 현재도 하는 일이 너무 많고 긴급하게 해야 하는 일이 너무 많아서 그 지시 사항을 처리하기에는 역부족이라고 말하면서 발을 뺀다. 그런데 문제는 자기가 해야 하는 사항인데 적반하장식으로 옆에 있는 동료가 해도 무리는 아니라고 하면서 떠넘기는 경우가 있다. 그런 분위기에서 무슨 소통이 될까? 편한 일이나 상사에게 인정받고 자기의 커리어 관리에 도움이 되는 일은 서로 하려고 하면서 좀 귀찮은 일이나 스트레스를 받은 일은 하지 않으려고 하는 동료들이 태반인데 그런 동료들과 무슨 소통이 가능할까 싶다. 잘 나갈 때는 서로 소통하고 화합하며 한 가족처럼 지내자고 야단법석을 떠는 사람일수록 더욱 그러한 경향을 보인다.

공자는 『논어』에서 "군자는 자기가 하고 싶지 않은 일을 남에게 시키지 않고 자기가 하고 싶은 일은 다른 사람에게 하게 만들며 자기를 우뚝 세우려고 하기보다는 남을 높이 세우라고" 하는데 직장에는 그와는 정반대로 행동을 하는 사람이 태반인데 무슨 소통이 될까 싶다.

상사의 지시 사항에 대해서 서로 그 업무를 하지 않으려고 하고 좋은 일은 서로 하려고 하는 그러한 조직 분위기 속에서 소통을 운운하는 것을 보면 참으로 애석하기 짝이 없다. 물론 그러한 상황이 도래하지 않도록 중간에서 상사가 업무를 공정하게 배분하고 동기부여 및 사기진작을 위한 특별한 당근을 제공하면서 조직 분위기를 활성화시키는 경우도 있지만 그런 리더를 찾아보기는 힘들다. 왜냐하면 자기 역시도 그런 경우에는 관례대로 그렇게 해왔고 그러한 상황이 발생되는 것이 지극히 당연한 것이라고 생각하기 때문이다.

어떤 경우에는 고약한 상사를 만나면 일부러 조직 분위기를 혼란스럽게 하기 위해 엉뚱한 지시를 하거나 답을 찾을 수 없는 문제를 풀라는 숙제를 내주는 경우도 있다. 일부러 조직원들에게 위기감을 조성하거나 자기의 말에 순종하지 않는 직원들을 다스리기 위해 어려운 숙제를 내주는 경우도 있다. 더군다나 지시한 사항에 대해서 수행을 하지 않으면 지시 불이행이라는 죄목으로 인사위원회에 회부를 하기도 한다. 그런 상사가 있는데 무슨 소통이 이뤄질까 싶다.

시간을 소중하게 다루는 사람이 소통도 잘한다

회사 생활을 하다 보면 옆에서 보기에도 여유 있게 능수능란하게 모든 일을 처리하는 사람이 있는가 하면, 별로 일도 없으면서 말끝마다 연신 바쁘다 바쁘다를 달고 사는 사람이 있다. 하는 일이 어렵고 고난도의 기술을 요하는 업무를 하면서 바쁘다고 하면 어느 정도 이해를 하지만, 매일 다른 사람들과 수다를 떨고 10분이면 능히 할 수 있는 일을 2시간 넘게 시간을 끌어가면서 차일피일 미루는 그런 사람을 보면 참으로 한심하기 짝이 없다.

인터넷과 통신 기술의 발달로 인해 이제는 회사에서도 개인적으로 사적인 행정업무나 메일 교류 등 회사에서의 시간을 얼마든지 개인적으로 사용하고 있다. 앞서 자기의 시간을 자기 마음대로 쓸 수 없도록 상사가 업무를 지시하고 시간을 통제하면 시간에 지배를 당하는 것이라고 말을 했는데, 이런 경우에는 회사 입장에서 볼 때 회사의 시간을 직원들에게 빼앗기는 것이고 직원들이 회사의 시간을 횡령한 것이라고 할 수 있다. 회사의 자산이나 돈을 가져가는 것이 횡령이듯이 회사의 시간을 자기 마음대로 사적인 시간으로 활용하는 것도 횡령이다. 회사 입장에서 보면 회삿돈을 낭비한 것이고 직원의 입장에서는 월급을 받으면서 회사의 시간을 개인적으로 사용을 하니 꿩도 먹고 알도 먹는 형국이다.

남들은 자기 삶에 관심이 있을 뿐 남의 삶에 전혀 관심이 없다. 그러므로 남의 눈치 따위를 보지 말고 자기답게 살면 그만이다. 내가 이렇게 말하면 다른 사람이 어떻게 받아들일까, 내가 이렇게 하면 다른 사람은 어떻게 느낄까, 라는 생각은 하지 말라. 그냥 자기답게 자기가 생각하는 대로 살면 된다. 남이 자기 인생을 살아 주는 것은 아니다. 직장이 중요하고 회사동료가 중요하다고 하지만 그들은 단지 남이다. 직장을 그만두면 결코 다시 만날 일이 없는 사람이다. 그러므로 직장에 다닐 때 직장동료의 눈치를 보면서 자기 인생에 적자를 내지 말자.

시간이 돈이다. 직장에서의 시간 역시 돈이다. 시간을 소중하게 생각하며 생활하는 직장인이 일도 잘하고 소통도 잘한다.

18장.

조직 문화는 소통 위에서 자란다

조직 문화를 만드는 사람들이 따로 있다

"이 조직은 완전 개판이다" 혹은 "이 조직은 매우 긍정적인 조직이다", "무슨 조직이 이래?" 등 조직에는 그 조직만의 특별한 색채를 갖고 있다. 빨강색은 빨간 느낌을 주고 파랑색은 파란 느낌을 주듯이 조직의 색상에 따라 제각각 다른 느낌을 풍긴다. 그것은 조직마다 조직이 갖고 있는 문화가 다르기 때문이다. 새로운 제도와 시스템이 개발되면 이유야 어떠하든 무조건 회사의 정책 방향에 적극적으로 참여하는 조직이 있는가 하면 기존의 시스템과 제도를 고집하면서 전혀 미동도 하지 않는 조직도 있다. 또 조직활성화를 하자고 하거나 조직원들의 단합을 위해 체육대회를 하자고 하면 적극적 자발적으로 참여하는 사람이 있는가 하면 어떤 사람은 시간도 없고 업무로 인해 지쳐 있는 상태인데 굳이 그런 단합대회를 할 필요가 있느냐고 하면서 불평불만을 토로하는 경우도 있다. 이처럼 조직에는 조직구성원들이 공통적으로 갖고 있는 언행이 있는데 그것이 바로 조직의 문화가 된다.

일반적으로 조직 문화는 조직구성원의 특성과 성향에 따라 다르고, 업무적인 특성이나 리더의 성향에 따라 다르다. 흔히 조직 문화는 임원 문화이다 혹은 리더의 문화라는 말을 곧잘 하는데 조직의 문화는 조직을 이끄는 수장에 따라 다른 양상을 보인다. 마치 집안의 가족 문화가 부모의 성향에 따라 다르듯이 조직의 문화 역시 조직의 우두머리 성향에 따라 크게 다른 색채를 띠기도 한다. 그런데 조직 문화를 형성하는 것은 반드시 리더나 임원 그리고 조직원들의 성향에 의해서 결정되는 것은 아니다. 조직 문화는 사람과 시스템이 결합되어 형성된다.

회사는 시스템으로 소통한다

직장의 특성상 업무적으로 많이 소통을 해야 하고, 그 업무적인 것들은 시스템에 의해서 처리가 된다. 그래서 사람이 업무를 처리하는 과정에서 시스템을 다루게 되고 사람과 사람이 시스템에 의해서 연결되어 업무가 처리된다. 그런 과정에서 서로 소통을 하고, 그렇게 소통하는 과정에서 조직 문화가 형성된다. 이때 조직구성원 전원이 공감하고 서로 공통적으로 교점을 찾아 일치된 것이 좋은 조직 문화가 될 확률이 높다. 확률적으로 볼 때 리더나 임원 등 우두머리나 기득권을 가진 특정의 조직원만의 생각으로 시스템이 운영되고 업무가 처리되면 올바른 조직 문화가 형성되지 못하고 부정적이거나 혼란스럽고 불안정한 조직 문화가 형성될 확률이 높다. 또 모두가 공감하고 신뢰하는 수준에서 시스템이 운영되지 않고 리더나 임원에 의해서 시스템이 좌지우지가 된다면 그것은 임원이나 리더만의 조직 문화라고 할 수 있다. 대부분의 사람들이 조직 문화가 리더나 임원의 문화라고 말하는 기업들은 업무적인 시스템의 대부분이 리더나 임원의 결정에 의해 가동이 되고 시스템의 개선 역시 리더나 임원에 의해 최종적으로 결정이 되기에 그러한 말이 나오는 것이다.

시스템이 조직 문화를 만든다

직장에서 조직변경이나 인사이동으로 기존의 조직에서 새로운 조직에 편성이 되면 로마에 가면 로마의 법을 따라야 한다는 말처럼 새로운 조직 문화에 적응을 해야 한다. 새로운 조직 문화에 스며들기 위해서는 상당한 기간을 필요로 한다. 최소한 100일을 적응기간으로 정하기도 한다. 하루이틀이 아니라 최소한 100일 정도를 경험하고 겪어봐야 그 조직 문화를 알게 되고 그 조직이 어떻게 돌아가며 어떤 형태로 업무를 하고 일하는 방식이 어떻게 되는지를 알게 되기 때문이다. 그렇다. 조직 문화에 적응을 하기 위해서는 그 조직이 갖고 있는 세세한 부분까지 그 조직의 업무 처리방식과 기득권 세력들이 갖고 있는 문화 등을 이해할 필요가 있다. 그것은 단순히 100일 동안 아무 생각 없이 일을 하는 과정에서 알게 되는 것이 아니라 업무를 수행하는 과정에서 많은 시행착오를 겪는 과정에서 알게 된다.

일반적으로 문화가 형성되기 위해서는 10년의 시간이 걸린다고 말한다. 조직 문화가 하루아침에 바뀌는 것이 아니라는 말이다. 흔히 조직 문화가 임원 문화라고 해서 임원이 바뀌면 조직의 문화가 쉽게 바뀔 것 같지만 이 역시도 일정한 기간이 필요하게 마련이다. 임원의 성향에 따라 겉으로 일하는 방식이나 업무적인 형태에 변화가 있을 수는 있지만 뿌리 깊게 내재되어 있는 그 조직이 갖고 있는 특별한 조직 문화는 쉽게 바뀌지 않는다. 일례로 상명하복의 수직적인 위계질서를 중시하는 조직 문화가 수평적인 조직 문화를 표방하는 임원이 왔다고 해서 하루아침에 쉽게 바뀌지 않는 것과 같은 이치이다.

임원이 조직 문화 형성의 주체이다

우리가 조직 문화를 임원 문화라고 말하는 것은 임원에 의해 업무 형태와 업무를 처리하는 방식이 바뀌고 업무 시스템이 새롭게 재편되기 때문이다. 엄밀하게 말하면 임원이 조직 문화를 바꾸는 것이 아니라 업무 시스템이나 일하는 방식이 바뀌기에 일순간 조직 문화가 바뀌는 것이라고 착각을 하는 것이지 실제로 조직 문화가 그렇게 쉽게 바뀌는 것은 아니다. 이것은 어떤 사람이 가진 나쁜 습관이 좋은 습관을 한두 차례 실천했다고 해서 바뀌지 않는 것과 같다.

조직의 문화는 사람의 습관에 견줄 수 있다. 습관이 쉽게 바뀌지 않는 것처럼 조직 문화 역시 쉽게 바뀌지 않는다. 하물며 직장은 조직의 구성원이 바뀌어도 업무적인 시스템이 그대로 유지된다는 점에서 업무적인 시스템이 전반적으로 바뀌지 않는 한 특정인이 바뀌었다고 해서 조직 문화가 쉽게 바뀌지는 않는다.

조직에 새로운 임원이나 상사가 오면 소통이 잘되는 긍정적인 조직으로 바꾸자 혹은 우리 조직은 우리의 힘으로 모든 면에서 우수한 성과를 내는 조직으로 탈바꿈하자는 말을 곧잘 한다. 이 말은 새로운 리더 혹은 새로운 임원이 습관적으로 하는 말이기도 하다. 그런데 실제로 새로운 리더나 임원이 와서 조직 문화가 바뀐 적이 있는가? 대부분 기존에 했던 방식을 답습하고 일하는 방식 역시 기존의 방식에서 크게 벗어나지 않는 선에서 처리가 될 뿐, 줄기와 뿌리마저 없앤 상태에서 새롭게 작물을 심을 정도로 조직 문화가 바뀌지는 않는다. 토양의 형질을 완전히 바꾸고 새로운 작물을 심어야 할 정도로 바꾸어야 조직 문화가 바뀔 가능성이 있는데 대부분 자기 임기 동안 아무 일도 일어나지 않고 안전하고 안정되게 조직을 운영하면 된다는 생각으로 직원들이 피부로 느낄 수 있는 소소한 것만 손을 대고 있을 뿐 골격은 그대로 유지하는 형태를 취하고 있다. 그러면서 기존의 윗사람이 바뀌어야 한다는 등 조직 문화가 변하지 않는 것을 자기 탓이 아닌 다른 사람의 탓으로 돌린다. 그런 측면에서 보면 조직 문화는 시스템과 사람의 결합에서 파생되는 산출물이라는 생각이 든다.

삶이 소통이고, 소통이 삶이다

『근사록』에 "천지 만물의 이치상 고립되어 있는 것은 아무것도 없다. 반드시 상대가 있는 법이다"는 말이 있다. 인간은 사회적인 동물이라는 말이 있듯이 사람은 혼자서는 살아갈 수 없으며, 더불어 함께 공존하고 병행하며 살아가야 하는 존재이다. 그러기 위해서는 상호 소통하며 상호 부족한 점을 보완하고 어려운 문제를 상호 협력하여 해결하며 살아야 한다. 또 타인이라는 존재가 있기에 자기 존재가 있음을 알고 타인과 자기는 서로 다른 존재가 아니라 함께 소통하는 존재라는 인식이 반드시 필요하다. 조직을 포함한 우리네 모든 삶에 소통이 필요한 이유가 여기에 있다. 아니 서로 부대끼며 서로 존재하고 서로 함께하는 것 자체가 소통이고 그 자체가 우리네 삶이라고 볼 때 우리네 삶은 소통 그 자체이고 소통하는 것이 삶 그 자체이다.